国家级职业教育规划教材

全国高等职业院校电子商务专业教材

电子商务
数据分析与应用

杜小祥◎主编

中国劳动社会保障出版社

内容简介

随着电商行业的迅猛发展，电商数据分析在电商运营与推广中的重要性日益凸显。本教材以电商数据分析能力培养为核心，首先介绍了电商数据分析的方法、工具等知识，然后介绍了电商数据的采集与处理操作，最后详细阐述了市场数据、网店运营数据和网店经营数据的分析流程和方法。本教材理论知识与实践操作相结合，提供了大量实际操作案例，并配备相关操作视频，使得全书内容图文并茂，生动实用。为加强学生实操能力培养，教材还提供配套素材库，所有素材文件可通过扫描封面“配套资源激活码”进行下载，供教学演练使用。

本教材由杜小祥主编，杨家栋、杜鹃、古斯婷、刘立基、陈惠参与编写，刘小军审稿。

图书在版编目（CIP）数据

电子商务数据分析与应用 / 杜小祥主编. -- 北京：中国劳动社会保障出版社，2024
全国高等职业院校电子商务专业教材
ISBN 978-7-5167-6007-9

Ⅰ. ①电… Ⅱ. ①杜… Ⅲ. ①电子商务-数据处理-高等职业教育-教材 Ⅳ. ①F713.36 ②TP274

中国国家版本馆 CIP 数据核字（2024）第 053335 号

中国劳动社会保障出版社出版发行
（北京市惠新东街 1 号　邮政编码：100029）
*
辽宁虎驰科技传媒有限公司印刷装订　　新华书店经销

787 毫米 ×1092 毫米　16 开本　13.75 印张　290 千字
2024 年 4 月第 1 版　　2025 年 12 月第 3 次印刷
定价：34.00 元

营销中心电话：400-606-6496
出版社网址：http://www.class.com.cn
http://jg.class.com.cn

前 言

近年来，我国电子商务取得显著成就，电子商务已经全面融入我国生产生活各领域，成为提升人民生活品质和推动经济社会发展的重要力量。电子商务的新业态、新模式发展也创造了大量新职业、新岗位，对电子商务从业人员的职业素质提出了新要求。为了培养更加符合电商技术领域和职业岗位（群）工作要求的高素质应用型人才，我们组织有关行业企业专家、职业院校电商专业学科带头人、骨干教师，依据电子商务师国家职业技能标准和企业实际需求，研发了这套全国高等职业院校电子商务专业教材。

新编写的教材具有以下主要特点：

1. 着眼电商企业新技术、新业态发展，构建满足企业用人需求的专业教材体系

本套教材立足电商企业技术服务与运营推广的岗位架构，围绕电商直播、短视频制作与推广、跨境电子商务等新技术与新业态，构建了由专业基础课程教材、专业核心课程教材和专业拓展课程教材组成的教材体系，主要包括《电子商务基础》《电子商务法律法规》等专业基础课程教材，《商品图片拍摄与处理》《网店视觉设计》《网站设计与开发》等技术与服务类专业核心课程教材，《网店运营实务》《跨境电子商务实务》《电商直播》等运营与推广类专业核心课程教材，以及《电子商务会计》《电子商务物流》等专业拓展课程教材，以岗位工作为导向，以综合职业能力为核心，培养符合企业需求的电商应用型人才。

2. 积极创新教材编写模式，注重实践能力培养

在教材研发过程中，坚持产教融合、工学一体的职业教育理念，对于技术技能型课程，积极探索按照职业领域典型工作任务，以工作过程为主线，以综合职业能力为目标，体现项目导向、任务驱动、工学结合的教学设计。对于专业理论课程，则尽可能多地引入企业真实案例、素材等，以提高学生的工作实践能力。

3. 开发多种教学资源，提供优质教学服务

在教学服务方面，围绕主教材，配套开发电子课件和相应的习题册，并对重点核心课程开发操作演示视频、微课、素材库等数字资源，方便教师教学和学生自主学习。电

子课件及习题册答案可登录技工教育网（http://jg.class.com.cn）查询下载，数字化配套产品扫描书中二维码即可在线观看。

4. 丰富教材表现形式，提高教材可读性

教材的表现形式符合职业院校学生的认知规律。通过清晰的栏目设置，增强教材的表现力，并尽可能多地以图表代替大段冗长的文字叙述，使教学内容直观明了，降低学习难度。同时，对部分教材采用四色印刷，以增强教材内容的表现效果，提高教材的时代性和可读性。

本套教材的编写工作得到了有关学校的大力支持，教材的编审人员做了大量的工作，在此我们表示衷心的感谢！同时，恳切希望广大读者对教材提出宝贵的意见和建议。

人力资源社会保障部教材办公室

目 录

项目一 认识电商数据分析

任务1 电商数据分析概述

任务目标

知识目标

1. 掌握电商数据分析的基本流程
2. 了解电商数据分析的常见数据指标

能力目标

1. 能阐述数据分析的作用
2. 能描述电商数据分析人员的基本素质要求
3. 具备使用数据解决问题的意识

随着电子商务行业的迅猛发展，电商数据分析在电商运营与推广中发挥着越来越重要的作用。当前，无论是行业选择、选款、选品，还是产品定价、活动运营、库存管理、优化推广等，都离不开数据化运营。电商数据分析是在运营的基础上通过客观、真实的数据反映店铺状况，通过数据分析发现店铺问题，为店铺的日常运营提供决策依据。

一、电商数据分析的定义

在电商运营的过程中，隐藏着许多杂乱无章的数据，如访客数、转化率、客单价、停留时间、访客深度、下单支付人数等。电商数据分析就是利用各种数据统计分析方法，对收集的各类电商数据进行整理、归纳和分析，从中提炼有用信息并加以研究和总结的过程。这些信息能帮助商家在店铺运营中做出正确的判断和决策，从而实现销售额的增长和利润的最大化。例如，商家想要预测“双十一”当天店铺的销售量，以便备货，这就需要数据分析。

电子商务的最大特点就是可以通过数据化来监控和改进电子商务活动。通过数据分析，商家可以洞察消费者从哪里来，如何组织商品以实现更好转化，如何提高企业投放广告的效率等问题。基于数据分析的每一点改变，都能提升企业的盈利能力。所以，电子商务的数据分析尤为重要。

二、电商数据分析的作用

在大数据时代，数据分析在电商行业中发挥着非常重要的作用。电商商家可以通过分析数据了解市场，判断市场走势，从而做出正确的决策，或通过分析数据优化业务流程等。电商数据分析的作用主要表现在以下几个方面。

1. 事前预判

电商数据分析可以做到事前预判。例如，在进行库存管理时，可以通过行业搜索数据来推测该行业在哪些时期为采购高峰期，哪些时期为采购低谷期，进而做到提前备货，保证店铺货源充足。图 1-1-1 所示为保暖套装行业近 12 个月的搜索人气趋势，从中可知该行业在 10 月至 12 月为采购高峰期，7 月为采购低谷期。

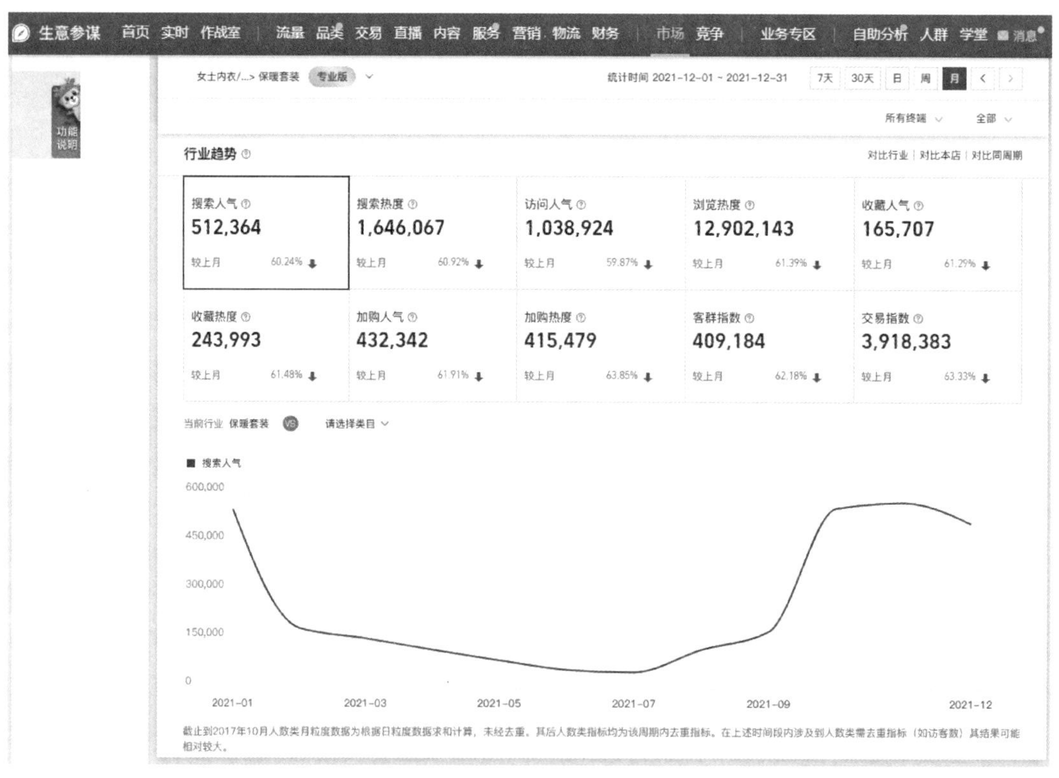

图 1-1-1　保暖套装行业近 12 个月的搜索人气趋势

2. 事中监控

店铺在运营过程中会出现各种各样的问题，如果商家没有及时发现店铺运营的异常情况，往往会给店铺带来不可挽回的损失。实际上，任何一种异常情况背后都是有原因的，深入剖析异常情况存在的原因，能够有效帮助商家解决各种店铺问题。

通过经常监控店铺的各类数据，商家可以及时发现店铺经营存在的异常情况。例如，某商家在生意参谋中查看最近一个月的销售数据，如图 1-1-2 所示，发现最近一个月店铺销售情况，除“双十二”活动当天销量出现高峰外，日常总体比较平稳，但在 12 月 20 日、12 月 29 日和 1 月 8 日，店铺的销售额出现明显下降的情况。

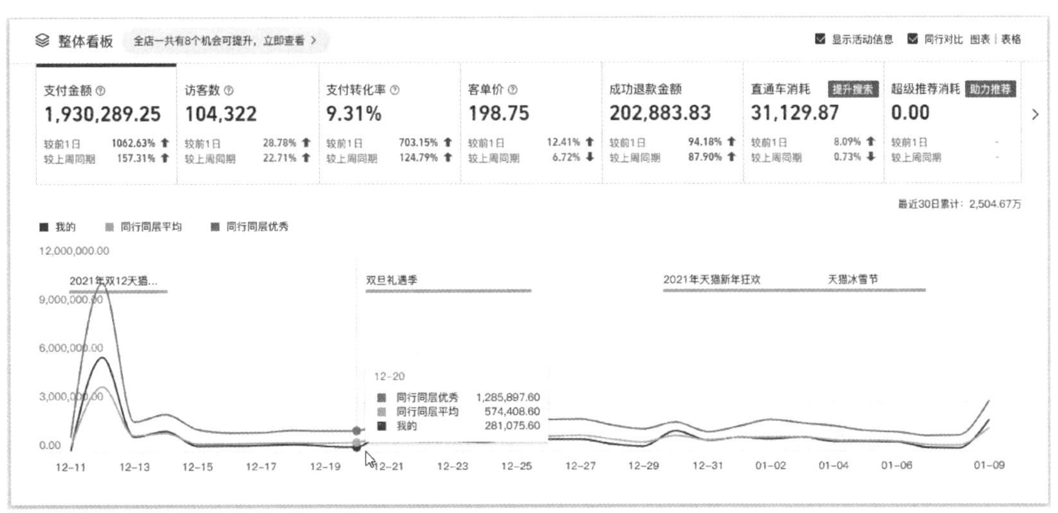

图 1-1-2　某店铺的销售数据分析

发现异常数据后，商家要及时分析原因，快速制订出解决方案，并进行后续追踪监控。电商运营切忌掉以轻心，如果等到店铺出现严重亏损时才发现问题，再来补救就为时已晚。

3. 事后优化

通过电商数据分析呈现的结果，商家可以定期对各数据进行优化，对店铺和商品不断完善。图 1-1-3 所示为某店铺在一段时间内各页面的引流情况，从图中可知该店除“新春页面”引流效果不错外，其他页面都有待优化。因此，商家可以有针对性地提高这些页面的视觉吸引力，从而提高页面的引流效果。

三、电商数据分析的基本流程

电商数据分析是基于商业目的，有目的地收集、整理、加工和分析数据，再提炼有价值的信息的过程。最初的数据可能杂乱无章且无规律，需要通过作图、制表和各种形式的整合计算某些特征量，探索规律性的可能形式。这时就需要研究用何种方式寻找和揭示隐含在数据中的规律性。首先在探索性分析的基础上建立几种模型，再通过进一步

统计时间 2022-01-06

页面分析　页面概览　装修诊断

页面名称	访客数	点击人数	引导下单买家数	引导支付金额	引导支付买家数	操作
新春页面 较前1日	9,118 -1.52%	2,269 -0.66%	80 -6.98%	16,756.66 -3.23%	76 -9.52%	点击分布 数据趋势 引导详情 分布明细
定制页1618540547710 较前1日	1,758 +0.80%	1,577 -0.69%	7 +75.00%	1,157.24 +223.33%	7 +75.00%	点击分布 数据趋势 引导详情 分布明细
服饰新品 较前1日	1,241 -0.80%	300 -14.77%	14 +0.00%	2,601.10 -34.16%	14 +0.00%	点击分布 数据趋势 引导详情 分布明细
好物 较前1日	220 -6.78%	111 -9.76%	2 +0.00%	569.00 +28.15%	2 +0.00%	点击分布 数据趋势 引导详情 分布明细
秋季新品合集页 较前1日	173 -14.78%	103 -17.60%	11 +10.00%	2,331.57 +33.23%	11 +22.22%	点击分布 数据趋势 引导详情 分布明细
店铺印象 较前1日	66 +0.00%	18 +12.50%	0 -	0.00 -	0 -	点击分布 数据趋势 引导详情 分布明细
和风二级页 较前1日	62 -12.68%	23 -4.17%	0 -	0.00 -	0 -	点击分布 数据趋势 引导详情 分布明细
那么红专辑页 较前1日	45 +7.14%	17 +88.89%	1 -	208.00 -	1 -	点击分布 数据趋势 引导详情 分布明细
软护内裤 较前1日	35 +0.00%	20 +5.26%	0 -100.00%	0.00 -100.00%	0 -100.00%	点击分布 数据趋势 引导详情 分布明细

图 1-1-3　某店铺在一段时间内各页面的引流情况

的分析从中选择所需的模型，最后使用数理统计方法对选定的模型或估计的可靠程度和精确程度做出推断。电商数据分析的基本流程如图 1-1-4 所示。

图 1-1-4　电商数据分析的基本流程

1. 明确分析目的

数据分析工作的首要任务就是明确分析目的。在进行数据分析之前，数据分析人员首先必须明确分析的目的是什么、想要达到什么样的效果、需要解决什么业务问题。例如，一个店铺数据分析的目的可能是研究市场趋势、分析竞争对手、寻找页面转化率下降的原因或访客数变少的原因等。

2. 数据收集

数据收集是建立在明确的目标和分析内容的框架基础上，有目的地收集、整合相关数据的一个过程，它是数据分析的基础。例如，想了解转化率与流量之间的关系，就只收集访客数和转化率相关的数据，其他无关的数据就无须收集。

3. 数据处理

数据处理是指将原始数据通过加工、梳理变成有效数据的过程。其内容包括数据清洗和数据加工。

（1）数据清洗

数据清洗主要包括将多余重复的数据清除，将缺失数据补充完整，将错误数据纠正或删除等内容。使用 Excel 软件中“删除重复数据”“查找”“定位”“函数”等工具可以完成数据清洗工作。

（2）数据加工

数据加工是指在数据清洗之后对现有字段进行计算、分组、转换等工作，以形成分析所需要的一系列新数据字段的过程，主要包括数据抽取、数据计算、数据分组、数据转换等。使用 Excel 函数、数据透视表、数据分析工具可以完成数据加工工作。

4. 数据分析

数据分析是指使用工具（如 Excel）和科学的方法（如相关分析、回归分析等）对处理好的数据进行分析，挖掘出数据的因果关系、内部联系、业务规律，从而获得一些有价值、有意义的结论，为决策者提供决策参考。

5. 数据展现

数据分析的结果通常需要使用特定的形式来展现，如使用图（如折线图、饼图、漏斗图、金字塔图等）来代替堆砌的数据，以便更形象、直观地呈现出数据分析的信息、观点与建议。

6. 撰写报告

数据分析报告是一种分析问题的应用文本，包含分析目的、背景、目录、正文、结论建议等内容。数据分析报告的每个图表、文字都是对数据处理、分析、展现等工作的总结。因此，一份内容完整、逻辑清晰、重点突出和结论准确的分析报告是数据分析工作过程的价值体现。

四、电商数据分析的常见数据指标

电商数据分析过程中会遇到很多数据指标，如店铺首页数据、收藏数据和加购数据、商品数据、行业数据等。数据分析人员可以根据这些数据，衡量店铺各方面的经营状况，并调整和改进店铺经营策略。

1. 行业数据

行业数据是以行业为依据。通过采集到的行业数据分析和预测行业趋势，以便商家能够精准地把握行业趋势和变化，做到顺势而为，及时调整运营战略。在大数据时代，电商行业数据非常注重对市场整体趋势和综合排名的分析。

（1）市场整体趋势

市场整体趋势的数据分析重点在于市场占有率、市场潜在拓展率及市场饱和率。若市场容量已经趋于饱和，商家没有深入分析就贸然进入，必将遭遇强劲的竞争。如果商家在进入市场前进行深入分析，绕开红海市场，寻找到当前的蓝海市场，则能为日后的店铺运营奠定良好的基础。

（2）综合排名

掌握行业的商品排名和店铺排名，能够有计划地开展各项运营与推广工作，提高所运营店铺的销量和排名。一般从生意参谋等数据分析工具中可以查看同行的排名情况，图 1-1-5 所示为“家居服”在市场中的商品排名。

图 1-1-5　“家居服”在市场中的商品排名

行业数据的变化往往有迹可循。商家在充分借助数据分析平台的同时，还要注重对原始数据的积累和分析，透过数据发现行业的变化规律，顺应行业趋势来运营店铺。

2. 店铺整体数据

商家应从店铺整体运营出发，掌握店铺整体数据，然后逐一对其进行分析和研究，找出店铺运营过程中存在的各种问题，并针对性地解决这些问题，日积月累便可取得好的运营业绩。

店铺运营涉及很多数据指标。一般而言，店铺整体的运营数据分为流量数据、订单数据和转化数据 3 大类，如图 1-1-6 所示。掌握好这 3 类数据，对相关的数据指标进行精准的数据分析，就能为店铺运营提供可靠的参考依据。

3. 商品数据

商品数据主要围绕商品本身展开，包括商品数量及商品存量。很多新手商家经常出现发错货、漏发货的情况，导致客户给予差评，甚至投诉。究其原因，就是商家没有精准地掌握商品数据。

（1）商品数量

商品数量通常是以 SKU（Stock Keeping Unit）来显示的，SKU 即最小存货单位。为了精准地销售商品，每一款商品都有自己的 SKU。例如，某个商品有 4 个尺码、4 个颜色。那么，该商品就有 16 个 SKU。图 1-1-7 所示为某商品的 SKU，其商品的尺码、颜色、库存数量以及价格是一一对应的，方便客户查看。

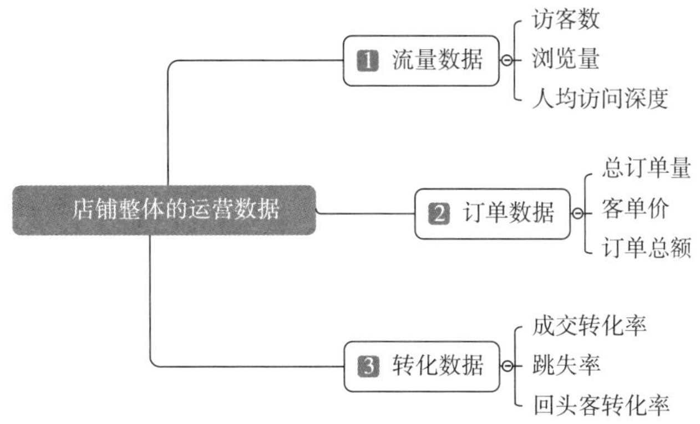

图 1-1-6　店铺整体的运营数据

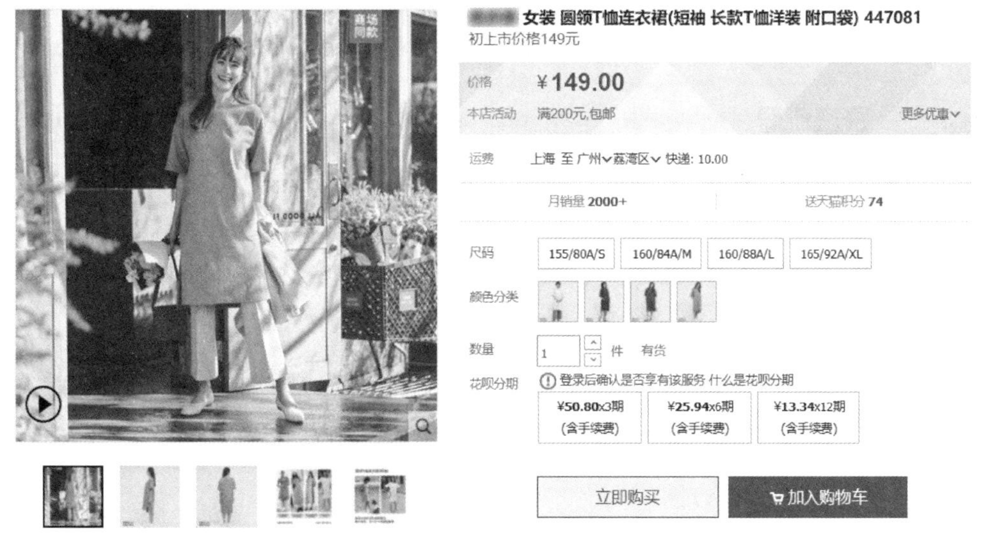

图 1-1-7　商品的 SKU

（2）商品存量

商品存量包括商品品牌数和商品库存量。商品品牌数是指店铺内不同品类的商品数量，而商品库存量则是对应品类的库存量。在店铺参加大型的营销活动之前，商家一定要核定店铺的商品品牌数和库存量，防止出现卖断货的情况。要有备用货源渠道，一旦销售告罄，立马补充同品类货源。

4. 店铺首页数据

店铺首页相当于流量的中转站，既要吸引访客访问店铺，又要承接流量的转化工作。店铺首页研究的主要对象是访客，店铺首页数据则是将访客的访问行径通过数据指标表现出来，以便后期进行研究和分析，其中包括访客数、点击率、停留时间和跳失率 4 个数据指标，如图 1-1-8 所示。

（1）店铺首页访客数

店铺首页的访客往往是潜在的客户，他们希望在首页查看全店的商品，快速找到想

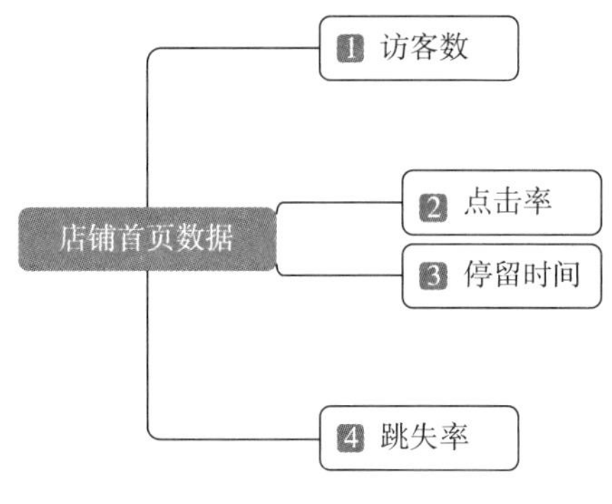

图 1-1-8 店铺首页数据

要的商品。因此，店铺首页最关键的是商品的导航设置和分类设置，以便于访客快速查找到所需要的商品。图 1-1-9 所示为某店铺首页的导航设置。

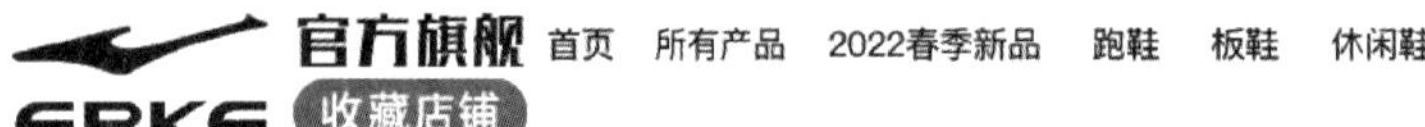

图 1-1-9 某店铺首页的导航设置

（2）店铺首页点击率

首页点击率是产生成交转化的一个关键性指标。只有访客对首页的商品感兴趣，才会点击查看，如果较长时间没有看到心仪的商品，则会直接离开店铺。所以，首页商品的排版和布局是重中之重，商家应该按照访客的点击率来设置商品的位置，点击率高的商品要设置在靠前的位置。

（3）店铺首页停留时间

访客在首页停留时间越长，表示访客对商品越感兴趣，成交转化的可能性越大。如果访客在首页停留时间过短，则说明店铺首页可能在排版设计或商品布局等方面存在问题，商家需要对店铺首页进行优化。

（4）店铺首页跳失率

跳失率也是衡量店铺运营情况的一个重要指标。如果店铺首页的跳失率过高，说明店铺的潜在客户正在大量流失，这样就会浪费店铺的推广成本。因此，商家要时刻关注首页的跳失率，最大限度地降低首页跳失率。

店铺首页数据分析的重点是透彻地研究访客，精准地把握住其中的潜在客户，并将其转化为忠实客户，以实现店铺的高效益运营。

5. 客服数据

客服工作是店铺经营中很重要的一项工作，贯穿产品售前、售中和售后。客服数据主要包括接待数据、订单数据和售后数据，这些关键数据能够直接反映店铺在客服运营方面存在的各种问题。商家通过分析客服数据，能够及时优化和解决客服工作中存在的问题，有效提升店铺的服务质量。

6. 收藏和加购数据

在电商数据分析的过程中，很多商家往往会忽略收藏数据和加购数据这两大关键数据。实际上，这两项数据很重要，很多资深客户购买商品前通常都会去看收藏量和加购量，因为它们是反映店铺人气的关键性指标。

（1）收藏量

收藏量与店铺的人气紧密相关。一般收藏量越高，说明店铺潜在的成交客户越多。从访客的角度出发，分析访客收藏店铺或产品的原因主要有三点：一是访客有购买意向，但是处于犹豫阶段；二是访客习惯货比三家，比较同款商品后再下单；三是访客喜欢店铺或商品，先收藏以便后期查找。

（2）加购量

加购量是指商品被加入购物车的数量。相对于收藏量，加购量更能体现访客的购买意愿。因为加入购物车之后，下一步操作极有可能是提交订单。例如“双十一”活动中，为了吸引访客参与营销活动，许多店铺都会提醒访客提前将商品加入购物车。

收藏数据和加购数据是相辅相成的，其目的都是引导访客关注商品，最终产生成交转化。

五、电商数据分析人员的基本素质要求

电商数据分析工作繁重，需要分析人员付出大量的时间和精力。所以，要想成为一名优秀的电商数据分析人员，不仅要具备一定的专业技能，还要拥有良好的耐心和抗压能力。电商数据分析人员的基本素质要求包括以下几个方面。

1. 严谨负责的工作态度

严谨负责的工作态度是电商数据分析人员必备的基本素质之一。数据分析人员只有做到了严谨负责，才能保证数据的客观、准确，才能客观、真实地分析店铺经营过程中存在的问题，为决策者提供有效的参考依据。

2. 具有强烈的好奇心

数据分析人员必须保持强烈的好奇心，积极主动地发现和挖掘隐藏在数据内部的真相。“为什么是这样的结果？导致这个结果的原因是什么？这个数据的变化是受什么因素的影响？”数据分析人员只有具备一种刨根问底的精神，才会对数据和结论保持敏感，继而顺藤摸瓜，找出数据背后的真相。

3. 具有清晰的逻辑思维

电商数据分析人员还应具备缜密的思维和清晰的逻辑推理能力。数据分析是一项复杂而烦琐的工作，如果没有清晰的逻辑思维，脑海中没有一个分析的结构和框架，很容易走入死胡同。所以，电商数据分析人员必须具备清晰的逻辑思维，厘清问题的整体及

局部的结构，在深度思考后找到结构中的逻辑关系，只有这样才能给出客观、科学的数据分析结果。

4. 了解产品

数据分析并不是只看数据表面的信息，更重要的是要看到隐藏在数据背后的问题。要做到这些，就需要电商数据分析人员了解产品、懂产品。如果电商数据分析人员不了解所要分析的产品，就容易被数据误导，只看到趋势是上升或下降，却不知道它代表的含义，这样自然无法得到有效的分析结果。因此，电商数据分析人员只有在充分了解产品的情况下，才能更好、更有效地分析问题，从而得到可靠的数据分析结果。

任务实施

搜索招聘网站，了解电商数据分析师的基本素质和技能要求。进一步分析企业招聘职位信息，总结电商数据分析岗位所要求具备的知识和技能，并填在表 1-1-1 中。

表 1-1-1　　电商数据分析岗位所要求具备的知识和技能

序号	岗位名称	主要职责	需要具备的知识	需要具备的技能
1				
2				
3				
4				
5				

任务 2　电商数据分析方法及工具

任务目标

知识目标

1. 了解电商数据分析的思维和原则
2. 掌握不同数据分析工具的核心功能

能力目标

1. 能针对不同的应用场景使用不同的数据分析方法
2. 能使用 Excel 函数进行电商数据分析

一、电商数据分析的思维

数据分析是将杂乱的、海量的数据变成有价值的信息，数据分析的目的是解决某个问题或满足某个需求。数据分析人员在进行数据分析的过程中应具备一些思维方式。

1. 对比思维

对比思维是数据分析中最基本的思维方式，也是最重要的数据分析思维。该思维的应用范围广泛，在进行选品、测款及分析店铺销售情况时，如果不进行对比分析，商家很难从中获取有用的信息。例如，将某店铺 6 月几款商品的销量通过柱状图的形式进行对比展示，即可一目了然地知道哪款商品的销量最高，哪款商品的销量最低，如图 1-2-1 所示。

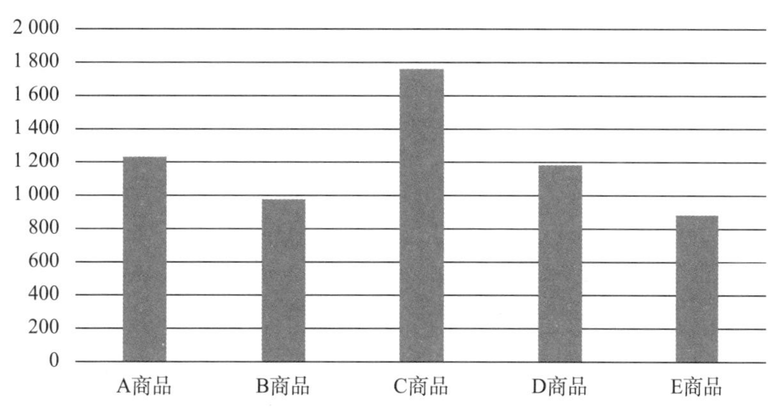

图 1-2-1　某店铺 6 月几款商品的销量对比图

2. 拆分思维

拆分思维就是在确定一个分析因素（对象）之后，对组成这个因素的各个子因素进行分析，以便于细节分析。例如，已知销售额 = 成交客户数 × 客单价，而成交客户数 = 访客数 × 转化率，运用拆分思维对销售额这一数据指标进行分解，其拆分的示意图如图 1-2-2 所示。

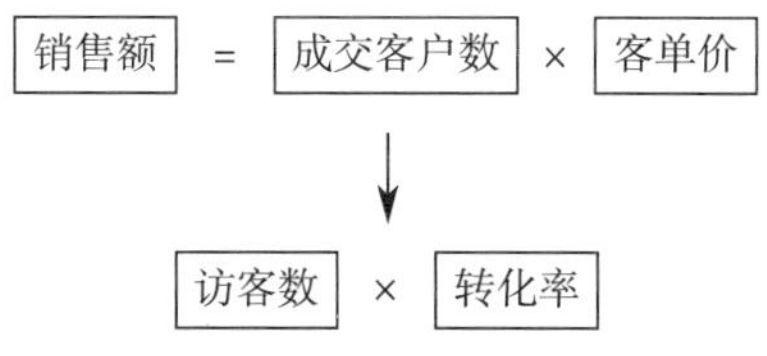

图 1-2-2　运用拆分思维分析销售额

又如，运用拆分思维对淘宝平台上的流量进行分解，从而明晰流量的分类，其拆分的示意图如图 1-2-3 所示。

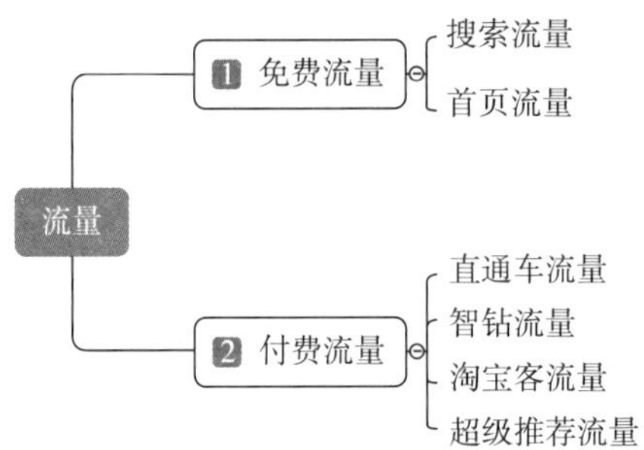

图 1-2-3　运用拆分思维分析流量

经过拆分之后，原来复杂的数据会变得更易理解，数据分析人员能够根据数据之间的逻辑关系进行深入的数据分析。拆分思维是数据分析人员必备的数据分析思维之一。

3. 增维思维

增维思维是指增加多个维度的数据指标来帮助数据分析人员进行数据分析。增维就是将简单数据多元化，增加的维度称为“辅助列”。例如，某商家运用增维思维对市场上销售的女鞋类目的商品进行数据分析，见表 1-2-1。

表 1-2-1　　运用增维思维进行数据分析

序号	关键词	搜索指数	全站商品数	搜索指数 / 全站商品数
1	女鞋	3 005	6 591 021	0.000 5
2	凉鞋	1 651	1 059 320	0.001 6
3	女凉鞋	1 646	468 221	0.003 5
4	帆布鞋	1 066	505 061	0.002 1
5	小白鞋	1 045	362 662	0.002 9

通过表 1-2-1 可以发现，搜索指数和全站商品数是两个独立的数据指标，前者反映市场需求，后者反映行业竞争。运用增维思维将搜索指数除以全站商品数可以获得一个新的指数，这个指数可以反映出市场竞争的激烈程度，从而准确判断市场当前的竞争情况。

4. 降维思维

增维和降维是相对的，有增必有降。降维思维是指将复杂的数据简单化，提炼核心数据进行数据分析。很多数据分析人员在面对一大堆维度广泛的数据时，常常不知从何下手。其实在分析数据时没必要对每个维度的数据都进行分析，只选择部分具有代表意义的数据指标进行分析即可。

例如，运用降维思维对商品销售情况进行数据分析，见表 1-2-2。与商品销售有密切关系的核心数据指标有访客数、成交客户数、客单价及转化率，这时商家就可以将关联度不大的数据排除，只留下核心数据进行分析即可。

表 1-2-2 运用降维思维进行数据分析

日期	浏览量	访客数	访问深度	销售额	销售量	订单数	成交客户数	客单价	转化率
2022/6/1	2 584	957	3.5	9 045	96	80	67	135	7%
2022/6/2	3 625	1 450	4.1	9 570	125	104	87	110	6%
2022/6/3	2 572	1 286	2.8	12 780	130	108	90	142	7%
2022/6/4	4 125	1 650	1.9	15 345	143	119	99	155	6%
2022/6/5	3 699	1 233	3.6	8 362	107	89	74	113	6%
2022/6/6	4 115	1 286	2.2	14 040	130	108	90	156	7%
2022/6/7	6 582	1 763	2.9	22 755	185	142	123	185	7%

5. 假设思维

在数据分析过程中，会遇到各种棘手的问题，对于把握度不高的数据分析，可以采取假说方法来处理。“假说”是统计学术语，也被称为“假设”，即先假设有了结果，再使用逆向思维推导过程，追根溯源，从而达到数据分析和推理的目的。

在电商数据分析过程中，按照时间序列进行细分（注：并非真正意义上的数据类型），将数据放在坐标轴上，可以细分为 3 种数据，即历史数据、当前数据和预测数据。

（1）历史数据是指已经发生的数据，其主要作用是总结、对照和提炼有用信息。如店铺的历史运营数据、退款数据、订单数据或者销售额等。

（2）当前数据是以时间为单位而定的数据，其主要作用是及时了解店铺运营现状，发现问题。如当日的成交转化率。单一的数据是没有参考价值的，所以当前数据往往需要与历史数据进行对比分析。

（3）预测数据是指还没有发生的数据，需要通过预测才能够得到，其主要作用是通过提前预测识别经营风险，及时做好相关的运营和优化工作。如店铺参加活动的营销成本预算、销售额预测、店铺规划等。预测数据会受到很多因素影响，实际结果和预测结果往往会存在一定的偏差，所以仅作为参考数据使用。

以上 3 种数据是单向流动的，即从预测数据变成当前数据，再变成历史数据。数据分析人员有必要针对电商运营在不同阶段所产生的相关数据，开展更为有效的数据分析工作。

二、电商数据分析的原则

1. 科学性

数据分析的科学性表现为收集的数据真实、分析和解释客观，并且分析方法具有与其他科学方法一样的客观标准。

2. 系统性

数据分析不是单个资料的记录、整理或分析活动，而是一个周密策划、精心组织、科学实施，并由一个个系统工作环节、步骤、活动和成果组成的过程。

3. 针对性

无论是基础的数据分析方法，还是高级的数据分析方法，不同的数据分析方法都会有它的适用领域和局限性。例如，行业宏观分析时采用 PEST 模型［政治（Politics）、经济（Economy）、社会（Society）、技术（Technology）］，客户行为分析时使用 5W2H 模型［5W 指商品（What）、原因（Why）、客户（Who）、时间（When）和地点（Where），2H 指渠道（How）和价格（How much）］，客户价值分析时采用 RFM 模型［最近一次消费（Recency）、消费频率（Frequency）、消费金额（Monetary）］，销售推广分析时常采用多维指标检测等。总之，根据分析目标选择合适的分析方法与模型才能保证分析的准确性与有效性。

4. 实用性

电商数据分析是为企业决策服务的，因此在保证其专业性和科学性的同时，不能忽略其现实意义。在进行数据分析时，应考虑指标的可解释性、报告的可读性、结论的指导意义与实用价值。

5. 趋势性

市场环境是不断变化的。在进行电商数据分析时，要以发展的眼光看待问题，不能局限于当前现状与滞后指标，要充分考虑社会宏观环境、市场变化与先行指标。

三、电商数据分析的方法

在进行电商数据分析的过程中，数据分析人员不仅要采用建模的思维，还要掌握一些科学的数据分析方法，这样才能更加全面、精准地分析数据。下面介绍几个常用的电商数据分析方法。

1. 直接观察法

直接观察法是指利用各种电商数据分析工具的分析功能，直接观察数据的发展趋势，找出异常数据。采用直接观察法时，通常借助各种分析工具强大的数据分析功能，从而有效提高信息处理的效率。

例如，通过直观地查看数字或趋势图表，能够迅速了解市场走势、订单数量、业绩完成情况及客户构成等，从而获取信息，帮助后期决策。图 1-2-4 所示为某店铺行业客群属性画像的构成情况，从中可以直接观察到客户性别构成、职业构成、年龄构成、TOP 省份等情况，以及支付偏好等数据，了解店铺受哪类人群喜爱，进而针对该人群制定相应的营销策略。

2. AB 测试法

AB 测试法是指为实现同一个目标而定制 A、B 两个方案，A 为目前方案，B 为新方案，通过测试比较这两个方案所得到的业务数据，选择效果最好的方案。AB 测试法

图 1-2-4　某店铺行业客群属性画像

的优点在于“可控”。它建立在原有方案基础上，即便新方案不行，也会有旧方案可供执行，直到新方案可取后才予以替换。

在电商数据分析中，AB 测试法通常应用于直通车创意图的优化。如图 1-2-5 所示，商家对直通车图片进行优化时，一般是对当前图片进行分析，并提炼现有的创意要素，然后分析各要素的表现情况。如果发现某张图片点击率较低，并认为可能是文案不理想而导致的结果，此时可以测试另一种更好的文案效果；如果发现图片点击率较低是拍摄问题，则可以测试另一种拍摄方案等。利用 AB 测试法能不断地进行分析和测试，并得到优化的策略，制作出新的图片。最后将新图片与老图片在直通车中轮播测试，经过一段时间后即可提取测试数据，并分析和总结创意数据，测试出哪个方案能够达到最佳的创意图优化效果。

3. 对比分析法

对比分析法是指将两个或两个以上相关联的数据进行比较，以期达到了解数据内部规律的方法。在电商数据分析过程中，对比分析法能够直观反映数据的变化趋势，精准、量化地展示出对比数据之间存在的差异。

例如，某主营农产品的淘宝商家，为了配合节日进行大促销，提前考察店铺的流量情况，对 1—3 月的流量数据进行了统计，如图 1-2-6 所示。

通过数据对比分析发现，从整体层面来看，在最近 3 个月，直接访问和淘宝直通车是店铺流量的主要入口，店铺收藏、淘宝客和粉丝群作为流量的辅助入口。从局部来

图 1-2-5 直通车创意图优化

某淘宝店铺1—3月流量数据统计

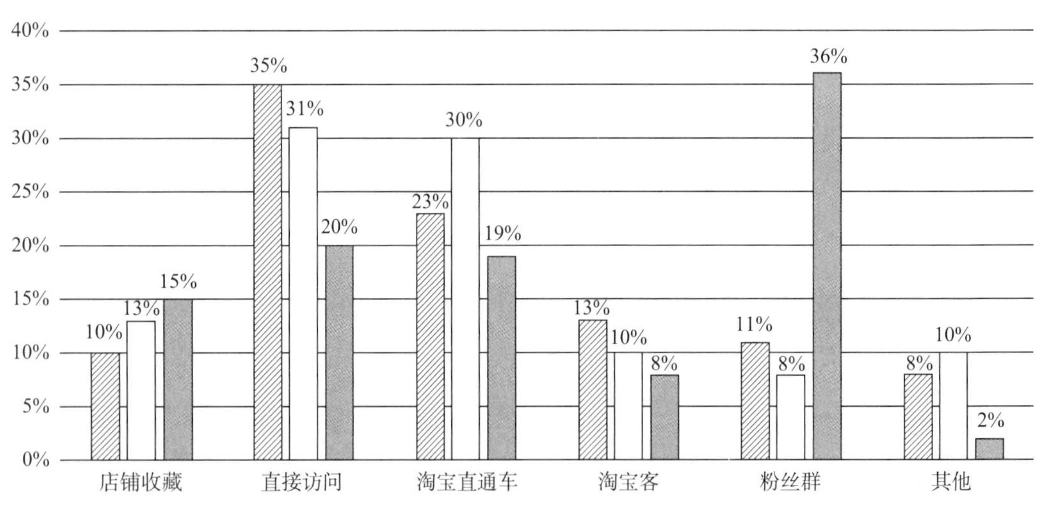

图 1-2-6 对比分析法分析店铺流量数据

看，粉丝群一直为店铺输入流量。在 3 月，店铺流量的最大入口为粉丝群，高达 36% 的流量，甚至超过了直接访问和淘宝直通车的流量。由此可见，在电商行业中，粉丝经济效益对于店铺的运营具有举足轻重的意义。

在采用对比分析法时，一定要选择合适的参考标准。如果参考标准受到外界的干扰较大，则可能会影响数据分析的结果，甚至会错误地分析和预测。

4. 漏斗分析法

漏斗分析法是基于流程的分析模型，是通过观察数据在各流程环节的变化来分析各个环节的数据转化情况，找到问题出现的环节，调整策略，进而达到优化运营的目的。

通过漏斗分析模型可以很直观地看到每个环节的情况，如客户的转化情况、流失情况，帮助商家快速发现问题，把问题具体化和细分，及时调整，在营销推广中提高流量的价值和转化率。

图 1-2-7 所示为平铺式商品成交转化流程图。由于采用传统平铺式的流程图分析，只能掌握商品的成交转化过程，无法精准地判断商品具体的成交转化情况。此时就需要对流程图进行优化，使用层次更分明的漏斗模型图来分析商品的成交转化情况，如图 1-2-8 所示。

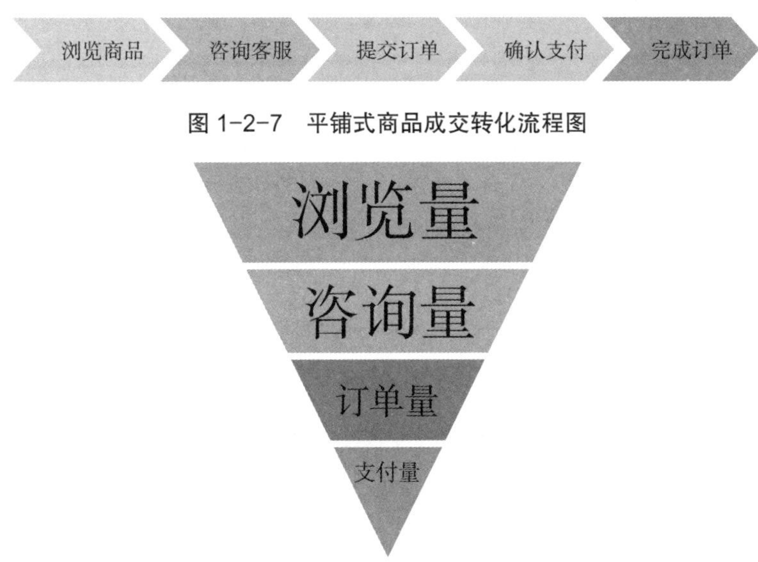

图 1-2-7 平铺式商品成交转化流程图

图 1-2-8 使用漏斗模型图分析商品的成交转化情况

四、数据分析工具

1. 基础工具

（1）Excel

Excel 是微软公司办公软件 Office 的组件之一，是常用的数据分析工具。在 Excel 中，不必进行编程就能对工作表中的数据进行检索、分类、排序、筛选等操作，利用系统提供的函数可完成各种数据的分析，广泛应用于管理、统计、财经、金融等众多领域。

（2）SPSS

统计商品与服务解决方案（Statistical Product and Service Solutions，SPSS）是 IBM 公司推出的一系列用于统计学分析运算、数据挖掘、预测分析和决策支持任务的软件商品及相关服务的总称。

SPSS 是最早采用图形菜单驱动界面的统计软件，它的显著特点是操作界面友好，输出结果美观。它将几乎所有的功能都以统一、规范的界面展现出来，采用 Windows 窗口方式展示各种管理和分析数据方法。对话框展示各种功能选项，用户只要掌握一定的 Windows 操作功能，了解统计分析原理，即可使用该软件分析电子商务数据。

2. 平台工具

（1）生意参谋

生意参谋是淘宝官方提供的数据产品，生意参谋首页如图 1-2-9 所示。生意参谋为淘宝商家提供精准、实时的数据统计、多维的数据分析和权威的数据解决方案。商家可以通过生意参谋了解店铺目前的经营情况，以及付费的来源分析和装修分析，并且可以按照小时、天、周、月，或店铺首页、宝贝页、分类页，记录店铺的流量（包含实时流量）、销量、转化、推广及装修效果数据，帮助商家完善经营策略，提升销量。

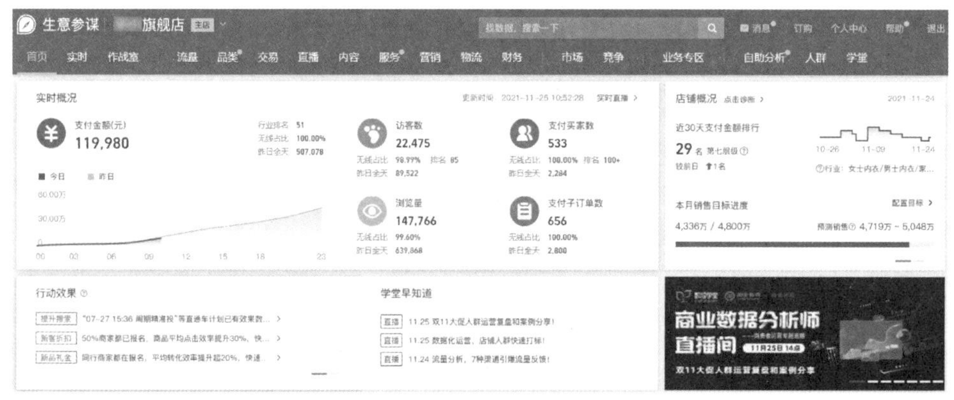

图 1-2-9 生意参谋首页

（2）京东商智

京东商智在数据罗盘功能的基础上，增加了销售明细、店铺关键词、行业关键词、行业品牌分析、行业属性分析、仓储配送分析、店铺诊断、店铺评分、售后概况、单品分析等功能板块，而且流量分析也开始按小时来统计。在交易中还添加了下载数据等功能板块，并支持国际购的商家。京东商智首页如图 1-2-10 所示。

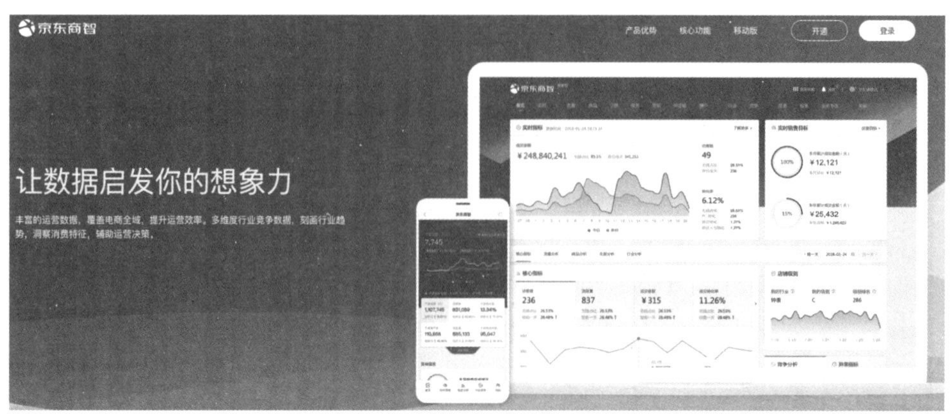

图 1-2-10 京东商智首页

3. 第三方工具

（1）八爪鱼采集器

八爪鱼采集器是集网页数据采集、移动互联网数据采集及应用程序接口（Application Programming Interface，API）服务（包括数据爬虫、数据优化、数据挖掘、数据存储、数据备份）为一体的数据采集工具，八爪鱼采集器首页如图 1-2-11 所示。它可以简单快速地将网页数据转化为结构化数据，存储为 Excel 表格或数据库等多种形式，并且提供基于云计算的大数据云采集解决方案，实现精准、高效、大规模的数据采集。八爪鱼采集器通常用于数据挖掘、竞争情报、市场研究、数据分析等用途。

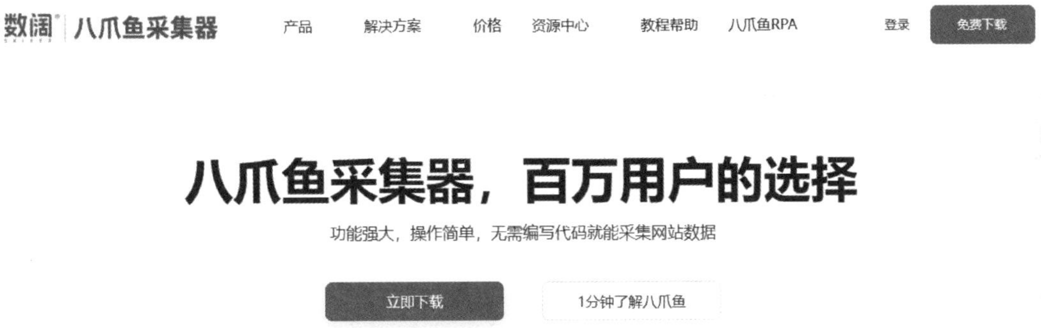

数阔 | 八爪鱼采集器　产品　解决方案　价格　资源中心　教程帮助　八爪鱼RPA　登录　免费下载

八爪鱼采集器，百万用户的选择

功能强大，操作简单，无需编写代码就能采集网站数据

立即下载　1分钟了解八爪鱼

图 1-2-11　八爪鱼采集器首页

（2）飞瓜数据

飞瓜数据是一款针对短视频及直播数据查询、运营及广告投放效果监控的专业工具，飞瓜数据首页如图 1-2-12 所示。飞瓜数据覆盖微信公众平台、微信视频号、微博、抖音、快手、小红书、哔哩哔哩等平台，它利用大数据挖掘、机器学习、自然语言处理等技术，分析海量账号的粉丝画像、文章、视频、直播间等数据，并结合强大的数字营销服务能力，为行业用户提供产品、技术服务及行业解决方案。

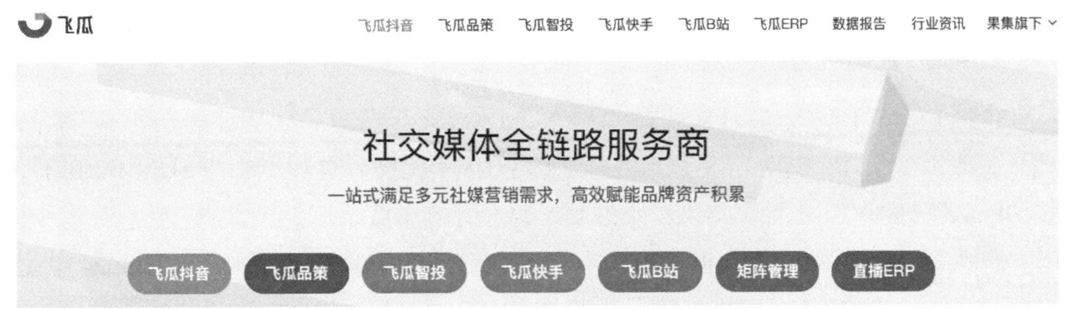

图 1-2-12　飞瓜数据首页

任务实施

Excel 函数有很多，如常见的 VLOOKUP、SUM、COUNT、OFFSET 等函数。下面

将结合电商数据分析过程中的一些实际案例，介绍常见 Excel 函数的使用方法及应用，帮助数据分析人员提高数据分析的效率。

在 Excel 中进行公式运算时，一般遵循从左到右的顺序。当公式中拥有多个运算符号时，Excel 将根据运算符号的优先级进行运算，对于同一优先级的运算符号，则按从左到右的顺序运算，见表 1-2-3。

表 1-2-3　运算符号的优先顺序

顺序	运算符号类别	符号	说明
1	引用运算符	:_（空格）,	冒号、单个空格、逗号
2	算术运算符	-	负号
3	算术运算符	%	百分比
4	算术运算符	^	乘幂
5	算术运算符	* 和 /	乘号和除号
6	算术运算符	+ 和 -	加号和减号
7	文本运算符	&	链接文本
8	比较运算符	=,<,>,<=,>=,<>	比较两个值，包括等于、小于、大于、小于等于、大于等于、不等于

一、SUM、SUMIF、SUMIFS 函数

1. 使用 SUM 函数对所有商品销量求和

SUM 函数是一个求和函数，可将单个值、单元格引用或是区域相加，或者将三者的组合相加。

电商商家在对商品销量进行求和时，有可能会遇见各种规律或不规律的数据，此时可以使用 SUM 函数对这些数据进行快速求和。例如，A 网店有几组商品销量数据，如图 1-2-13 所示。

使用 SUM 函数对这几组商品销量数据进行整列求和、整行求和、多组数据求和等操作，操作步骤如下。

步骤 1　整列求和。打开配套素材[①]“SUM 函数 .xlsx”文件，如计算 B 列中“商品 1”的总销量，即 B2:B7 单元格区域之和。选中 B8 单元格，输入公式“=SUM(B2:B7)”，按“Enter”键即可得出计算结果，如图 1-2-14 所示。

步骤 2　整行求和。如计算 2021 年 1 月 19 日的商品销量，即第 4 行中 B4:D4 单元格区域之和。选中 E4 单元格，输入公式“=SUM(B4:D4)”，按“Enter”键即可得出计算结果，如图 1-2-15 所示。

① 为了指导学生开展相关实操练习，本书提供配套素材库，书中有关操作均基于相应配套素材文件开展。

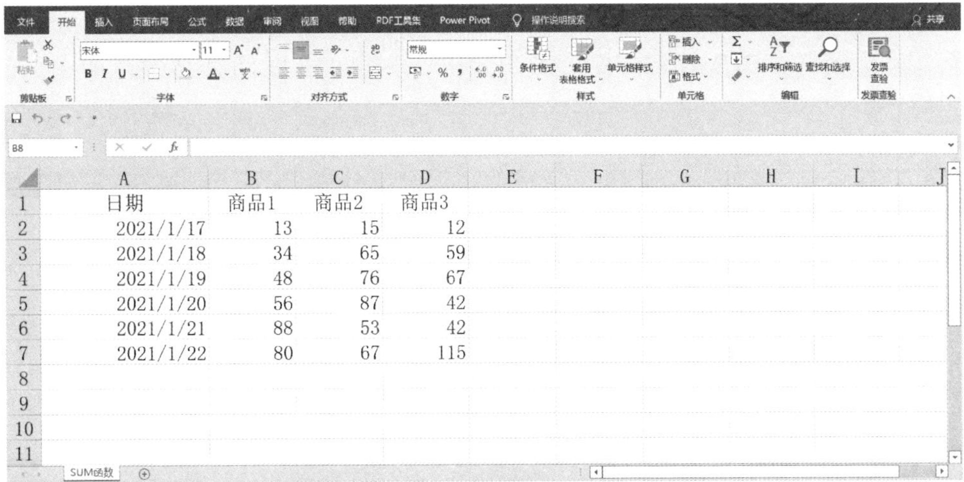

	A	B	C	D
1	日期	商品1	商品2	商品3
2	2021/1/17	13	15	12
3	2021/1/18	34	65	59
4	2021/1/19	48	76	67
5	2021/1/20	56	87	42
6	2021/1/21	88	53	42
7	2021/1/22	80	67	115

图 1-2-13　A 网店的几组商品销量数据

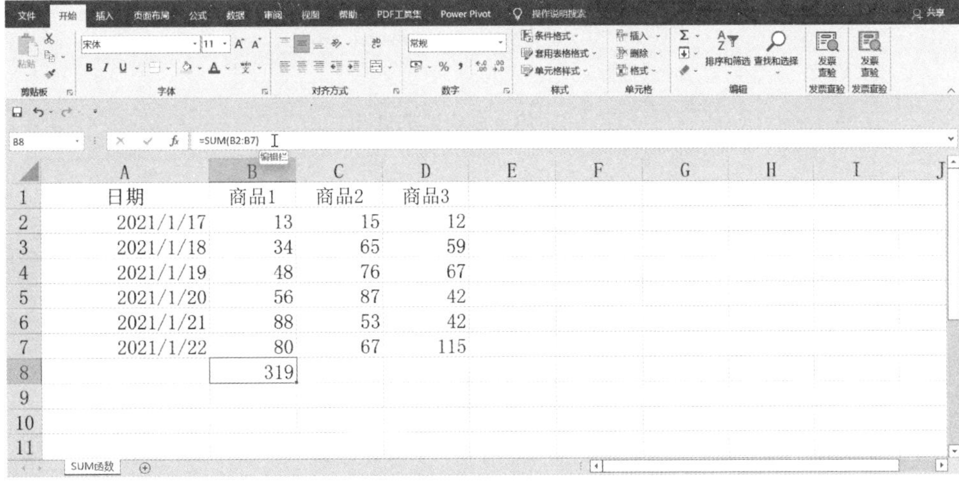

B8 =SUM(B2:B7)

	A	B	C	D
1	日期	商品1	商品2	商品3
2	2021/1/17	13	15	12
3	2021/1/18	34	65	59
4	2021/1/19	48	76	67
5	2021/1/20	56	87	42
6	2021/1/21	88	53	42
7	2021/1/22	80	67	115
8		319		

图 1-2-14　整列求和

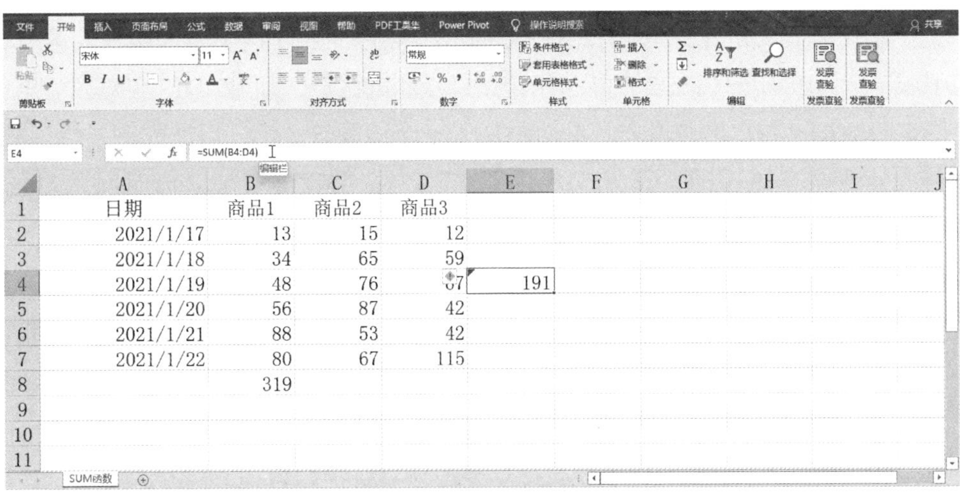

E4 =SUM(B4:D4)

	A	B	C	D	E
1	日期	商品1	商品2	商品3	
2	2021/1/17	13	15	12	
3	2021/1/18	34	65	59	
4	2021/1/19	48	76	67	191
5	2021/1/20	56	87	42	
6	2021/1/21	88	53	42	
7	2021/1/22	80	67	115	
8		319			

图 1-2-15　整行求和

步骤 3　多组数据求和。如计算 B2:D7 单元格区域所有数据之和。选中 E8 单元格，输入公式“=SUM(B2:D7)”，按“Enter”键即可得出计算结果，如图 1-2-16 所示。

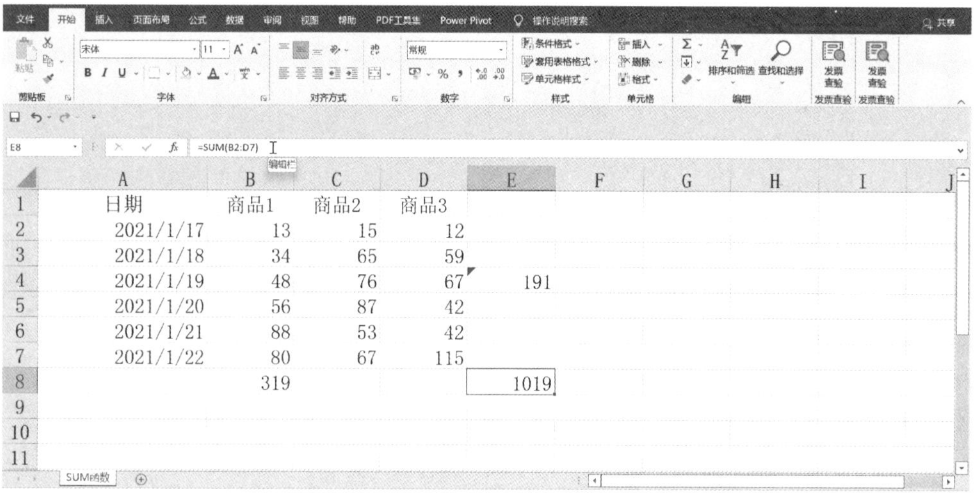

图 1-2-16　多组数据求和

2. 使用 SUMIF 函数对“黑色卫衣”的销量求和

SUMIF 函数是一个条件求和函数，可以根据指定条件对若干单元格、区域或引用进行求和。

A 网店是一家销售卫衣的店铺，该店铺卫衣的销售数据如图 1-2-17 所示。如果商家想要计算“黑色卫衣”的总销量，可以利用 SUMIF 函数进行销量求和。

打开“SUMIF 函数 .xlsx”文件，单击 A19 单元格，输入“黑色卫衣销量”，再选中 B19 单元格，输入公式“=SUMIF(A2:A17,"* 黑色卫衣 ",D2:D17)”，按“Enter”键即可得出计算结果，如图 1-2-18 所示。

注：在该销量求和公式中，A2:A17 是查找“黑色卫衣”这个条件所在的区域；“* 黑色卫衣”是指求和条件；D2:D17 是指定条件求和的区域，即 D2:D17 中对应“黑色卫衣”的销量数据。在“黑色卫衣”前面添加了一个通配符“*”，用通配符“*”替代任意字符。如图 1-2-18 中的“ins 街头黑色卫衣”，“*”替代的就是“ins 街头”。“* 黑色卫衣”表示只要选中条件所在区域中包含“黑色卫衣”这个关键词，不管这个关键词前面是什么内容，该数据都属于条件区域范围。

3. 使用 SUMIFS 函数对订单数小于 120 的“白色卫衣”的点击量进行求和

SUMIFS 函数是一个多条件求和函数，它的功能非常强大，可以对满足多条件的全部参数快速求和。如果要计算 A 网店订单数小于 120 的“白色卫衣”的点击量，可以使用 SUMIFS 函数来进行计算。

打开“SUMIFS 函数 .xlsx”文件，单击 A18 单元格，输入“订单数小于 120 的白色

	A	B	C	D
1	商品类目	点击量	订单数	销量
2	ins街头黑色卫衣	4890	230	106
3	ins街头白色卫衣	3991	220	120
4	嘻哈印花黑色卫衣	2780	108	100
5	嘻哈印花白色卫衣	2008	89	71
6	复古拼接黑色卫衣	3022	143	122
7	复古拼接白色卫衣	1568	77	77
8	国潮复古黑色卫衣	3120	113	113
9	国潮复古白色卫衣	2978	107	105
10	高街简约黑色卫衣	2991	203	194
11	高街简约白色卫衣	5039	315	299
12	字母刺绣黑色卫衣	3024	150	150
13	字母刺绣白色卫衣	3076	189	188
14	涂鸦PU皮黑色卫衣	2897	131	131
15	涂鸦PU皮白色卫衣	2458	104	104
16	原宿风条纹黑色卫衣	5189	263	259
17	原宿风条纹白色卫衣	1543	101	100

图 1-2-17　A 网店卫衣的销售数据

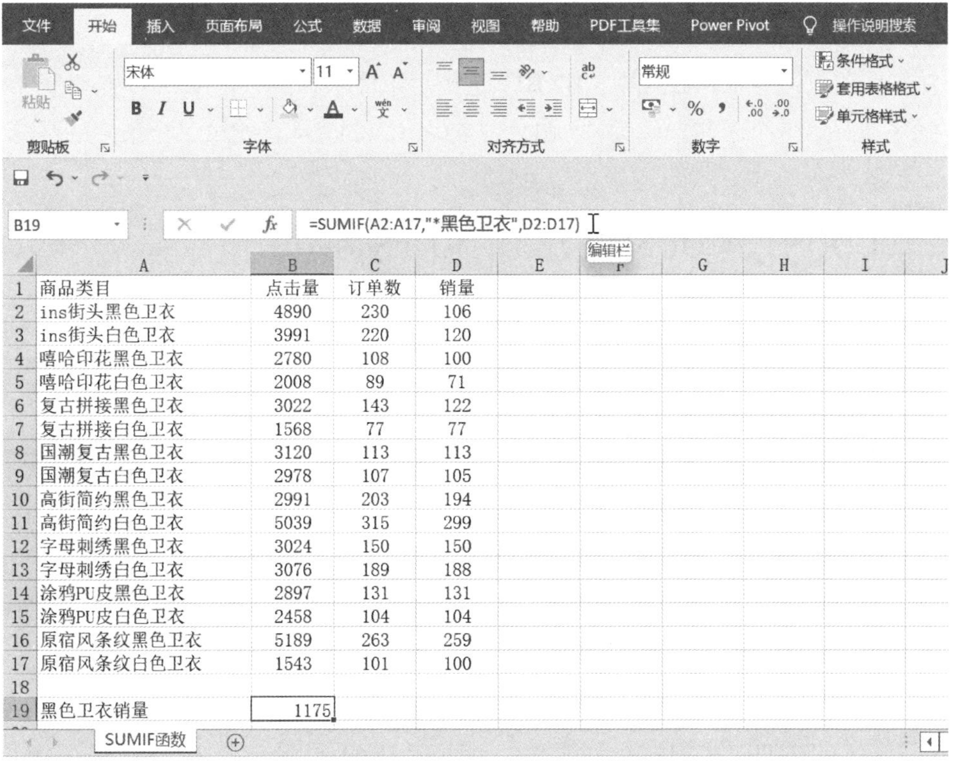

	A	B	C	D
1	商品类目	点击量	订单数	销量
2	ins街头黑色卫衣	4890	230	106
3	ins街头白色卫衣	3991	220	120
4	嘻哈印花黑色卫衣	2780	108	100
5	嘻哈印花白色卫衣	2008	89	71
6	复古拼接黑色卫衣	3022	143	122
7	复古拼接白色卫衣	1568	77	77
8	国潮复古黑色卫衣	3120	113	113
9	国潮复古白色卫衣	2978	107	105
10	高街简约黑色卫衣	2991	203	194
11	高街简约白色卫衣	5039	315	299
12	字母刺绣黑色卫衣	3024	150	150
13	字母刺绣白色卫衣	3076	189	188
14	涂鸦PU皮黑色卫衣	2897	131	131
15	涂鸦PU皮白色卫衣	2458	104	104
16	原宿风条纹黑色卫衣	5189	263	259
17	原宿风条纹白色卫衣	1543	101	100
18				
19	黑色卫衣销量	1175		

图 1-2-18　计算所有“黑色卫衣”的销量

卫衣的点击量”，再选中 B18 单元格，输入公式“=SUMIFS(B2:B17,A2:A17,"* 白色卫衣 ",C2:C17,"<120")”，按“Enter”键即可得出计算结果，如图 1-2-19 所示。

B18　=SUMIFS(B2:B17,A2:A17,"*白色卫衣",C2:C17,"<120")

	A	B	C	D
1	商品类目	点击量	订单数	销量
2	ins街头黑色卫衣	4890	230	106
3	ins街头白色卫衣	3991	220	120
4	嘻哈印花黑色卫衣	2780	108	100
5	嘻哈印花白色卫衣	2008	89	71
6	复古拼接黑色卫衣	3022	143	122
7	复古拼接白色卫衣	1568	77	77
8	国潮复古黑色卫衣	3120	113	113
9	国潮复古白色卫衣	2978	107	105
10	高街简约黑色卫衣	2991	203	194
11	高街简约白色卫衣	5039	315	299
12	字母刺绣黑色卫衣	3024	150	150
13	字母刺绣白色卫衣	3076	189	188
14	涂鸦PU皮黑色卫衣	2897	131	131
15	涂鸦PU皮白色卫衣	2458	104	104
16	原宿风条纹黑色卫衣	5189	263	259
17	原宿风条纹白色卫衣	1543	101	100
18	订单数小于120的白色卫衣的点击量	10555		

SUMIFS函数

图 1-2-19　计算订单数小于 120 的“白色卫衣”的点击量

注：在该点击量求和公式中，B2:B17 是指定条件求和区域；A2:A17 是查找第一个条件的区域，第一个求和条件为“* 白色卫衣”；C2:C17 是查找第二个条件的区域，第二个求和条件为“<120”（订单数小于 120）。

二、COUNT、COUNTIF、COUNTIFS 函数

1. 使用 COUNT 函数统计数字单元格的个数

COUNT 函数可以对指定数据集合或者单元格区域中的数字数据进行统计，计算数字数据的个数。COUNT 函数只对数字数据进行统计，不能统计空单元格、逻辑值或文本数据。

打开“COUNT 函数 .xlsx”文件，例如，统计 B1:C17 单元格区域中数字单元格的个数，选中 F17 单元格，输入公式“=COUNT(B1:C17)”，按“Enter”键即可得出计算结果，如图 1-2-20 所示。

2. 使用 COUNTIF 函数统计“白色卫衣”的商品种类数量

COUNTIF 函数可以用来计算指定区域中满足指定条件的单元格个数。

打开“COUNTIF 函数 .xlsx”文件，选中 A18 单元格，输入公式“=COUNTIF(A2:A17,"* 白色卫衣 ")”，按“Enter”键即可得出计算结果，如图 1-2-21 所示。

F17 =COUNT(B1:C17)

	A	B	C	D	E	F
1	商品类目	点击量	订单数	销量		
2	ins街头黑色卫衣	4890	230	106		
3	ins街头白色卫衣	3991	220	120		
4	嘻哈印花黑色卫衣	2780	108	100		
5	嘻哈印花白色卫衣	2008	89	71		
6	复古拼接黑色卫衣	3022	143	122		
7	复古拼接白色卫衣	1568	77	77		
8	国潮复古黑色卫衣	3120	113	113		
9	国潮复古白色卫衣	2978	107	105		
10	高街简约黑色卫衣	2991	203	194		
11	高街简约白色卫衣	5039	315	299		
12	字母刺绣黑色卫衣	3024	150	150		
13	字母刺绣白色卫衣	3076	189	188		
14	涂鸦PU皮黑色卫衣	2897	131	131		
15	涂鸦PU皮白色卫衣	2458	104	104		
16	原宿风条纹黑色卫衣	5189	263	259		
17	原宿风条纹白色卫衣	1543	101	100		32

COUNT函数

图 1-2-20　统计数字单元格的个数

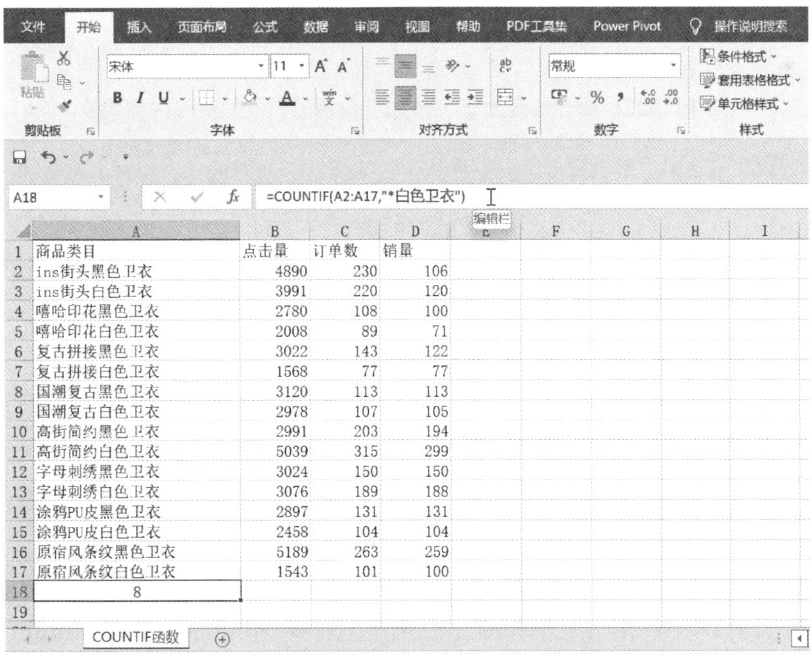

A18 =COUNTIF(A2:A17,"*白色卫衣")

	A	B	C	D
1	商品类目	点击量	订单数	销量
2	ins街头黑色卫衣	4890	230	106
3	ins街头白色卫衣	3991	220	120
4	嘻哈印花黑色卫衣	2780	108	100
5	嘻哈印花白色卫衣	2008	89	71
6	复古拼接黑色卫衣	3022	143	122
7	复古拼接白色卫衣	1568	77	77
8	国潮复古黑色卫衣	3120	113	113
9	国潮复古白色卫衣	2978	107	105
10	高街简约黑色卫衣	2991	203	194
11	高街简约白色卫衣	5039	315	299
12	字母刺绣黑色卫衣	3024	150	150
13	字母刺绣白色卫衣	3076	189	188
14	涂鸦PU皮黑色卫衣	2897	131	131
15	涂鸦PU皮白色卫衣	2458	104	104
16	原宿风条纹黑色卫衣	5189	263	259
17	原宿风条纹白色卫衣	1543	101	100
18	8			
19				

COUNTIF函数

图 1-2-21　统计“白色卫衣”的商品种类数量

3. 使用 COUNTIFS 函数统计销量大于 120 的“白色卫衣”的商品种类数量

COUNTIFS 函数可以用来计算多个区域中满足指定条件的单元格个数，还可以同时设定多个条件。

打开“COUNTIFS 函数 .xlsx”文件，选中 A18 单元格，输入公式“=COUNTIFS(A2:A17,"* 白色卫衣 ",D2:D17,">120")”，按“Enter”键即可得出计算结果，如图 1-2-22 所示。

A18 =COUNTIFS(A2:A17,"*白色卫衣",D2:D17,">120")

	A	B	C	D
1	商品类目	点击量	订单数	销量
2	ins街头黑色卫衣	4890	230	106
3	ins街头白色卫衣	3991	220	120
4	嘻哈印花黑色卫衣	2780	108	100
5	嘻哈印花白色卫衣	2008	89	71
6	复古拼接黑色卫衣	3022	143	122
7	复古拼接白色卫衣	1568	77	77
8	国潮复古黑色卫衣	3120	113	113
9	国潮复古白色卫衣	2978	107	105
10	高街简约黑色卫衣	2991	203	194
11	高街简约白色卫衣	5039	315	299
12	字母刺绣黑色卫衣	3024	150	150
13	字母刺绣白色卫衣	3076	189	188
14	涂鸦PU皮黑色卫衣	2897	131	131
15	涂鸦PU皮白色卫衣	2458	104	104
16	原宿风条纹黑色卫衣	5189	263	259
17	原宿风条纹白色卫衣	1543	101	100
18	2			

图 1-2-22　统计销量大于 120 的“白色卫衣”的商品种类数量

注：在该公式中，A2:A17 是查找第一个条件的区域，“* 白色卫衣”是第一个条件；D2:D17 是查找第二个条件的区域，“>120”是第二个条件。

三、VLOOKUP 函数

在优化直通车关键词时，商家往往会遇到设置的直通车计划太多，需要添加的关键词也多，因而容易弄不清楚是否已经将需要的关键词添加进直通车计划中，或把不需要添加进去的关键词添加进去。那么，在关键词基数大的情况下，应该如何查找、添加关键词，才能避免重复添加或出现其他错误呢？这时就可以使用 VLOOKUP 函数查找直通车的关键词。

VLOOKUP 函数是一个查找和引用函数，即给出一个需要查找的值，它能从指定的查找区域中找到最终返回该区域所需查找的值。下面将使用 VLOOKUP 函数来快速查找若干个关键词是否已经存在于已添加的若干个关键词中，操作步骤如下。

步骤 1　新建一个 Excel 表格，选中 A 列，输入直通车计划已添加的关键词，把需要添加进直通车计划的关键词放在 C 列，如图 1-2-23 所示。也可以打开“VLOOKUP 函数 .xlsx”文件。

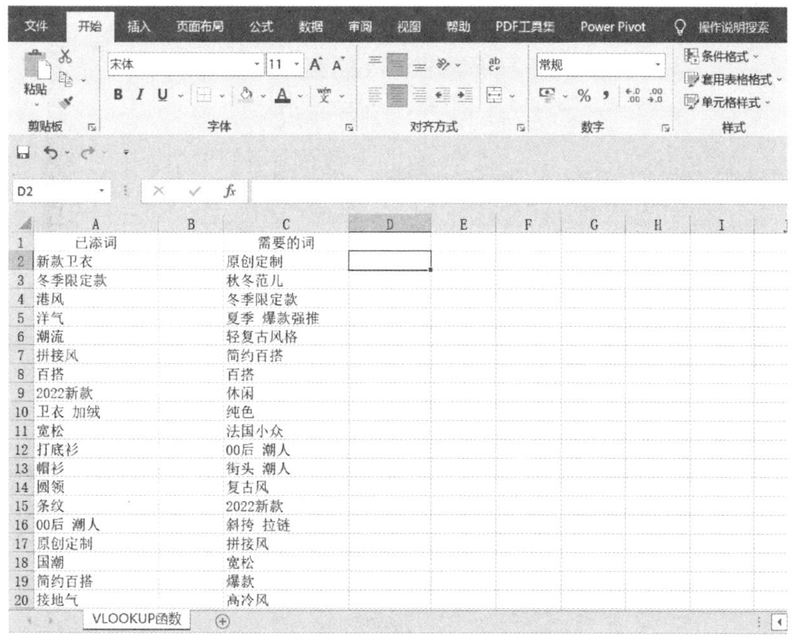

	A	B	C	D
1	已添词		需要的词	
2	新款卫衣		原创定制	
3	冬季限定款		秋冬范儿	
4	港风		冬季限定款	
5	洋气		夏季 爆款强推	
6	潮流		轻复古风格	
7	拼接风		简约百搭	
8	百搭		百搭	
9	2022新款		休闲	
10	卫衣 加绒		纯色	
11	宽松		法国小众	
12	打底衫		00后 潮人	
13	帽衫		街头 潮人	
14	圆领		复古风	
15	条纹		2022新款	
16	00后 潮人		斜挎 拉链	
17	原创定制		拼接风	
18	国潮		宽松	
19	简约百搭		爆款	
20	接地气		高冷风	

图 1-2-23　新建直通车关键词整理表

步骤 2　使用 VLOOKUP 函数在表格中实现查找并引用重复的关键词“原创定制”。即选中 D2 单元格，输入公式“=VLOOKUP(C2,A:A,1,FALSE)”，如图 1-2-24 所示。

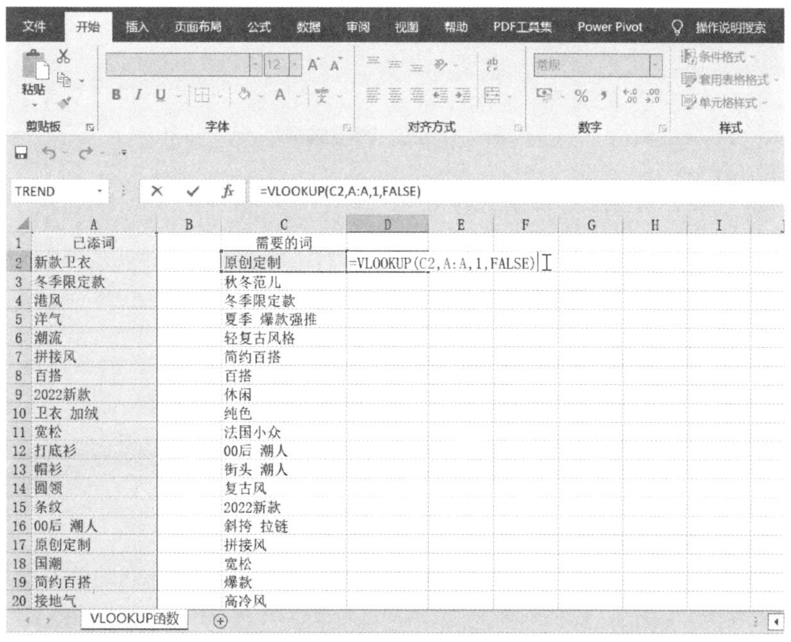

	A	B	C	D
1	已添词		需要的词	
2	新款卫衣		原创定制	=VLOOKUP(C2,A:A,1,FALSE)
3	冬季限定款		秋冬范儿	
4	港风		冬季限定款	
5	洋气		夏季 爆款强推	
6	潮流		轻复古风格	
7	拼接风		简约百搭	
8	百搭		百搭	
9	2022新款		休闲	
10	卫衣 加绒		纯色	
11	宽松		法国小众	
12	打底衫		00后 潮人	
13	帽衫		街头 潮人	
14	圆领		复古风	
15	条纹		2022新款	
16	00后 潮人		斜挎 拉链	
17	原创定制		拼接风	
18	国潮		宽松	
19	简约百搭		爆款	
20	接地气		高冷风	

图 1-2-24　输入公式

注：公式中，“C2”是需要查找的关键词“原创定制”的单元格，“A:A”是要查找的区域 A 列，“1”是在查找区域内所需要返回的第一列。“FALSE”表示精确查找，也可以用“0”代替，而用“1”或“TURE”时则表示近似查找。

步骤 3　按“Enter”键，第一个关键词“原创定制”的结果即被查找出来，如图 1-2-25 所示。返回的结果是“原创定制”，表示“原创定制”这个关键词是已经添加进直通车的关键词。

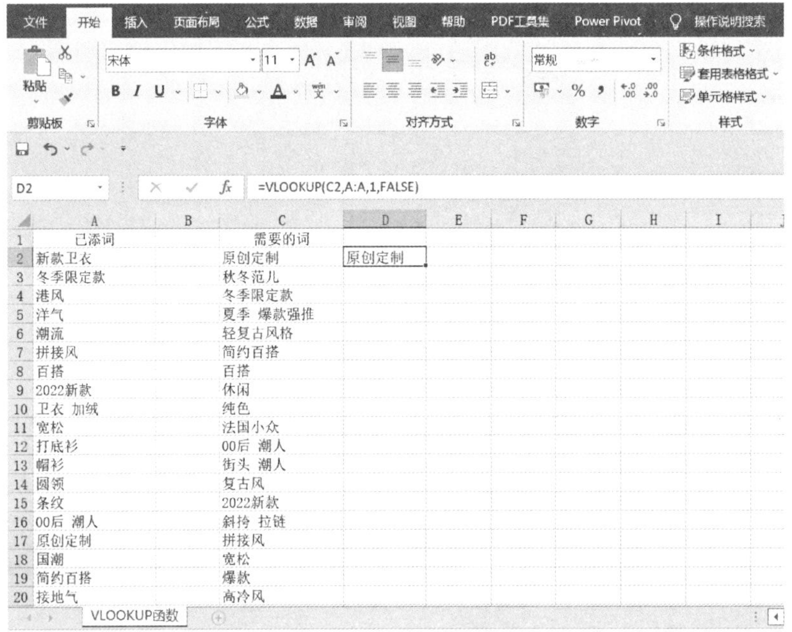

D2　=VLOOKUP(C2,A:A,1,FALSE)

	A	B	C	D
1	已添词		需要的词	
2	新款卫衣		原创定制	原创定制
3	冬季限定款		秋冬范儿	
4	港风		冬季限定款	
5	洋气		夏季 爆款强推	
6	潮流		轻复古风格	
7	拼接风		简约百搭	
8	百搭		百搭	
9	2022新款		休闲	
10	卫衣 加绒		纯色	
11	宽松		法国小众	
12	打底衫		00后 潮人	
13	帽衫		街头 潮人	
14	圆领		复古风	
15	条纹		2022新款	
16	00后 潮人		斜挎 拉链	
17	原创定制		拼接风	
18	国潮		宽松	
19	简约百搭		爆款	
20	接地气		高冷风	

VLOOKUP函数

图 1-2-25　得出结果

步骤 4　将鼠标放在 D2 单元格的右下角，当鼠标变成“+”形状时双击，下面的单元格就会快速填充公式；或将鼠标放在 D2 单元格的右下角，当鼠标变成“+”形状时，按住左键不放向下拖动鼠标至要填充的单元格处松开鼠标，即可填充结果，如图 1-2-26 所示。

注：如果 C 列某个单元格的关键词在 A 列没有找到，在与该单元格同行的 D 列中就会显示“#N/A”；如果查找到有重复词，就会直接显示重复的关键词。这样一来，商家就可以轻松地查找出哪些关键词是已经添加的，哪些关键词是未添加的。

四、AVERAGE 函数

AVERAGE 函数是一个计算平均值的函数，它是返回参数的平均值（也叫作算术平均值）。例如，使用 AVERAGE 函数可以计算出店铺的月平均销量。

打开“AVERAGE 函数 .xlsx”文件，选中 H10 单元格，输入公式“=AVERAGE(G:G)”，按“Enter”键即可计算出该店铺 1—9 月的月平均销量，如图 1-2-27 所示。

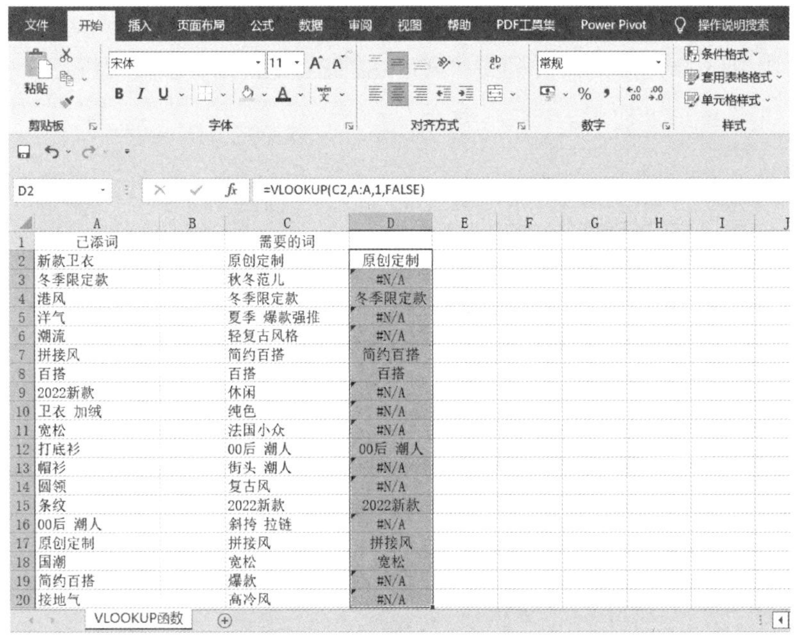

D2　=VLOOKUP(C2,A:A,1,FALSE)

	A	B	C	D
1	已添词		需要的词	
2	新款卫衣		原创定制	原创定制
3	冬季限定款		秋冬范儿	#N/A
4	港风		冬季限定款	冬季限定款
5	洋气		夏季 爆款强推	#N/A
6	潮流		轻复古风格	#N/A
7	拼接风		简约百搭	简约百搭
8	百搭		百搭	百搭
9	2022新款		休闲	#N/A
10	卫衣 加绒		纯色	#N/A
11	宽松		法国小众	#N/A
12	打底衫		00后 潮人	00后 潮人
13	帽衫		街头 潮人	#N/A
14	圆领		复古风	#N/A
15	条纹		2022新款	2022新款
16	00后 潮人		斜挎 拉链	#N/A
17	原创定制		拼接风	拼接风
18	国潮		宽松	宽松
19	简约百搭		爆款	#N/A
20	接地气		高冷风	#N/A

VLOOKUP函数

图 1-2-26　快速填充公式

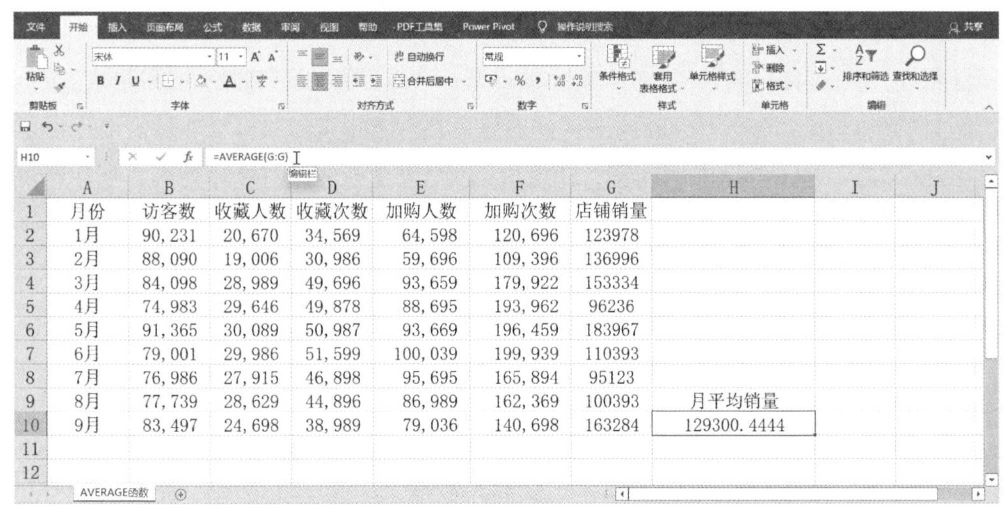

H10　=AVERAGE(G:G)

	A	B	C	D	E	F	G	H
1	月份	访客数	收藏人数	收藏次数	加购人数	加购次数	店铺销量	
2	1月	90, 231	20, 670	34, 569	64, 598	120, 696	123978	
3	2月	88, 090	19, 006	30, 986	59, 696	109, 396	136996	
4	3月	84, 098	28, 989	49, 696	93, 659	179, 922	153334	
5	4月	74, 983	29, 646	49, 878	88, 695	193, 962	96236	
6	5月	91, 365	30, 089	50, 987	93, 669	196, 459	183967	
7	6月	79, 001	29, 986	51, 599	100, 039	199, 939	110393	
8	7月	76, 986	27, 915	46, 898	95, 695	165, 894	95123	
9	8月	77, 739	28, 629	44, 896	86, 989	162, 369	100393	月平均销量
10	9月	83, 497	24, 698	38, 989	79, 036	140, 698	163284	129300. 4444

AVERAGE函数

图 1-2-27　用 AVERAGE 函数计算月平均销量

五、OFFSET 函数

在进行电商数据分析时面对的往往是一个包含很多项数据的完整数据源，在保证数据正确的前提下，要单独挑出一两项数据进行分析，就需要使用 OFFSET 函数。

OFFSET 函数是一个常用的查找和引用函数，以指定的引用为参照系，通过指定偏移量得到新的引用。返回的引用可以是一个单元格或单元格区域，并且可以指定要返回的行数和列数。下面将以某店铺 1—11 月的数据为例，使用 OFFSET 函数获取数据库中的搜索人数和搜索次数。

步骤 1　在数据源所在工作表的下方区域输入月份、搜索人数和搜索次数，将其作为表头。选中 B15 单元格，输入公式“=OFFSET(A1,1,3,1,1)”，按“Enter”键即可得出计算结果，如图 1-2-28 所示。

ACCRINT　=OFFSET(A1,1,3,1,1)

	A	B	C	D	E	F	G	H	I	J	K
1	月份	访客数	浏览量	搜索人数	搜索次数	收藏人数	收藏次数	加购人数	加购次数		
2	1月	90,231	73,397	991	1,003	20,670	34,569	64,598	120,696		
3	2月	88,090	80,321	846	978	19,006	30,986	59,696	109,396		
4	3月	84,098	80,001	1,080	1,279	28,989	49,696	93,659	179,922		
5	4月	74,983	69,896	846	984	29,646	49,878	88,695	193,962		
6	5月	91,365	85,413	956	1,089	30,089	50,987	93,669	196,459		
7	6月	79,001	71,569	897	898	29,986	51,599	100,039	199,939		
8	7月	76,986	70,398	758	836	27,915	46,898	95,695	165,894		
9	8月	77,739	64,798	612	769	28,629	44,896	86,989	162,369		
10	9月	83,497	78,941	781	846	24,698	38,989	79,036	140,698		
11	10月	87,123	77,123	1,003	1,245	35,698	59,699	89,291	157,993		
12	11月	94,553	89,246	1,023	1,423	33,698	49,689	120,398	208,693		
13											
14	月份	搜索人数	搜索次数								
15	=OFFSET(A1,1,3,1,1)										
16											
17	3月										
18	4月										
19	5月										
20	6月										
21	7月										
22	8月										

表1　表2

图 1-2-28　输入公式获取搜索人数

注：在该公式中，“A1”是参照的区域；第一个“1”是以参照物为标准向上或向下的行数；“3”是以参照物为标准向左或向右偏移的列数；第二个“1”是需要返回的行高；第三个“1”是需要返回的列宽；在这里因为需要返回的是 D2 单元格，所以行高和列宽都是 1。

步骤 2　将鼠标放在 B15 单元格的右下角，当鼠标变成“+”形状时双击，即可快速填充公式，得到每个月的搜索人数结果，如图 1-2-29 所示。

步骤 3　选中 C15 单元格，输入公式“=OFFSET(A1,1,4,1,1)”，按“Enter”键即可得出计算结果。将鼠标放在 C15 单元格的右下角，当鼠标变成“+”形状时双击，即可快速填充公式，得到每个月的搜索次数结果，如图 1-2-30 所示。

六、MATCH 函数

MATCH 函数是一个常用的查找和引用函数，它是在指定范围中搜索指定的项，然后返回在指定区域中的相对位置。MATCH 函数可以直接查找引用数据，而不需要像 OFFSET 函数一样知道数据所在的行和列才能提取。

下面使用 MATCH 函数在指定区域中搜索指定项的相对位置。以图 1-2-28 所示的某店铺 1—11 月的数据为例，通过 MATCH 函数找到搜索人数所在的位置，具体操作步骤如下。

步骤 1　打开“MATCH 函数 .xlsx”文件，选中 K3 单元格，输入公式“=MATCH(" 搜索人数 ",1:1,0)”，如图 1-2-31 所示。在该公式中，“搜索人数”是需要查找的值，

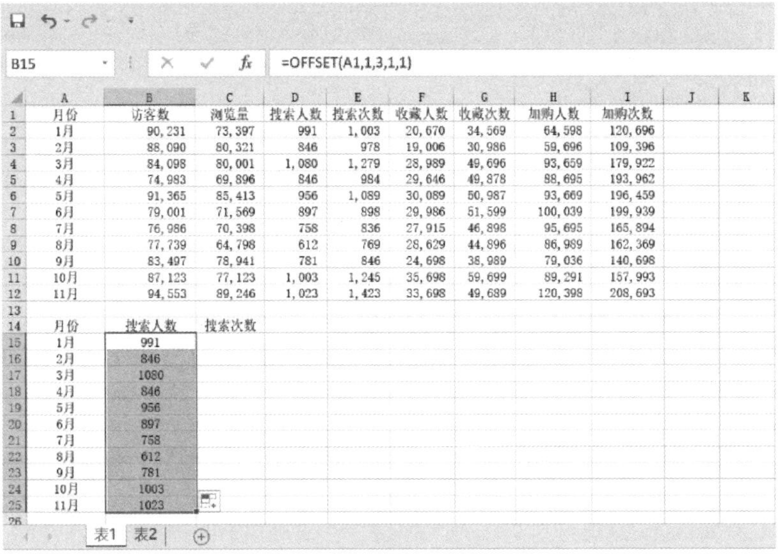

B15 =OFFSET(A1,1,3,1,1)

月份	访客数	浏览量	搜索人数	搜索次数	收藏人数	收藏次数	加购人数	加购次数
1月	90,231	73,397	991	1,003	20,670	34,569	64,598	120,696
2月	88,090	80,321	846	978	19,006	30,986	59,696	109,396
3月	84,098	80,001	1,080	1,279	28,989	49,696	93,659	179,922
4月	74,983	69,896	846	984	29,646	49,878	88,695	193,962
5月	91,365	85,413	956	1,089	30,089	50,987	93,669	196,459
6月	79,001	71,569	897	898	29,986	51,599	100,039	199,939
7月	76,986	70,398	758	836	27,915	46,898	95,695	165,894
8月	77,739	64,798	612	769	28,629	44,896	86,989	162,369
9月	83,497	78,941	781	846	24,698	38,989	79,036	140,698
10月	87,123	77,123	1,003	1,245	35,698	59,699	89,291	157,993
11月	94,553	89,246	1,023	1,423	33,698	49,689	120,398	208,693

月份	搜索人数	搜索次数
1月	991	
2月	846	
3月	1080	
4月	846	
5月	956	
6月	897	
7月	758	
8月	612	
9月	781	
10月	1003	
11月	1023	

表1 表2

图 1-2-29　获取每个月的搜索人数

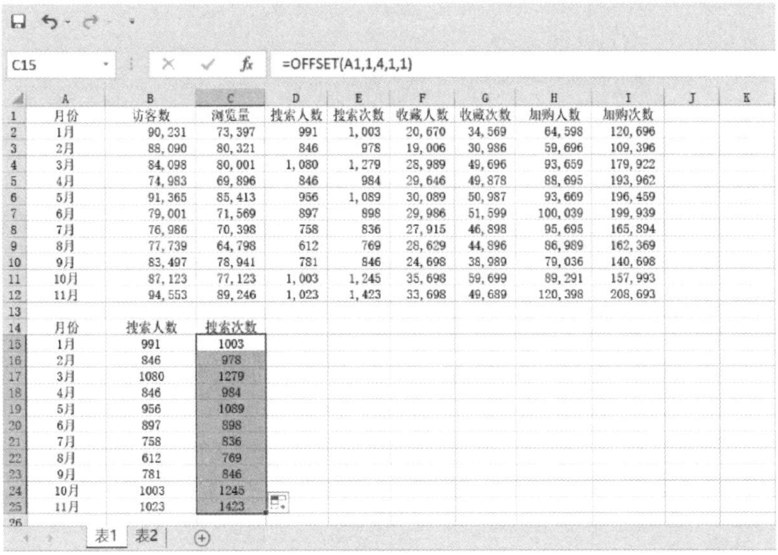

C15 =OFFSET(A1,1,4,1,1)

月份	访客数	浏览量	搜索人数	搜索次数	收藏人数	收藏次数	加购人数	加购次数
1月	90,231	73,397	991	1,003	20,670	34,569	64,598	120,696
2月	88,090	80,321	846	978	19,006	30,986	59,696	109,396
3月	84,098	80,001	1,080	1,279	28,989	49,696	93,659	179,922
4月	74,983	69,896	846	984	29,646	49,878	88,695	193,962
5月	91,365	85,413	956	1,089	30,089	50,987	93,669	196,459
6月	79,001	71,569	897	898	29,986	51,599	100,039	199,939
7月	76,986	70,398	758	836	27,915	46,898	95,695	165,894
8月	77,739	64,798	612	769	28,629	44,896	86,989	162,369
9月	83,497	78,941	781	846	24,698	38,989	79,036	140,698
10月	87,123	77,123	1,003	1,245	35,698	59,699	89,291	157,993
11月	94,553	89,246	1,023	1,423	33,698	49,689	120,398	208,693

月份	搜索人数	搜索次数
1月	991	1003
2月	846	978
3月	1080	1279
4月	846	984
5月	956	1089
6月	897	898
7月	758	836
8月	612	769
9月	781	846
10月	1003	1245
11月	1023	1423

表1 表2

图 1-2-30　获取每个月的搜索次数

“1:1”是查找的区域，“0”是查找的指定方式。

注：查找的指定方式主要有 3 种。使用数字“0”时，MATCH 函数完全等于需要查找的值，在这里也就是等于“搜索人数”；使用数字“1”时，MATCH 函数小于或等于需要查找的值；使用数字“-1”时，MATCH 函数大于或等于需要查找的值。

步骤 2　按“Enter”键后，得出结果为“4”，即“搜索人数”的查找区域是第一行的第 4 位，如图 1-2-32 所示。

步骤 3　选中 B15 单元格，输入公式“=OFFSET(A1,1,MATCH(" 搜索人数 ",1:1,0)-1,1,1)”，按“Enter”键即可得出计算结果，如图 1-2-33 所示。

TREND =MATCH("搜索人数",1:1,0)

	A	B	C	D	E	F	G	H	I	J	K
1	月份	访客数	浏览量	搜索人数	搜索次数	收藏人数	收藏次数	加购人数	加购次数		
2	1月	90,231	73,397	991	1,003	20,670	34,569	64,598	120,696		
3	2月	88,090	80,321	846	978	19,006	30,986	59,696	109,396		1,0)
4	3月	84,098	80,001	1,080	1,279	28,989	49,696	93,659	179,922		
5	4月	74,983	69,896	846	984	29,646	49,878	88,695	193,962		
6	5月	91,365	85,413	956	1,089	30,089	50,987	93,669	196,459		
7	6月	79,001	71,569	897	898	29,986	51,599	100,039	199,939		
8	7月	76,986	70,398	758	836	27,915	46,898	95,695	165,894		
9	8月	77,739	64,798	612	769	28,629	44,896	86,989	162,369		
10	9月	83,497	78,941	781	846	24,698	38,989	79,036	140,698		
11	10月	87,123	77,123	1,003	1,245	35,698	59,699	89,291	157,993		
12	11月	94,553	89,246	1,023	1,423	33,698	49,689	120,398	208,693		
13											
14	月份	搜索人数	搜索次数								
15	1月										
16	2月										
17	3月										
18	4月										
19	5月										
20	6月										
21	7月										
22	8月										
23	9月										
24	10月										
25	11月										

MATCH函数

图 1-2-31 输入 MATCH 函数公式

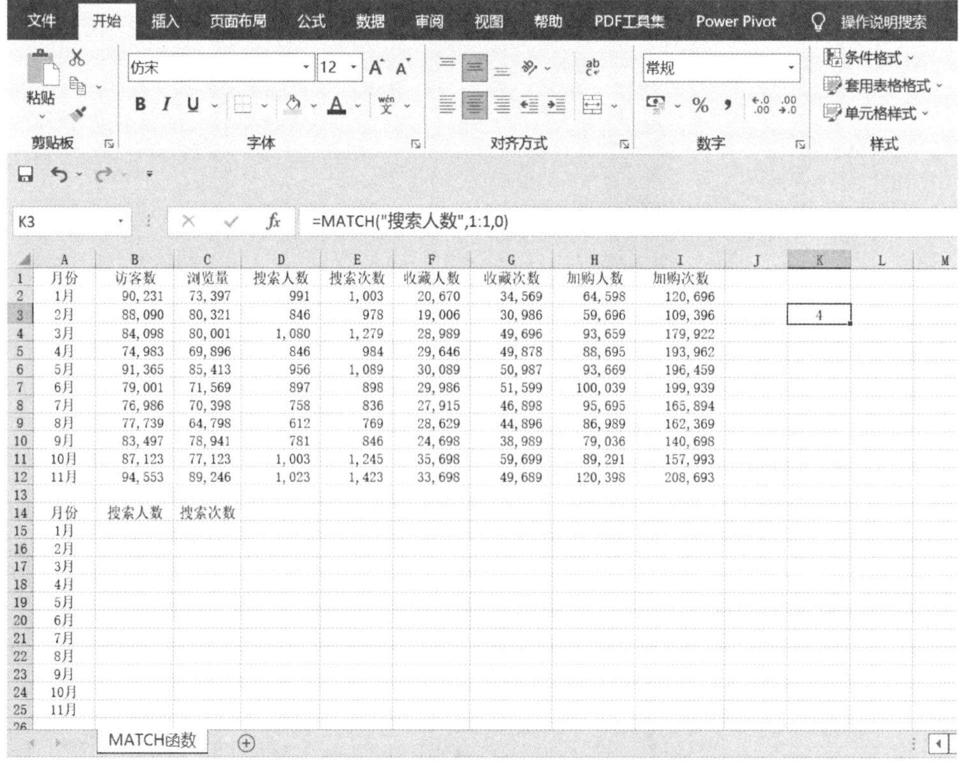

K3 =MATCH("搜索人数",1:1,0)

	A	B	C	D	E	F	G	H	I	J	K
1	月份	访客数	浏览量	搜索人数	搜索次数	收藏人数	收藏次数	加购人数	加购次数		
2	1月	90,231	73,397	991	1,003	20,670	34,569	64,598	120,696		
3	2月	88,090	80,321	846	978	19,006	30,986	59,696	109,396		4
4	3月	84,098	80,001	1,080	1,279	28,989	49,696	93,659	179,922		
5	4月	74,983	69,896	846	984	29,646	49,878	88,695	193,962		
6	5月	91,365	85,413	956	1,089	30,089	50,987	93,669	196,459		
7	6月	79,001	71,569	897	898	29,986	51,599	100,039	199,939		
8	7月	76,986	70,398	758	836	27,915	46,898	95,695	165,894		
9	8月	77,739	64,798	612	769	28,629	44,896	86,989	162,369		
10	9月	83,497	78,941	781	846	24,698	38,989	79,036	140,698		
11	10月	87,123	77,123	1,003	1,245	35,698	59,699	89,291	157,993		
12	11月	94,553	89,246	1,023	1,423	33,698	49,689	120,398	208,693		
13											
14	月份	搜索人数	搜索次数								
15	1月										
16	2月										
17	3月										
18	4月										
19	5月										
20	6月										
21	7月										
22	8月										
23	9月										
24	10月										
25	11月										

MATCH函数

图 1-2-32 确定在指定区域中的相对位置

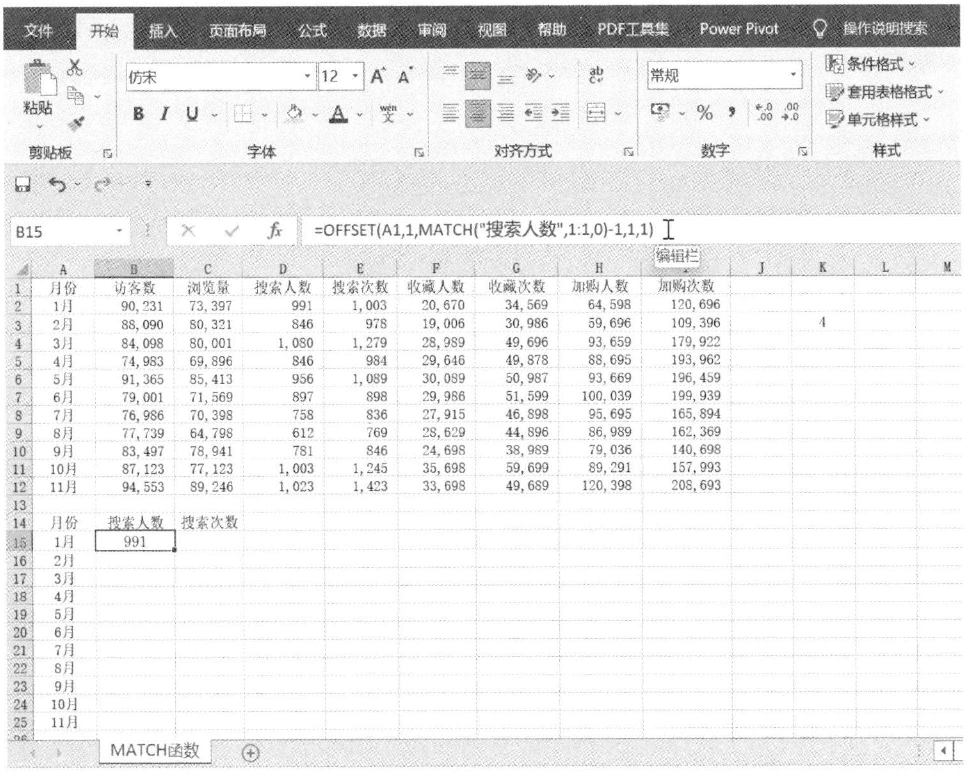

B15 =OFFSET(A1,1,MATCH("搜索人数",1:1,0)-1,1,1)

	A	B	C	D	E	F	G	H	I	J	K
1	月份	访客数	浏览量	搜索人数	搜索次数	收藏人数	收藏次数	加购人数	加购次数		
2	1月	90, 231	73, 397	991	1, 003	20, 670	34, 569	64, 598	120, 696		
3	2月	88, 090	80, 321	846	978	19, 006	30, 986	59, 696	109, 396		4
4	3月	84, 098	80, 001	1, 080	1, 279	28, 989	49, 696	93, 659	179, 922		
5	4月	74, 983	69, 896	846	984	29, 646	49, 878	88, 695	193, 962		
6	5月	91, 365	85, 413	956	1, 089	30, 089	50, 987	93, 669	196, 459		
7	6月	79, 001	71, 569	897	898	29, 986	51, 599	100, 039	199, 939		
8	7月	76, 986	70, 398	758	836	27, 915	46, 898	95, 695	165, 894		
9	8月	77, 739	64, 798	612	769	28, 629	44, 896	86, 989	162, 369		
10	9月	83, 497	78, 941	781	846	24, 698	38, 989	79, 036	140, 698		
11	10月	87, 123	77, 123	1, 003	1, 245	35, 698	59, 699	89, 291	157, 993		
12	11月	94, 553	89, 246	1, 023	1, 423	33, 698	49, 689	120, 398	208, 693		
13											
14	月份	搜索人数	搜索次数								
15	1月	991									
16	2月										
17	3月										
18	4月										
19	5月										
20	6月										
21	7月										
22	8月										
23	9月										
24	10月										
25	11月										

MATCH函数

图 1-2-33　利用函数获取搜索人数

注：结合前面的OFFSET函数来看，MATCH函数可以代替OFFSET函数中指代偏移的参数，通过嵌套函数获取到数据库中的搜索人数。这里的MATCH函数公式为“=MATCH("搜索人数",1:1,0)”，返回值为“4”；而OFFSET函数公式为“=OFFSET(A1,1,3,1,1)”，其中指代偏移的参数返回值为“3”。刚好可以用MATCH函数公式“=MATCH("搜索人数",1:1,0)-1”代替“=OFFSET(A1,1,3,1,1)”中的参数“3”。

七、IF、AND、OR 函数

IF函数是一个条件函数，根据指定的条件来判断某单元格数值是否满足这个条件，从而返回相应的内容，如果满足返回一个值，不满足则返回另一个值。AND函数和OR函数一般与IF函数配合嵌套使用。在实际应用中，IF函数、AND函数和OR函数经常用于分析爆款商品，其中以某店铺的访客数据为例，分别利用IF函数、AND函数和OR函数判断商品是否具有爆款潜质。

1. 利用 IF 函数判断商品是否具有爆款潜质

打开“IF函数.xlsx”文件，假设该店铺中商品的转化率大于或等于7%为爆款，选中F2单元格，输入公式“=IF(E2>=7%,"是","否")”，按“Enter”键得出计算结果，并快速填充公式，即可看到IF函数的运用效果，如图1-2-34所示。在该公式中，如果符合转化率大于或等于7%这个条件，返回值为“是”；不符合条件，返回值为“否”。

F2 =IF(E2>=7%,"是","否")

商品ID	访客数	收藏人数	加购人数	转化率	是否具有爆款潜质
id233193	78, 969	25, 498	81, 029	7. 56%	是
id247934	46, 893	19, 369	58, 123	5. 10%	否
id542965	83, 097	27, 979	86, 202	7. 87%	是
id263566	43, 293	27, 861	46, 179	5. 60%	否
id302595	58, 473	25, 698	21, 039	3. 45%	否
id824779	79, 141	28, 756	99, 456	6. 83%	否
id349102	98, 574	26, 629	111, 598	9. 12%	是
id294192	78, 414	25, 722	99, 456	8. 73%	是
id239141	81, 414	22, 520	90, 525	7. 45%	是
id243971	12, 215	33, 463	19, 065	1. 08%	否
id352888	85, 963	20, 288	88, 649	7. 79%	是

图 1-2-34　利用 IF 函数判断商品是否具有爆款潜质

2. 利用 AND 函数判断商品是否具有爆款潜质

打开“AND 函数 .xlsx”文件，假设判定商品是否具有爆款潜质，除要符合转化率这一指标之外，还需要符合收藏人数大于 20 000 和加购人数大于 80 000 这两项指标。选中 F2 单元格，输入公式“=IF(AND(E2>=7%,D2>80000,C2>20000)," 是 "," 否 ")”，按“Enter”键得出计算结果，并快速填充公式，即可看到 AND 函数的运用效果，如图 1-2-35 所示。

F2 =IF(AND(E2>=7%,D2>80000,C2>20000),"是","否")

商品ID	访客数	收藏人数	加购人数	转化率	是否具有爆款潜质
id233193	78, 969	25, 498	81, 029	7. 56%	是
id247934	46, 893	19, 369	58, 123	5. 10%	否
id542965	83, 097	27, 979	86, 202	7. 87%	是
id263566	43, 293	27, 861	46, 179	5. 60%	否
id302595	58, 473	25, 698	21, 039	3. 45%	否
id824779	79, 141	28, 756	99, 456	6. 83%	否
id349102	98, 574	26, 629	111, 598	9. 12%	是
id294192	78, 414	25, 722	99, 456	8. 73%	是
id239141	81, 414	22, 520	90, 525	7. 45%	是
id243971	12, 215	33, 463	19, 065	1. 08%	否
id352888	85, 963	20, 288	88, 649	7. 79%	是

图 1-2-35　利用 AND 函数判断商品是否具有爆款潜质

3. 利用 OR 函数判断商品是否具有爆款潜质

打开“OR 函数 .xlsx”文件，假设判定条件是转化率大于或等于 7%，收藏人数大于 20 000 和加购人数大于 80 000 这两个条件任意满足一个条件。选中 F2 单元格，输入公式“=IF(AND(E2>=7%,OR(D2>80000,C2>20000))," 是 "," 否 ")”，按“Enter”键得出计算结果，并快速填充公式，即可看到 OR 函数的运用效果，如图 1-2-36 所示。

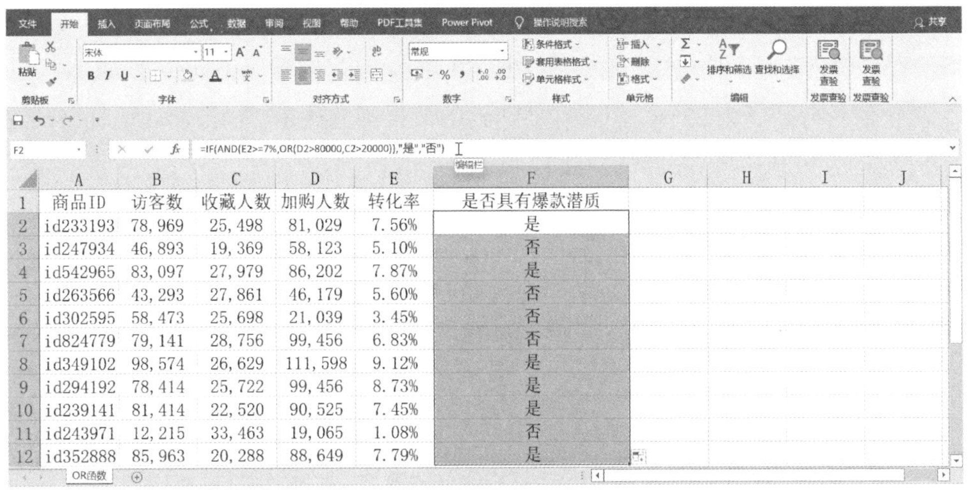

F2 =IF(AND(E2>=7%,OR(D2>80000,C2>20000)),"是","否")

	A	B	C	D	E	F
1	商品ID	访客数	收藏人数	加购人数	转化率	是否具有爆款潜质
2	id233193	78,969	25,498	81,029	7.56%	是
3	id247934	46,893	19,369	58,123	5.10%	否
4	id542965	83,097	27,979	86,202	7.87%	是
5	id263566	43,293	27,861	46,179	5.60%	否
6	id302595	58,473	25,698	21,039	3.45%	否
7	id824779	79,141	28,756	99,456	6.83%	否
8	id349102	98,574	26,629	111,598	9.12%	是
9	id294192	78,414	25,722	99,456	8.73%	是
10	id239141	81,414	22,520	90,525	7.45%	是
11	id243971	12,215	33,463	19,065	1.08%	否
12	id352888	85,963	20,288	88,649	7.79%	是

图 1-2-36　利用 OR 函数判断商品是否具有爆款潜质

八、INT、ROUND 函数

在进行数据分析时，只要存在数学运算公式，就可能存在小数。在 Excel 中调整单元格格式只能调整想要保留的数字位数，在数学运算上并不会精确地取整或四舍五入，而利用 INT 函数和 ROUND 函数就可以实现这一操作。INT 函数是一个向下取整数的函数，它可以把数字向下舍入到最接近的整数。而 ROUND 函数是把数字四舍五入到指定位数的函数。例如，利用 ROUND 函数计算某店铺的加购率数据，使显示的加购率数据四舍五入到小数点后三位，操作步骤如下。

打开“ROUND 函数 .xlsx”文件，选中 G2 单元格，输入公式“=ROUND(F2,3)”，按“Enter”键，得出结果为“72.10%”，四舍五入到小数点后三位“0.721”，如图 1-2-37 所示。

G2 =ROUND(F2,3)

	A	B	C	D	E	F	G
1	月份	访客数	收藏数	加购数	店铺销量	加购率	
2	1月	90,231	20,670	64,598	123978	72.13%	72.10%
3	2月	88,090	19,006	59,696	136996	72.49%	
4	3月	84,098	28,989	93,659	153334	84.56%	
5	4月	74,983	29,646	88,695	96236	80.98%	
6	5月	91,365	30,089	93,669	183967	88.98%	
7	6月	79,001	29,986	100,039	110393	68.11%	
8	7月	76,986	27,915	95,695	95123	65.60%	
9	8月	77,739	28,629	86,989	100393	71.26%	
10	9月	83,497	24,698	79,036	163284	76.98%	

图 1-2-37　ROUND 函数运算结果

注：对于百分数而言，小数点后保留两位小数，在实际输入公式时，其小数点后保留的位数其实应该为小数点后四位。例如，“0.231 443”如果保留两位小数，其结果为0.23，转化成百分数就为23%，但实际要达到的效果却应该是23.14%。所以百分数在保留两位小数时，公式中输入的数值应该为4。

九、WEEKDAY 函数

在进行数据分析时，考虑到星期一到星期五工作日和周末休息对店铺浏览、下单等数据的影响，需要统计每个日期分别对应的是星期几，这时就需要利用WEEKDAY函数进行转化。

WEEKDAY函数是返回对应某个日期是星期几的函数。例如，利用WEEKDAY函数统计每个日期分别对应的是星期几，具体操作步骤如下。

步骤1　打开“WEEKDAY函数.xlsx”文件，选中B2单元格，输入公式“=WEEKDAY(A2)”，按“Enter”键即可看到返回结果为“3”，如图1-2-38所示。

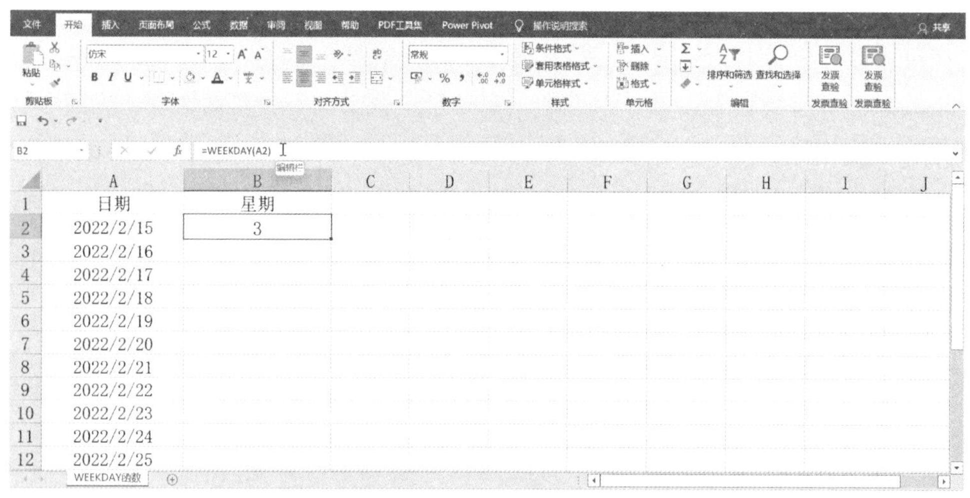

图 1-2-38　WEEKDAY 函数统计日期对应星期几

步骤2　右击B2单元格，在弹出的快捷菜单栏中，选中“设置单元格格式”选项，如图1-2-39所示。

步骤3　在弹出的“设置单元格格式”对话框中，选中“分类”栏中“日期”选项，并设置“类型”为“星期三”，如图1-2-40所示。

步骤4　单击“确定”按钮，并快速填充公式，即可查看最终效果，如图1-2-41所示。

十、NOW、TODAY 函数

NOW函数用于返回当前的日期和时间，TODAY函数用于返回当前的日期。操作步骤如下。

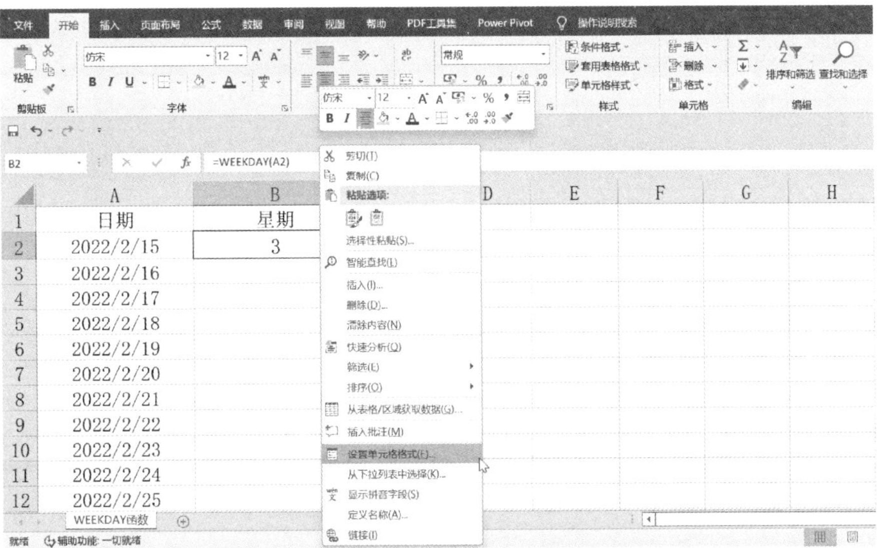

图 1-2-39　选中“设置单元格格式”选项

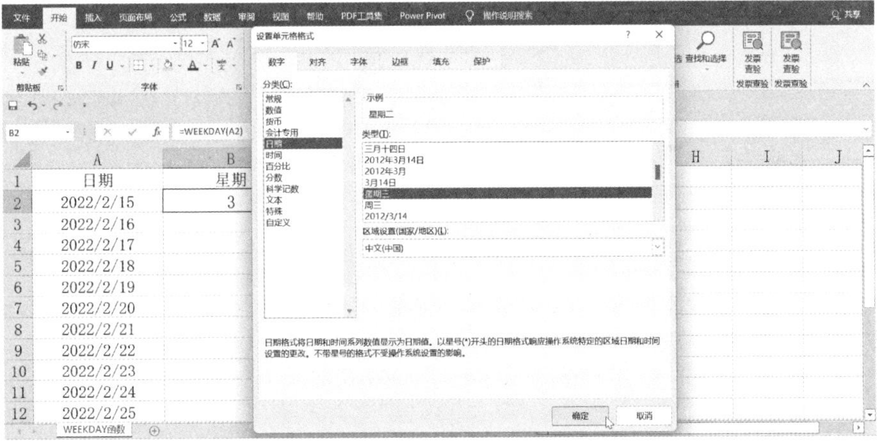

图 1-2-40　设置单元格格式

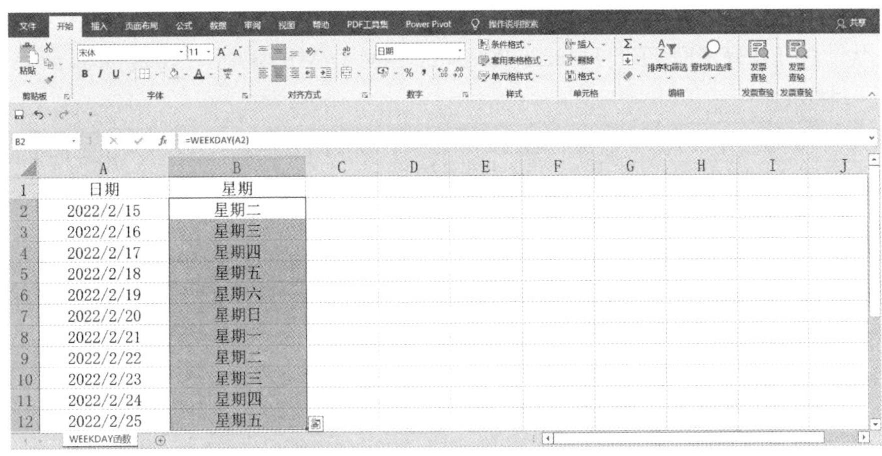

图 1-2-41　填充公式，完成 WEEKDAY 函数统计

任意选中一个空白单元格，输入公式“=NOW()”，按“Enter”键即可查看当前的日期和时间，如图 1-2-42 所示。

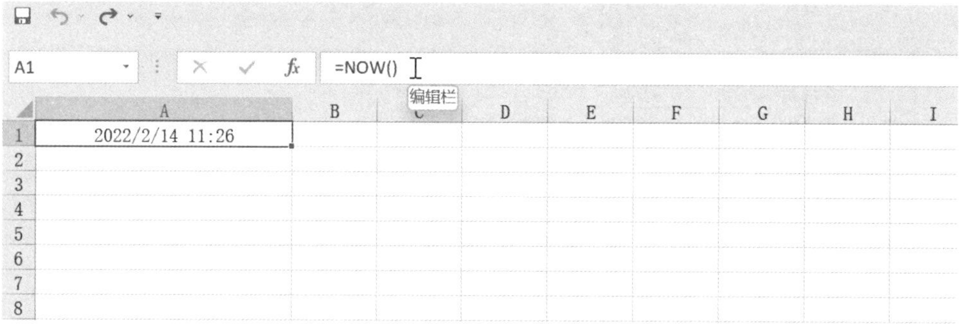

图 1-2-42　NOW 函数

任意选中一个空白单元格，输入公式“=TODAY()”，按“Enter”键即可查看当前的日期，如图 1-2-43 所示。

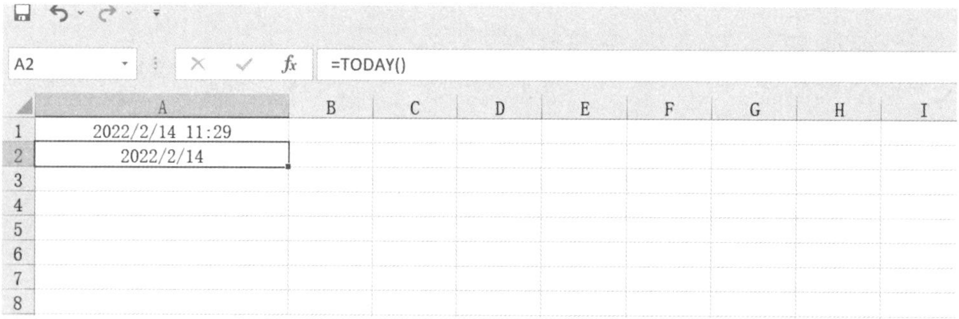

图 1-2-43　TODAY 函数

十一、LEFT/LEFTB、RIGHT/RIGHTB、MID/MIDB 函数

在数据分析过程中，有时需要单独提取文本中的一段字或字符进行分析和比较。这时就可以使用 LEFT/LEFTB、RIGHT/RIGHTB、MID/MIDB 等函数来提取需要的数据信息。

LEFT 函数是按从左到右文本的第一个字符开始返回指定个数的字符，而 LEFTB 函数是返回指定个数的字节。简单来说，LEFT 函数提取的是字符，而 LEFTB 函数提取的是字节，一个汉字等于两个字节。

LEFT/LEFTB、RIGHT/RIGHTB、MID/MIDB 三组函数的区别在于取值的位置不同，分别是第一个字符、最后一个字符和中间字符。

商品的 ID 中往往包含了许多信息，如某店铺的商品 ID 信息，前三位是品牌分类编号，后三位是商品的色号，中间三位是商品所在仓库编号，如图 1-2-44 所示。

商品ID	访客数	收藏人数	加购人数	转化率		品牌分类编号	色号	仓库编号
226233193	78, 969	25, 498	81, 029	7. 56%				
404247934	46, 893	19, 369	58, 123	5. 10%				
135542965	83, 097	27, 979	86, 202	7. 87%				
506263566	43, 293	27, 861	46, 179	5. 60%				
226302595	58, 473	25, 698	21, 039	3. 45%				
653824779	79, 141	28, 756	99, 456	6. 83%				
951349102	98, 574	26, 629	111, 598	9. 12%				
410294192	78, 414	25, 722	99, 456	8. 73%				
506239141	81, 414	22, 520	90, 525	7. 45%				
491243971	12, 215	33, 463	19, 065	1. 08%				
933352888	85, 963	20, 288	88, 649	7. 79%				

图 1-2-44　某店铺的商品 ID 信息

下面利用 LEFT/LEFTB、RIGHT/RIGHTB、MID/MIDB 三组函数分类提取出商品的品牌分类编号、色号和仓库编号，具体操作步骤如下。

步骤 1　打开“LEFT 函数 .xlsx”文件，选中 G2 单元格，输入公式“=LEFT(A2,3)”，按“Enter”键即可得出计算结果，如图 1-2-45 所示。该公式中，“A2”表示需要提取的字符串，“3”表示从左到右需要提取的字符的数量。

=LEFT(A2,3)

商品ID	访客数	收藏人数	加购人数	转化率		品牌分类编号	色号	仓库编号
226233193	78, 969	25, 498	81, 029	7. 56%		226		
404247934	46, 893	19, 369	58, 123	5. 10%				
135542965	83, 097	27, 979	86, 202	7. 87%				
506263566	43, 293	27, 861	46, 179	5. 60%				
226302595	58, 473	25, 698	21, 039	3. 45%				
653824779	79, 141	28, 756	99, 456	6. 83%				
951349102	98, 574	26, 629	111, 598	9. 12%				
410294192	78, 414	25, 722	99, 456	8. 73%				
506239141	81, 414	22, 520	90, 525	7. 45%				
491243971	12, 215	33, 463	19, 065	1. 08%				
933352888	85, 963	20, 288	88, 649	7. 79%				

图 1-2-45　利用 LEFT 函数提取品牌分类编号

步骤 2　选中 H2 单元格，输入公式“=RIGHT(A2,3)”，按“Enter”键即可得出计算结果，如图 1-2-46 所示。其中，“A2”表示需要提取的字符串，“3”表示从右到左需要提取的字符的数量。

步骤 3　选中 I2 单元格，输入公式“=MID(A2,4,3)”，按“Enter”键即可得出结果，如图 1-2-47 所示。“A2”表示需要提取的字符串，“4”表示从字符串的第 4 位开始提取，“3”表示从左到右需要提取的字符的数量。

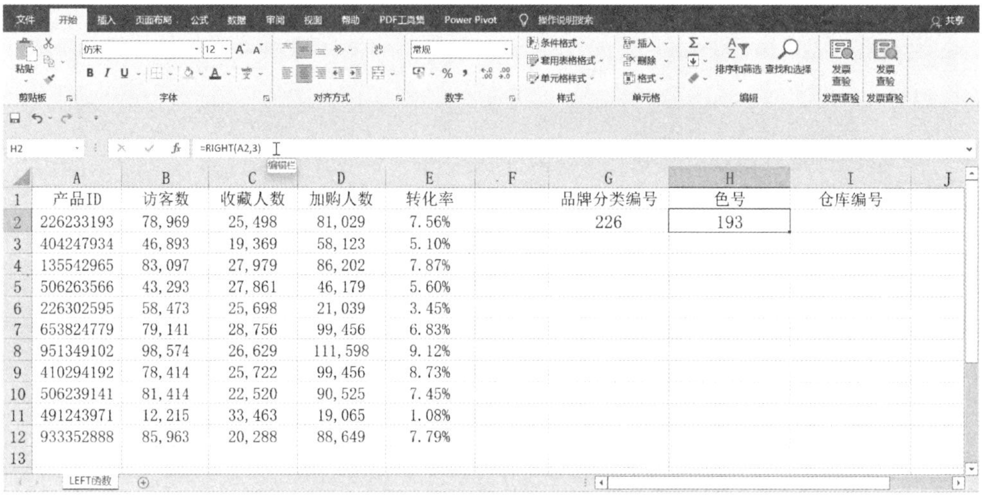

H2 =RIGHT(A2,3)

	A	B	C	D	E	F	G	H	I
1	产品ID	访客数	收藏人数	加购人数	转化率		品牌分类编号	色号	仓库编号
2	226233193	78, 969	25, 498	81, 029	7. 56%		226	193	
3	404247934	46, 893	19, 369	58, 123	5. 10%				
4	135542965	83, 097	27, 979	86, 202	7. 87%				
5	506263566	43, 293	27, 861	46, 179	5. 60%				
6	226302595	58, 473	25, 698	21, 039	3. 45%				
7	653824779	79, 141	28, 756	99, 456	6. 83%				
8	951349102	98, 574	26, 629	111, 598	9. 12%				
9	410294192	78, 414	25, 722	99, 456	8. 73%				
10	506239141	81, 414	22, 520	90, 525	7. 45%				
11	491243971	12, 215	33, 463	19, 065	1. 08%				
12	933352888	85, 963	20, 288	88, 649	7. 79%				
13									

图 1-2-46 利用 RIGHT 函数提取商品色号

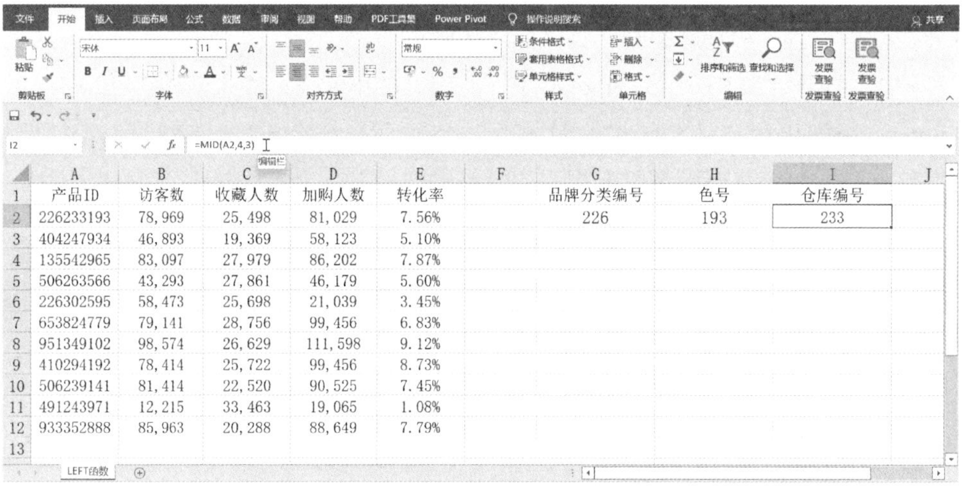

I2 =MID(A2,4,3)

	A	B	C	D	E	F	G	H	I
1	产品ID	访客数	收藏人数	加购人数	转化率		品牌分类编号	色号	仓库编号
2	226233193	78, 969	25, 498	81, 029	7. 56%		226	193	233
3	404247934	46, 893	19, 369	58, 123	5. 10%				
4	135542965	83, 097	27, 979	86, 202	7. 87%				
5	506263566	43, 293	27, 861	46, 179	5. 60%				
6	226302595	58, 473	25, 698	21, 039	3. 45%				
7	653824779	79, 141	28, 756	99, 456	6. 83%				
8	951349102	98, 574	26, 629	111, 598	9. 12%				
9	410294192	78, 414	25, 722	99, 456	8. 73%				
10	506239141	81, 414	22, 520	90, 525	7. 45%				
11	491243971	12, 215	33, 463	19, 065	1. 08%				
12	933352888	85, 963	20, 288	88, 649	7. 79%				
13									

图 1-2-47 利用 MID 函数提取仓库编号

十二、FIND/FINDB 函数

LEFT/LEFTB、RIGHT/RIGHTB、MID/MIDB 三组函数可以帮助数据分析人员从指定的文本中提取出一定长度、位置固定的字节或者字符。但是当需要提取的是长度不一、无法固定提取到多少位的字符串时，则需要使用 FIND/FINDB 函数来实现这一操作。

FIND/FINDB 函数用于在第二个文本串中定位第一个文本串，并返回第一个文本串的起始位置的值，该值从第二个文本串的第一个字符算起。FIND 函数提取的是字符数，FINDB 函数提取的是字节数。

例如，想要从商品链接中提取商品的 ID，首先通过 FIND/FINDB 函数获取商品 ID 在商品链接地址字符串中的位置，确定商品 ID 所在的位置和长度之后，再利用 MID/

MIDB 函数提取这个链接中的商品 ID。操作步骤如下。

打开“FIND 函数 .xlsx”文件，选中 A11 单元格，输入公式“=MID(A2,FIND("id=",A2,1)+3,FIND("&ali",A2,1)-(FIND("id=",A2,1)+3))”，按“Enter”键即可提取 A2 单元格中商品的 ID，如图 1-2-48 所示。

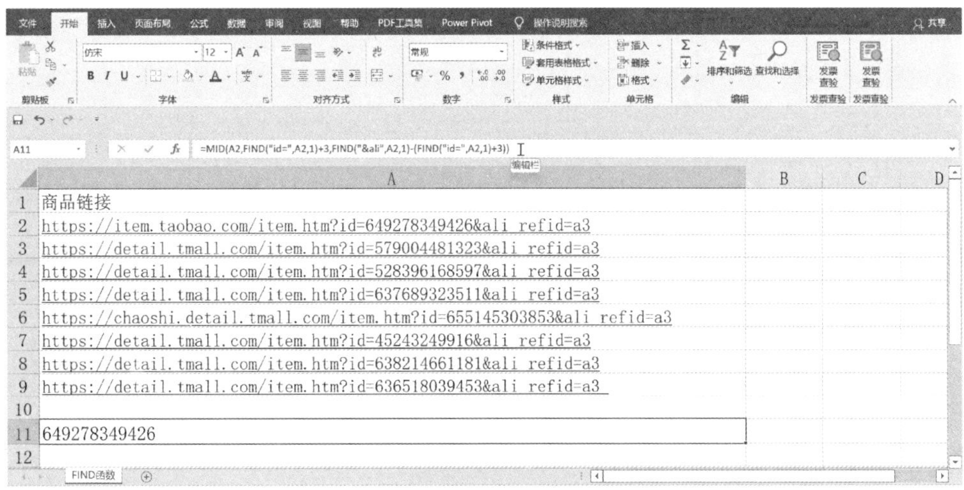

图 1-2-48　利用 FIND 函数提取商品 ID

注：FIND("id=",A2,1)+3 代表 ID 第一位数字的位置，其中，“id=”是每一个 ID 前面都有的字符，“A2”是查找 ID 的范围，“1”是指定查找的字符即“i”。公式“FIND("id=",A2,1)”的计算结果是“i”的位置，而 ID 的位置是在“i”的后面三位。因此“FIND("id=",A2,1)+3”就是 ID 首位数字的位置。“FIND("&ali",A2,1)”是 ID 后第一个字符的位置即“&ali”的位置，该数值减去 ID 首位的位置数值，可以得出 ID 的长度，即所占字符数，再将 FIND 函数套用进 MID 函数就可以提取出完整的 ID。需注意，该商品链接地址必须拥有“id=”与“&ali”，否则上述公式不能成立。

项目二　电商数据的采集及处理

任务1　数据采集

任务目标

知识目标

1. 熟悉数据的采集过程
2. 掌握数据采集的原则
3. 掌握各类数据的采集渠道

能力目标

1. 能从网络中采集各种数据，并将其录入到 Excel 工作表中
2. 能使用生意参谋和八爪鱼采集器采集各种电商数据

数据采集是进行电子商务数据分析的基础，电子商务数据分析的后续所有工作内容均围绕这一环节所采集的数据展开。

一、数据采集的概念

数据采集也叫作数据获取，是指通过在平台源程序中预设工具或程序代码，获取商品状态变化、资金状态变化、流量状态变化、客户行为和信息等数据内容的过程，为后续进行数据分析提供数据准备。数据源是数据分析的基础，准确的数据源是管理者的决策保证。因此，数据采集的准确性直接关系到数据分析结果的价值。

在大数据环境下，电商平台中的数据是公开的、共享的。通过采集与整理，可以将大量离散的数据有目的地整合在一起，从而发现隐藏在数据背后的秘密。

二、数据采集的原则

在进行电子商务数据采集的过程中，只有及时、有效且准确的数据才能分析出对电子商务运营和决策有帮助的结果。

1. 及时性

进行数据采集时应尽可能地获取电子商务平台的最新数据。通过最新数据与往期数据的对比，才能更好地发现当前的问题并预测变化趋势。

2. 有效性

在数据采集过程中，需要注意数据期限的有效性。例如，采集某商品的采购价时，由于市场行情变化，供应商的价格都有相应报价时效。一旦超过时效期，价格就可能发生变化，从而影响采购预算。

3. 准确性

在数据分析过程中，不准确的数据会造成数据分析结果发生较大的偏差；而错误数据会导致截然相反的结论。因此，在进行数据采集时，必须确保所摘录的数据准确无误。

4. 计划性

采集的数据既要满足当前需要，又要反映未来的发展。因此，数据分析人员既要广辟信息来源，又要长期、持续进行数据采集，提升计划性。

5. 合法性

数据采集还需要注意合法性。例如，在进行竞争对手数据采集的过程中，只能采集相关机构已经公布的公开数据，或是在对方同意的情况下获取的数据，而不能采用商业间谍、不正当窃取等非法手段获取数据。

三、数据的采集渠道

一般来说，电子商务数据可以通过以下两种渠道进行采集。

1. 内部数据渠道

内部数据主要是指在电子商务项目运营过程中，电子商务站点、店铺自身所产生的数据信息，如站点的访客数、浏览量、收藏量，商品的订单数量、订单信息、加购数量等数据。这些内部数据可通过电子商务站点、店铺后台或类似生意参谋、京东商智等数据分析工具获取。对于独立站点流量数据还可使用百度统计、友盟等工具进行统计采集。

2. 外部数据渠道

在进行行业及竞争对手数据采集时，通常需要借助外部数据。在选择外部数据时，尤其需要注意的是数据的真实性和有效性。常用的外部数据渠道有以下几种。

（1）权威网站、数据机构

权威网站、数据机构发布的报告、白皮书等是分析行业及市场竞争情况的重要数据来源。常见的网站和数据机构有易观数据、艾瑞咨询等。图 2-1-1 所示为艾瑞咨询官网。这些平台提供的行业或行业龙头企业数据参考性较高，是重要的行业及企业数据采集渠道。

图 2-1-1　艾瑞咨询官网

（2）电子商务平台

电子商务平台聚集了众多行业的卖家和买家，它不仅是商品交易的场所，也是电子商务数据产生的重要来源。例如，采集淘宝网特定商品的销售价格、付款人数等数据，可以剖析最受消费者欢迎的价格区间。这就是直接利用了电子商务平台所展示的数据。

（3）指数工具

如百度指数、360 趋势等工具依托平台海量客户行为数据，将相应的搜索数据趋势、需求图谱、客户画像等数据通过指数工具向用户公开。该类数据可为市场需求、客户需求和客户画像数据分析提供重要参考依据。

四、市场数据采集

市场数据分析的结果是决策者进行创投项目决策、制定发展战略的支撑和依据，而市场数据采集则是进行市场数据分析的前提，市场数据主要包括行业数据和竞争数据。

1. 行业数据采集

（1）行业发展数据采集

行业发展数据分析通常会涉及行业总销售额、增长率等数据指标。行业发展数据来源主要是国家统计局、行业协会、数据公司发布的行业统计数据、行业调查报告等。例如，艾瑞咨询发布的《2021 年中国直播电商行业研究报告》显示，2020 年中国直播电商市场规模超过 1.2 万亿元，年增长率为 197.0%，预计 2023 年直播电商规模将超过 4.9 万亿元，如图 2-1-2 所示。

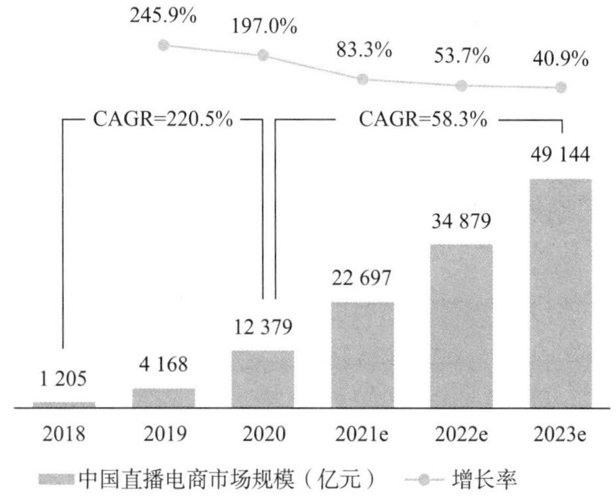

图 2-1-2　2018—2023 年中国直播电商市场规模及增速
CAGR（Compound Annual Growth Rate，复合年均增长率）

（2）市场需求数据采集

市场需求数据分析通常会涉及需求量变化、品牌偏好等数据指标。除可以通过行业调查报告获取外，还可以通过对客户搜索指数的变化趋势分析来把握客户的需求变化和品牌偏好。图 2-1-3 所示为手机品牌客户偏好的百度搜索指数。

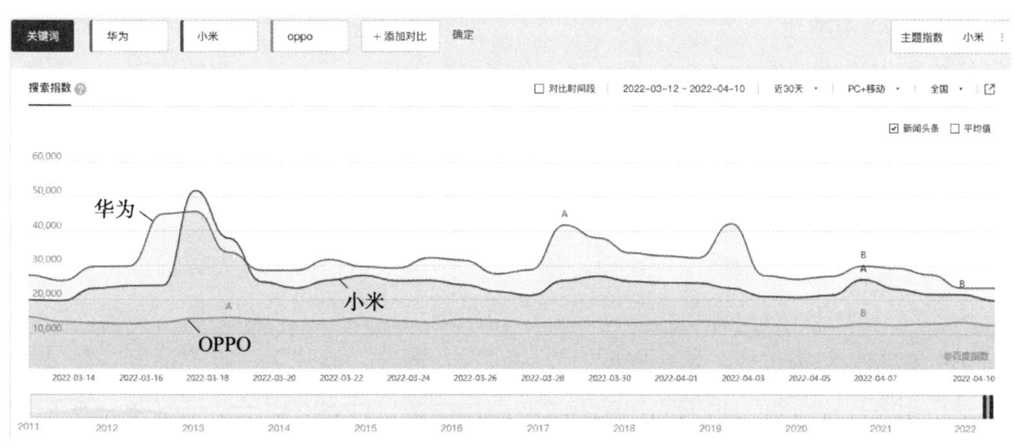

图 2-1-3　手机品牌客户偏好的百度搜索指数

2. 竞争数据采集

竞争数据是指在电子商务业务中彼此存在竞争关系的商家、品牌、商品等各项运营数据的总称。进行竞争数据采集时，通常需要采集竞争对手店铺的商品结构、商品构成、畅销商品、商品销量、交易额、销售价格、客单价、活动信息、活动内容、活动周期、商品评价、服务政策、店铺流量、推广渠道、搜索排名等数据。通过对以上竞争数据变化和规律的分析，运营者可以从中发现竞争对手的运维习惯、销售策略，从而制定更有针对性的营销方案、运营策略。

进行竞争数据采集可以借助一些工具，如采集淘宝、天猫平台的竞争对手数据可以采用八爪鱼采集器等数据采集工具。但由于平台规则不断变化，受规则限制，经常会遇到历史数据无法采集或采集异常的情况；竞争对手策划的营销活动内容，通常也无法使用数据采集工具来采集数据。因此，最有效的方法就是对竞争对手进行数据监控，制作竞争对手数据采集表，见表 2-1-1。

表 2-1-1　　竞争对手数据采集表

序号	店铺名称（链接）	商品分类	店铺类别	热销商品（链接）	累计评价	成交量	售价	评价特色	评价缺陷	促销方式（活动）	备注

五、运营数据采集

运营数据通常包含客户数据、推广数据、销售数据等内容，具体采集内容视数据分析的目的而定。

1. 客户数据采集

客户数据采集是根据企业各部门对于客户数据的需求，通过可靠的数据源，采用合适的采集方式，获得客户的操作、行为、属性等数据信息，为后续的客户数据分析提供数据支持。

（1）客户数据采集指标

与客户相关的数据指标多种多样，常用于分析的数据指标可分为客户行为数据和客户画像数据。客户行为数据是指反映客户的商品消费行为而记录的数据，如购买商品名称、购买数量、购买次数、购买时间、支付金额、评价、浏览量、收藏量等。客户画像数据是指与客户购买行为相关的，能够反映或影响客户行为的相关信息数据，如客户的性别、年龄、地域、品牌偏好、购物时间偏好、位置偏好、商品评价偏好等。

（2）客户数据采集渠道

如果是电子商务独立站点，客户画像数据采集可以通过调用客户在网站注册资料中填写的相应信息内容来实现。而客户行为数据则可以采用百度统计、友盟等工具采集。

对于入驻第三方平台的商家，以天猫为例，可在生意参谋“品类”栏目下“品类360”板块数据中查看商品的浏览量、加购人数、加购件数等客户行为数据，如图 2-1-4 所示。滑动指标还可以查看商品收藏量、支付买家数等其他客户行为数据。

图 2-1-4　客户行为数据

在生意参谋“品类 360”板块还可以查看客户画像数据，其包括搜索人群画像、访问人群画像、支付人群画像。涵盖数据指标包括新老客户、年龄、性别、偏好等，如图 2-1-5 所示。

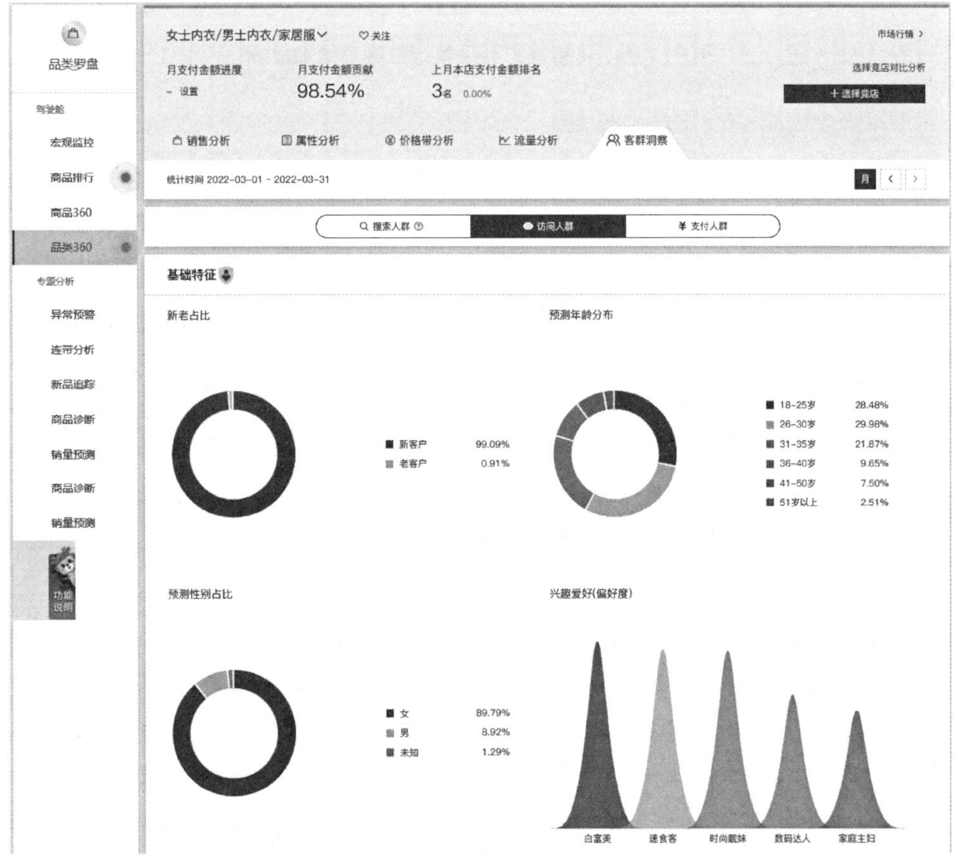

图 2-1-5　客户画像数据

另外，还可以通过指数工具搜索行业相关关键词，采集行业客户画像数据，如图 2-1-6 所示。

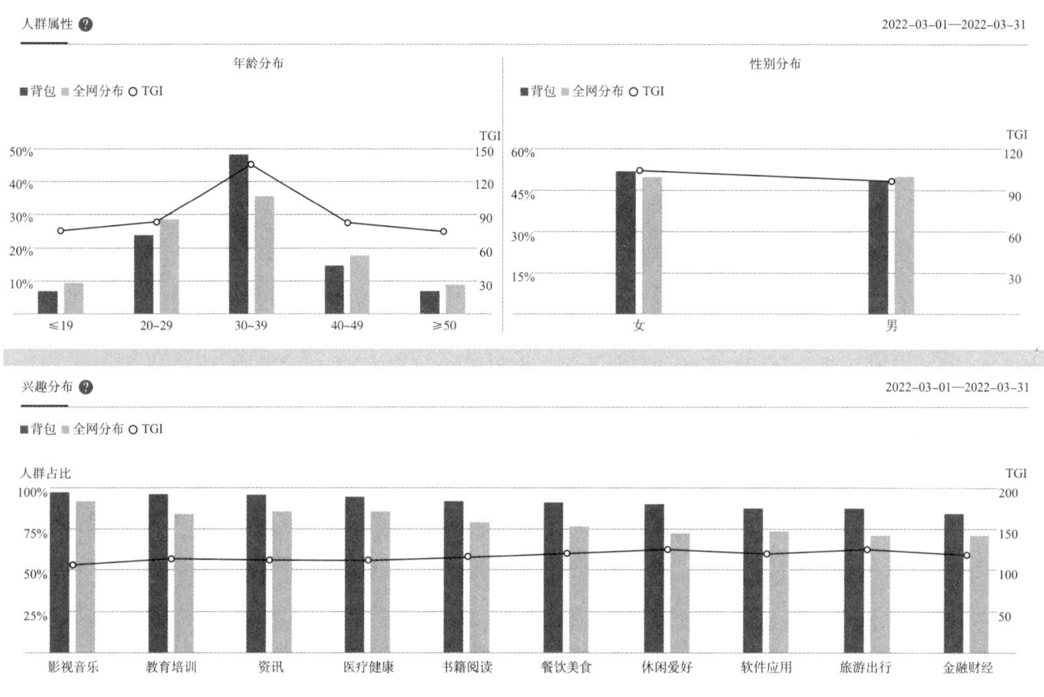

图 2-1-6 用指数工具采集行业客户画像数据

（3）数据采集表制作及数据采集

确定了数据采集指标及采集渠道后，数据采集人员应根据数据采集指标建立客户信息采集表，见表 2-1-2。

表 2-1-2 客户信息采集表

客户基本信息				购买行为信息							联系信息		
ID	用户名	姓名	所在地区	商品	类型	数量	价格	下单时间	支付金额	收货地址	微信	手机号	邮箱

信息采集的过程就是将电子商务网站、店铺后台的相应数据下载或摘录整理到数据采集表中。

2. 推广数据采集

对推广数据进行有效分析，可以帮助企业找到店铺推广中的优势与不足，从而优化调整相关推广策略和内容，提升推广效果。

（1）推广数据采集指标

店铺推广的核心目标是销售商品。店铺推广的方式千差万别，不同的推广方式往往有不同的侧重点。例如，对于淘宝店铺，通过直通车、淘宝客等形式进行推广，侧重点是商品销售；而免费试用、智钻等更多地是为了提升品牌影响力，增强客户对商品或品牌的认可度，进而提升商品销量。针对不同的推广方式，需要明确推广的直接目标，围绕直接目标确定数据采集指标，进而进行后续的数据分析。

推广数据指标通常包括展现量、点击量、花费、点击率、平均点击花费、直接成交金额、直接成交笔数、间接成交金额、间接成交笔数、收藏宝贝数、收藏店铺数、投入产出比、总成交金额、总成交笔数、总收藏数、点击转化率、直接购物车数、间接购物车数、总购物车数等。

（2）推广数据采集渠道及采集

在电子商务平台中，推广工具通常都会提供相应的数据报表。所以，可通过所使用的推广工具进行数据报表下载并整理摘录推广数据。例如，通过淘宝后台进入直通车，首页将显示直通车当天推广的重要数据指标，如图 2-1-7 所示。

图 2-1-7　直通车实时数据汇总

在“计划报表”页面，可以根据数据采集需求查询所需数据，如图 2-1-8 所示。

点击“计划报表”右侧的日期，可以选择具体日期及时间段数据。点击“数据汇总”右侧的工具按钮，可以选择所需指标，如图 2-1-9 所示。

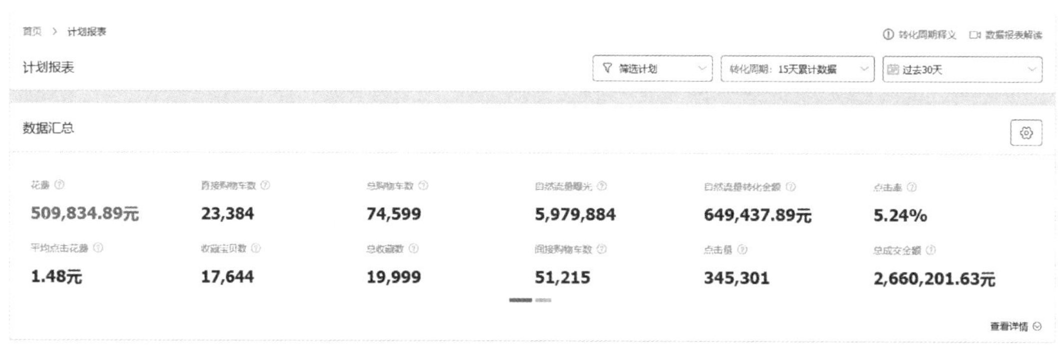

图 2-1-8　直通车“计划报表”

图 2-1-9　数据指标选择

3. 销售数据采集

在店铺运营过程中会产生大量的销售数据，通过对前期的销售数据和市场变化分析，可以帮助企业更好地制定销售目标、调整销售策略。

（1）销售数据采集指标

店铺销售数据分析的核心指标分别是订单量、销售额、成交量等交易数据和响应时长、咨询客户数、询单转化率等服务数据。

（2）销售数据采集实施

销售数据采集前，应先根据交易数据采集需求及所分析出的指标制作店铺销售数据采集表，见表 2-1-3。

表 2-1-3　　　　　　　　　　店铺销售数据采集表

订单日期	订单号	商品名称	商品规格	商品单价	商品数量	折扣率	实际收款	交易状态	客户ID	收件人	联系电话	收件地址	快递

在店铺后台交易管理板块，可以查看店铺的销售数据。很多电子商务平台都提供了数据工具与交易订单的下载功能，数据采集人员可在“交易管理”板块中下载或摘录所需的订单信息。

以天猫店为例，进入店铺后台点击“交易管理”中的“已卖出的宝贝”，即可查看店铺的订单信息，如图 2-1-10 所示。数据采集人员可以通过筛选功能筛选出所需订单，如“等待买家付款”订单，或者具体某个时间段的订单信息。

图 2-1-10　点击“已卖出的宝贝”，查看店铺的订单信息

六、商品数据采集

商品数据是电商经营的重要数据。通过对商品的分析可以有效发掘客户需求，优化店铺商品结构，提升客户黏性、客单价、销售利润等。

1. 商品行业数据采集

采集商品行业数据的目的是了解该商品的市场需求变化情况。常用的数据采集指标包括商品搜索指数和商品交易指数两项。

（1）商品搜索指数采集

商品搜索指数是对客户搜索相关商品关键词热度的数据化体现，反映了客户对商品的关注度和兴趣度。

以百度指数为例，百度指数以海量网民的行为数据为基础，通过某个关键词在一段时间内搜索指数的涨跌态势可以分析相关商品受客户关注程度的变化。

通过百度指数搜索商品关键词“连衣裙”，即可查看相应商品关键词在该平台的搜索指数数据，如图 2-1-11 所示。数据采集人员通过选择时间段、地域等指标可以采集相应时间段和地域的商品搜索指数。

在商品搜索指数采集的过程中，一般需要使用多组关键词进行数据查询和采集，以提高数据的精准度。此外，通过同一商品不同关键词的搜索指数趋势的变化可以分析客户对于商品的需求和喜好的变化。

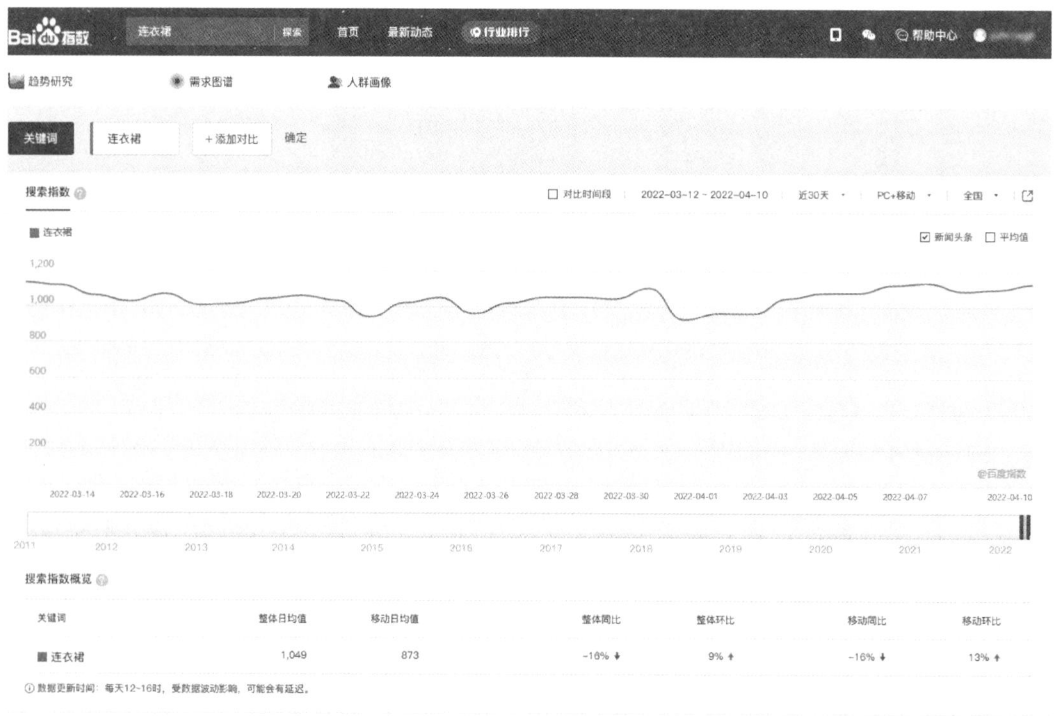

图 2-1-11　通过百度指数搜索商品关键词“连衣裙”

同时分析关注这些关键词的客户群特征，可以帮助商家优化营销方案。图 2-1-12 所示为百度指数中近 30 天内关注关键词“连衣裙”的客户年龄分布和性别分布情况。

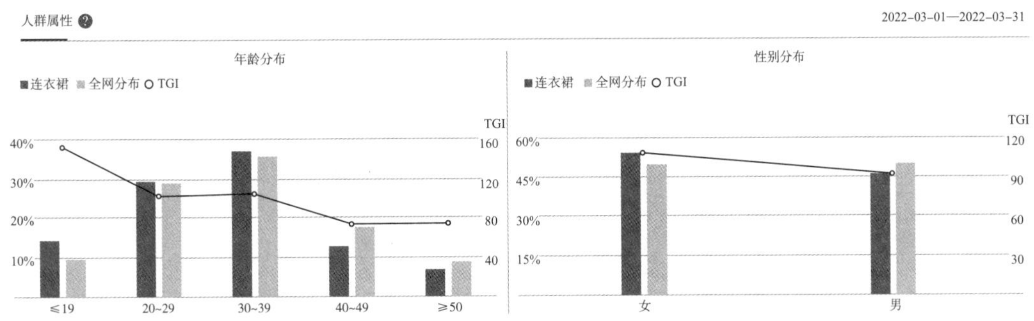

图 2-1-12　百度指数中近 30 天内关注关键词“连衣裙”的客户年龄分布和性别分布情况

（2）商品交易指数采集

商品交易指数是商品在平台交易热度的体现，是衡量店铺、商品受欢迎程度的一个重要指标。即商品交易指数越高，该商品越受消费者欢迎。

以淘宝平台为例，可以在生意参谋“市场”板块的“市场大盘”和“市场排行”中分别查看行业趋势、店铺和商品等排行情况，采集商品交易指数数据，如图 2-1-13 和图 2-1-14 所示。

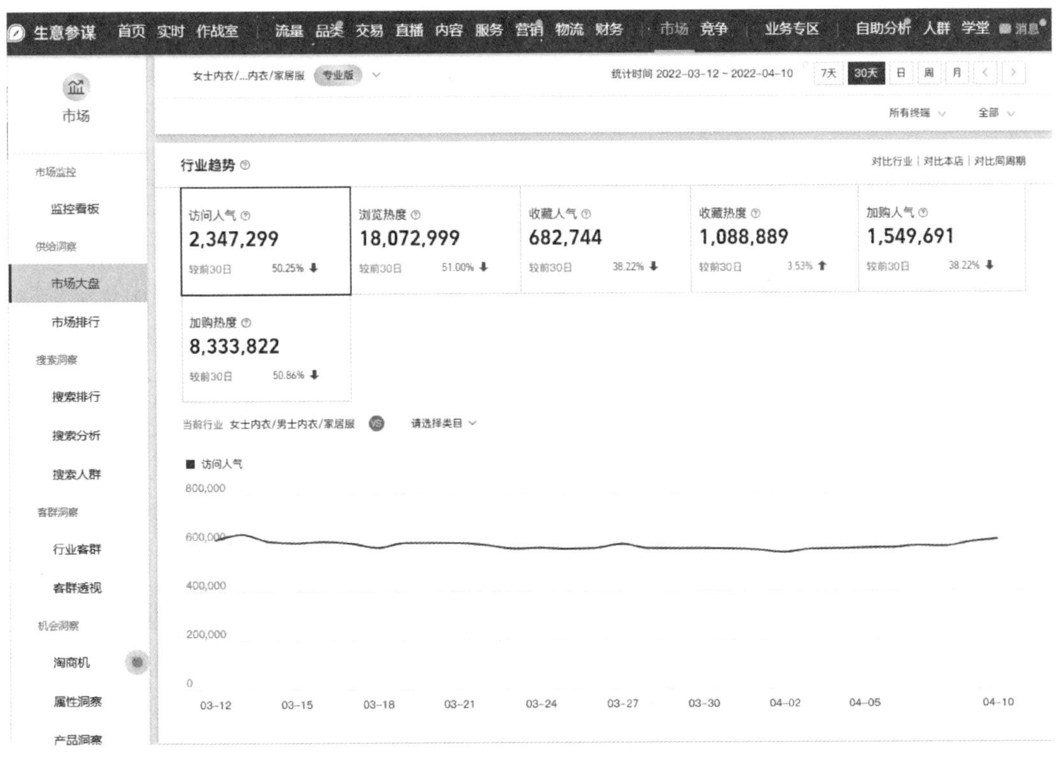

图 2-1-13　行业趋势

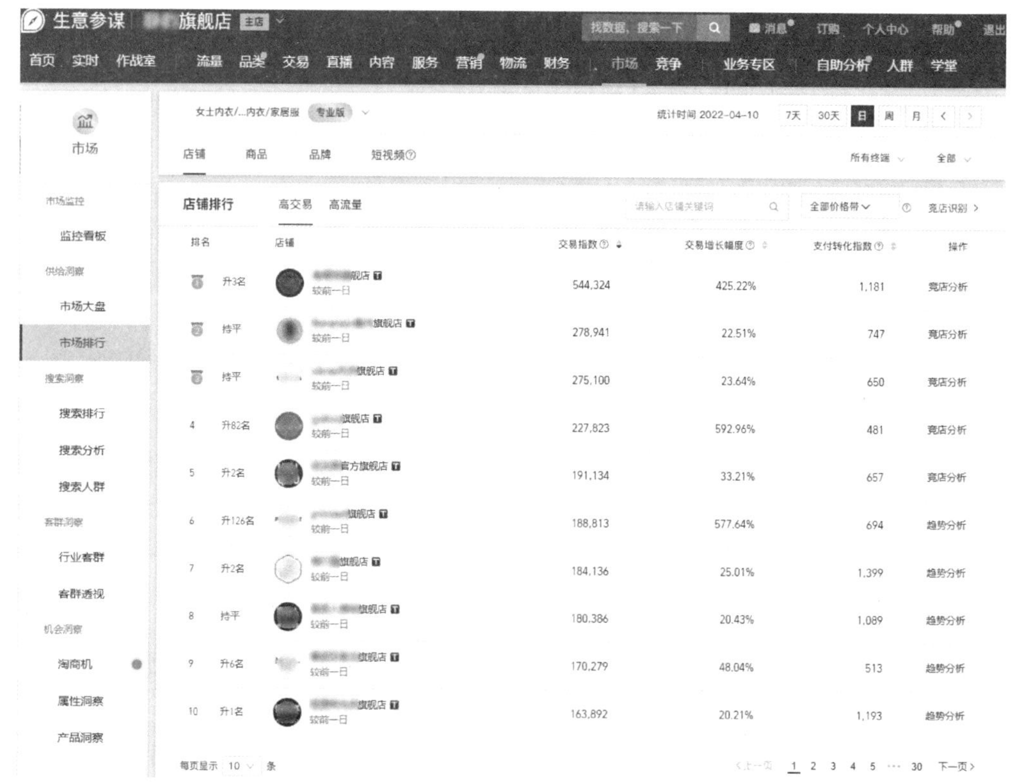

图 2-1-14　店铺、商品、品牌、短视频的排行情况

2. 商品能力数据采集

商品能力数据分为商品获客能力数据和商品盈利能力数据两类。

（1）商品获客能力数据采集

商品获客能力是指商品为店铺或平台获取新客户的能力，其主要指标包括客户关注量、收藏量、客户注册量、新客户点击量和重复购买率等。

该类数据一般通过站点后台或第三方工具获取。通常情况下，站点后台或第三方工具会在运营过程中持续对访客的浏览路径进行跟踪，对访客关注产品、网站（店铺）收藏、网站注册等重点行为进行记录，进而生成相应的数据报表，并提供文本或 Excel 表格导出。

以淘宝网某推广商品所带来的店铺收藏为例，进入平台后台，下载商品推广数据报表，如图 2-1-15 所示，即可获取相应数据。下载的推广数据报表如图 2-1-16 所示。

（2）商品盈利能力数据采集

商品盈利能力是指商品为店铺销售或利润贡献的能力，其主要指标包括客单价、毛利率、成本费用利润率等。该类数据一般无法直接获取，需要通过公式计算。商品盈利能力数据的采集分为以下 3 个步骤。

第一步，分析拆解数据采集指标。

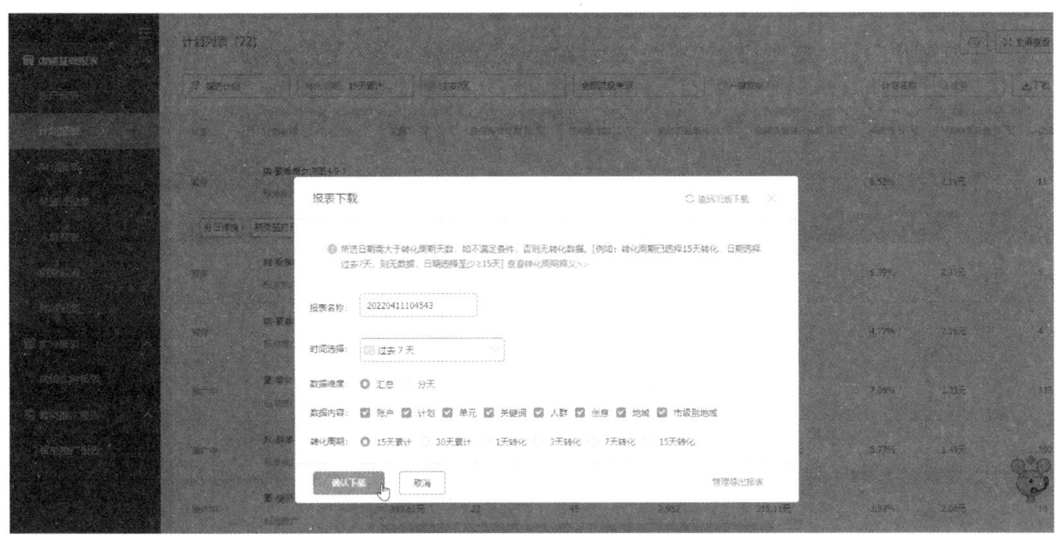

图 2-1-15　下载商品推广数据报表

	A	B	C	D	E	F	G	H	I	J	K	L	M	N	O	P	Q	R	S
1	计划id	计划名称	推广类型	单元id	单元名称	商品id	展现量	点击量	花费	点击率	平均点击花费	千次展现花费	总收藏数	宝贝收藏数	店铺收藏数	总购物车数	直接购物车	间接购物车	加购成本
2	7074927	晓-夏季单女	标准计划	334564703	凉感型莫代	641214927531	6498	257	583.06	3.9551	2.27	89.73	11	8	3	25	8	17	23.32
3	153352941	周期精准投	智能计划	318454935	睡衣女纯棉	666839717558	2862	129	157.35	4.5073	1.22	54.98	11	10	1	38	10	28	4.14
4	153352941	周期精准投	智能计划	889417660	睡衣女春秋	653765571818	26724	1835	1993.37	6.8665	1.09	74.59	58	51	7	255	97	158	7.82
5	153352941	周期精准投	智能计划	79915710	睡衣情侣红色	627044452460	22778	848	998.65	3.7229	1.18	43.84	55	47	8	157	67	90	6.36
6	153352941	周期精准投	智能计划	3.114E+09	大眼仔珊瑚	656813474645	30021	1252	1056.83	4.1704	0.84	35.2	89	80	9	189	89	100	5.59
7	153352941	周期精准投	智能计划	317048305	情侣睡衣女士	655524509719	4915	231	210.63	4.6999	0.91	42.85	16	15	1	38	7	31	5.54
8	153352941	周期精准投	智能计划	318797783	睡衣男春秋	667830790360	413	8	11.43	1.937	1.43	27.68	1	1	0	5	0	5	2.29
9	153352941	周期精准投	智能计划	3.188E+09	情侣睡衣春	667024285770	6971	241	314.57	3.4572	1.31	45.13	19	16	3	83	25	58	3.79
10	153352941	周期精准投	智能计划	3.114E+09	珊瑚绒加厚	658388701742	2389	152	162.22	6.3625	1.07	67.9	7	7	0	41	10	31	3.96
11	58651502	晓-夏季情侣	标准计划	331307063	凉感型情侣	640023349180	3202	138	380	4.3098	2.75	118.68	9	7	2	41	12	29	9.27
12	60510192	冬-群像镂温	标准计划	3.339E+09	凉感型睡衣	669578201317	2916	104	277.46	3.5665	2.67	95.15	9	8	1	30	8	22	9.25
13	153352941	周期精准投	智能计划	3.176E+09	疯狂动物城	624830001260	4420	203	235.1	4.5928	1.16	53.19	8	8	0	56	21	35	4.2
14	54633772	夏-情侣-背	标准计划	3.337E+09	凉感型草莓	671400843338	4882	192	399.61	3.9328	2.08	81.85	11	10	1	45	23	22	8.88
15	153352941	周期精准投	智能计划	318801386	睡衣女士202	657191071730	32638	2156	2039.3	6.6058	0.95	62.48	145	118	27	334	63	271	6.11
16	41937643	秋-群像-舒	标准计划	41879370	超柔软睡衣女	636610666392	237508	13694	20390.7	5.7657	1.49	85.85	669	590	79	2181	904	1277	9.35
17	153352941	周期精准投	智能计划	76935107	睡衣草莓熊女	651901139555	21672	1095	1257.06	5.0526	1.15	58	43	37	6	163	44	119	7.71
18	6315343	夏-群像-119	标准计划	343379690	凉感型2022年	669030865373	109712	6152	11571.2	5.6074	1.88	105.47	391	347	44	1864	654	1210	6.21
19	153352941	周期精准投	智能计划	7434500	疯狂动物城	624830509676	4612	312	307.51	6.765	0.99	66.68	12	11	1	90	27	63	3.42
20	153352941	周期精准投	智能计划	31703630	草莓熊睡裙女	667704887994	47167	1574	1766.58	3.3371	1.12	37.45	54	49	5	144	69	75	12.27
21	54639679	晓-夏季单女	标准计划	3.337E+09	凉感型莫代	641214927531	4862	292	600	6.0058	2.05	123.41	9	8	1	27	7	20	22.22
22	54216371	晓-夏季单女	标准计划	330898476	凉感型莫代	641214927531	2990	191	449.35	6.388	2.35	150.28	5	5	0	38	11	27	11.83

推广数据报表

图 2-1-16　下载的推广数据报表

例如，客单价、毛利率等是商品盈利能力的衡量指标。要得到这些数据，首先需要明确其计算公式，进而得到具体的数据采集指标。

客单价是指在统计期内每位下单客户的平均交易金额，即每个客户平均购买商品的金额。计算公式为：

$$客单价 = 商品销售交易金额 \div 订单数$$

毛利率是指商品毛利润占销售额的百分比。计算公式为：

$$毛利率 = （销售收入 - 销售成本） \div 销售收入 \times 100\%$$

通过公式进一步分析可知，需要采集的指标包括商品销售收入、商品采购价格、商品物流费用、商品包装费用等数据。

第二步，确定数据采集渠道。

一方面，指标数据如销售额、销售量及订单数等，产生于商品运营过程中，通过站点后台追踪记录或借助第三方采集工具即可获取；另一方面，指标数据如采购成本、推广费用、物流费用等，来源于企业的 ERP 软件、进价表、损益表等，通过下载导出或摘录即可获取。

第三步，数据采集。

通过不同渠道完成指标数据采集、清洗后，根据公式计算出结果，得到客单价、毛利率等数据，完成商品盈利能力数据的采集。

任务实施

下面以采集淘宝平台数据为例，使用八爪鱼采集器采集数据的步骤如下。

步骤 1　打开浏览器，在地址栏中输入网址（https://www.bazhuayu.com/），跳转至八爪鱼采集器页面，如图 2-1-17 所示。根据页面提示，下载并安装八爪鱼采集器软件。

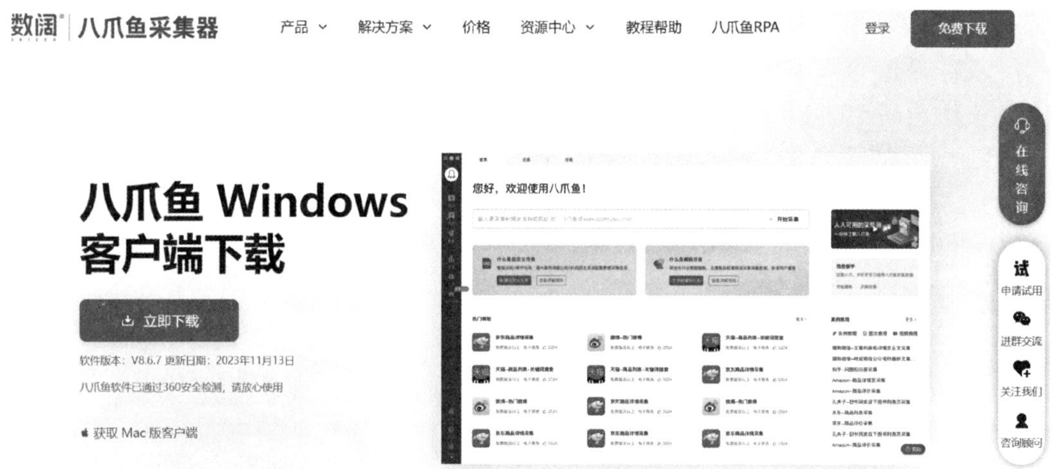

图 2-1-17　八爪鱼采集器页面

步骤 2　启动八爪鱼采集器软件并进行注册，采用手机短信或密码登录，如图 2-1-18 所示。

步骤 3　将鼠标移至左侧“新建”菜单栏上，在弹出的列表中单击“模板任务”选项，如图 2-1-19 所示。

步骤 4　在打开的页面中可以查看软件提供的全部采集模板，如图 2-1-20 所示。软件覆盖全球主流电子商务平台（如淘宝、天猫、京东、苏宁、唯品会、1688、Amazon、eBay 等），可以采集 90% 以上的数据类型及字段，如商品类目、标题、统一资源定位符 URL（Uniform Resource Locator）、价格（挂牌价与到手价）、销售量、库存、评价、图片、发货地、促销活动、所在店铺、店铺等级等。

图 2-1-18 八爪鱼采集器登录 / 注册页面

图 2-1-19 单击“模板任务”选项

图 2-1-20 “采集模板”页面

步骤 5 这里选择“淘宝网 - 商品列表页采集”采集模板。单击“查看详情”按钮，跳转至“模板介绍”页面，软件针对所采集的各项数据指标进行了明确的介绍。在大致了解了各项数据指标后，单击“立即使用”按钮即可开始使用该采集模板，如图 2-1-21 所示。

步骤 6 设置搜索关键词以及搜索的结果页数，编辑任务名称，选择任务组，如图 2-1-22 所示。

步骤 7 单击“启动采集”按钮，弹出“请选择采集模式”对话框，如图 2-1-23 所示。

步骤 8 单击“普通模式”按钮，弹出“春季连衣裙 - 商品采集”页面。在打开的页面中，使用淘宝网密码或手机扫码登录后，软件开始自动采集商品的数据，如图 2-1-24 所示。

步骤 9 当采集完成后，系统会弹出对话框，显示采集信息的用时和数据量。直接单击“导出数据”按钮，如图 2-1-25 所示，将导出采集数据并以 Excel 表格的形式存储在指定的文件夹中。

步骤 10 系统完成数据导出后，打开采集的数据文件即可进行分析，如图 2-1-26 所示。对于销量较高的商品，可以直接通过商品链接进行访问。

图 2-1-21 “淘宝网 - 商品列表页采集”采集模板详情页

首页
采集模板
淘宝网-商品列表页采集
采集模板 > 模板详情 > 模板任务设置
* 商品名称
春季连衣裙
* 翻页次数
4
任务名称
春季连衣裙-商品采集
任务组
演示
新建任务组
商品名称
淘宝搜索商品名称关键词
启动采集
保存任务

图 2-1-22 模板任务设置

图 2-1-23 “请选择采集模式”对话框

图 2-1-24 商品数据采集页面

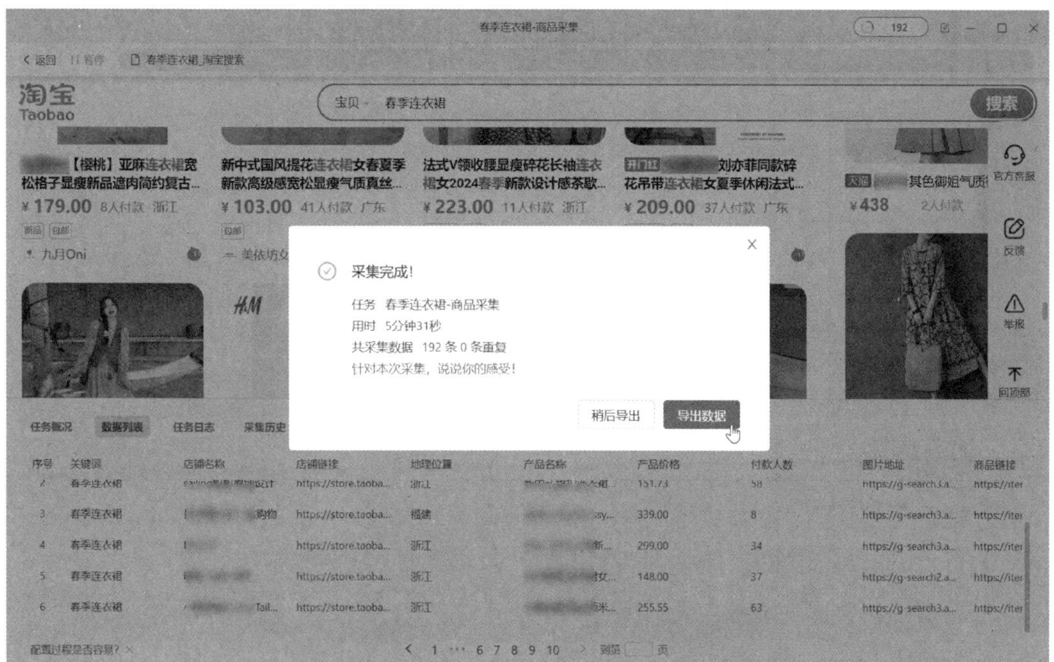

图 2-1-25 导出采集数据

	A	B	C	D	E	F	G	H	I	J	K	L
1	关键词	店铺名称	店铺链接	地理位置	产品名称	产品价格	付款人数	图片地址	商品链接	商品ID	当前页面网址	当前时间
2	春季连衣裙	旗	https://click.	广东	莲202	196.20	4	https://	https://		https://s.ta	2024-02-21
3	春季连衣裙	G波	https://click.	浙江	GG波	244.00	53	https://	https://		https://s.ta	2024-02-21
4	春季连衣裙	TUI	https://click.	浙江	eStu	868.00	1	https://	https://		https://s.ta	2024-02-21
5	春季连衣裙	PI	https://store.	江苏	EPIC	445.00	100+	https://	https://	76503987	https://s.ta	2024-02-21
6	春季连衣裙	茶	https://store.	广东	墨印	1199.00	6	https://	https://	73378109	https://s.ta	2024-02-21
7	春季连衣裙	th	https://store.	浙江	原创	288.00	21	https://	https://	70405774	https://s.ta	2024-02-21
8	春季连衣裙	旗	https://store.	河南	光满	280.25	3	https://	https://	766381501	https://s.ta	2024-02-21
9	春季连衣裙	大	https://store.	安徽	墨印	265.10	8	https://	https://	76587157	https://s.ta	2024-02-21
10	春季连衣裙	STI	https://store.	重庆	撞色	288.00	100+	https://	https://	76549244	https://s.ta	2024-02-21
11	春季连衣裙	木	https://store.	安徽	山谷	173.00	34	https://	https://	727788284	https://s.ta	2024-02-21
12	春季连衣裙	旗	https://store.	河南	春	290.00	7	https://	https://	70525173	https://s.ta	2024-02-21
13	春季连衣裙	n	https://store.	广东	an/	288.00	35	https://	https://	765389901	https://s.ta	2024-02-21
14	春季连衣裙	es	https://store.	广东	原创	289.00	38	https://	https://	75053654	https://s.ta	2024-02-21
15	春季连衣裙	质	https://store.	江苏	和风	189.00	41	https://	https://	703994304	https://s.ta	2024-02-21
16	春季连衣裙	诺	https://store.	广东	慵懒	198.00	20	https://	https://	726296951	https://s.ta	2024-02-21
17	春季连衣裙	EN	https://store.	浙江	年春	145.00	61	https://	https://	651965447	https://s.ta	2024-02-21
18	春季连衣裙	专	https://store.	北京	024	328.00	25	https://	https://	73087156	https://s.ta	2024-02-21

图 2-1-26 采集数据表

任务 2　电商数据可视化处理

任务目标

知识目标

1. 了解电商数据的类型，熟悉图表的创建方法
2. 掌握常用的数据可视化方法

能力目标

1. 能运用多种图表制作方法制作图表
2. 能进行图表的编辑、图表布局的设置、图表类型及数据源的更改
3. 能清洗、整理及加工初始数据
4. 能使用 Excel 软件将电商数据分析结果进行可视化处理

一、数据可视化的概念

数据可视化是关于数据视觉表现形式的技术，它是利用图形、表格、动画等手段，将数据内在的规律直观展现的方法。数据可视化的基本思想是将每一个数据项作为单个图元（图形元素，可以编辑的最小图形单位）进行表示，大量的数据集构成数据图像。同时将数据的各属性值以多维数据的形式表示，以便从不同的维度观察数据，对数据进行更深入的观察和分析。

二、数据可视化的作用

数据可视化的作用是准确而高效、简洁而全面地传递信息。数据可视化能将不可见的数据现象转化为可见的图形符号，能将错综复杂、难以解释和关联的数据建立起联系，帮助人们发现其特征和规律。

三、数据可视化的一般步骤

对电商数据进行可视化处理，一般按照以下 4 个步骤进行。

1. 明确电商数据可视化需求

进行电商数据可视化时，首先需要明确数据可视化的需求，即数据可视化项目能够解决什么运营问题。明确数据可视化需求，可以避免将一些不相干的数据放在一起进行比较。

2. 选择正确的数据可视化类型

确定需求之后，即可为数据选择合适的可视化类型。不同类型的数据有其适合的图

表类型，如果设计人员选用一个错误的类型去展现，就很容易造成误解。要清楚地表达数据分析结果，就必须准确选择数据可视化类型。

3. 确定关键的信息指标

高效的数据可视化不仅取决于数据可视化的类型，还取决于一种平衡：既要保证总体信息的通俗易懂，又要在某些关键点上有所突出；既能提供深刻的信息解读，又能提供合适场景进行上下文的联系，从而更加合理地构建数据架构。所以，在进行数据可视化时，需要选取关键数据指标，表达关键信息，以引导用户通过可视化数据分析得到相应的结论，体现数据的价值。

4. 优化展现形式

数据可视化的展现形式除了要有精美的外观，更要根据其功能和用途而设计，切忌为了表面的绚丽多彩把简单的问题复杂化。

四、电商数据的类型

1. 数值型数据

数值型数据即由多个单独的数字组成的一串数据，是直接使用自然数或度量单位进行计量的具体数值。如支出 800 元、好评率 98%、销售量 1 895 个、质量 2 千克等，这些数值就是数值型数据。图 2-2-1 所示为以数值显示的某店铺某月在交易、流量、商品、推广等各方面的运营情况，以及与上月进行同期对比的结果。

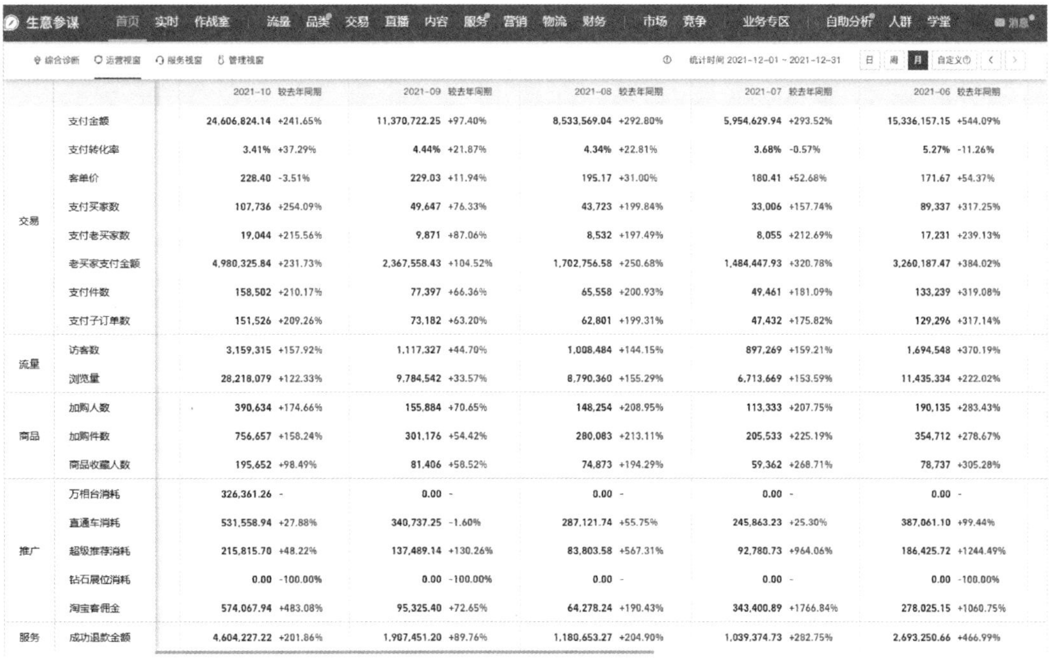

生意参谋　首页　实时　作战室　流量　品类　交易　直播　内容　服务　营销　物流　财务　市场　竞争　业务专区　自助分析　人群　学堂　消息

综合诊断　运营视窗　服务视窗　管理视窗　统计时间 2021-12-01 ~ 2021-12-31　日　周　月　自定义

		2021-10	较去年同期	2021-09	较去年同期	2021-08	较去年同期	2021-07	较去年同期	2021-06	较去年同期
交易	支付金额	24,606,824.14	+241.65%	11,370,722.25	+97.40%	8,533,569.04	+292.80%	5,954,629.94	+293.52%	15,336,157.15	+544.09%
	支付转化率	3.41%	+37.29%	4.44%	+21.87%	4.34%	+22.81%	3.68%	-0.57%	5.27%	-11.26%
	客单价	228.40	-3.51%	229.03	+11.94%	195.17	+31.00%	180.41	+52.68%	171.67	+54.37%
	支付买家数	107,736	+254.09%	49,647	+76.33%	43,723	+199.84%	33,006	+157.74%	89,337	+317.25%
	支付老买家数	19,044	+215.56%	9,871	+87.06%	8,532	+197.49%	8,055	+212.69%	17,231	+239.13%
	老买家支付金额	4,980,325.84	+231.73%	2,367,558.43	+104.52%	1,702,756.58	+250.68%	1,484,447.93	+320.78%	3,260,187.47	+384.02%
	支付件数	158,502	+210.17%	77,397	+66.36%	65,558	+200.93%	49,461	+181.09%	133,239	+319.08%
	支付子订单数	151,526	+209.26%	73,182	+63.20%	62,801	+199.31%	47,432	+175.82%	129,296	+317.14%
流量	访客数	3,159,315	+157.92%	1,117,327	+44.70%	1,008,484	+144.15%	897,269	+159.21%	1,694,548	+370.19%
	浏览量	28,218,079	+122.33%	9,784,542	+33.57%	8,790,360	+155.29%	6,713,669	+153.59%	11,435,334	+222.02%
商品	加购人数	390,634	+174.66%	155,884	+70.65%	148,254	+208.95%	113,333	+207.75%	190,135	+283.43%
	加购件数	756,657	+158.24%	301,176	+54.42%	280,083	+213.11%	205,533	+225.19%	354,712	+278.67%
	商品收藏人数	195,652	+98.49%	81,406	+58.52%	74,873	+194.29%	59,362	+268.71%	78,737	+305.28%
推广	万相台消耗	326,361.26	-	0.00	-	0.00	-	0.00	-	0.00	-
	直通车消耗	531,558.94	+27.88%	340,737.25	-1.60%	287,121.74	+55.75%	245,863.23	+25.30%	387,061.10	+99.44%
	超级推荐消耗	215,815.70	+48.22%	137,489.14	+130.26%	83,803.58	+567.31%	92,780.73	+964.06%	186,425.72	+1244.49%
	钻石展位消耗	0.00	-100.00%	0.00	-100.00%	0.00	-	0.00	-	0.00	-100.00%
	淘宝客佣金	574,067.94	+483.08%	95,325.40	+72.65%	64,278.24	+190.43%	343,400.89	+1766.84%	278,025.15	+1060.75%
服务	成功退款金额	4,604,227.22	+201.86%	1,907,451.20	+89.76%	1,180,653.27	+204.90%	1,039,374.73	+282.75%	2,693,250.66	+466.99%

图 2-2-1　数值型数据

2. 文字图形型数据

文字图形型数据普遍应用在关键词分析、人群画像等场景中。图 2-2-2 所示为搜索“羽绒服”关键词后显示的相关搜索词情况，其中红色圆点表示该关键词搜索量呈上升趋势，绿色圆点则表示该关键词搜索量呈下降趋势。圆点越靠近中央“羽绒服”圆圈，则表示该圆点代表的关键词与“羽绒服”关键词的相关性越大。

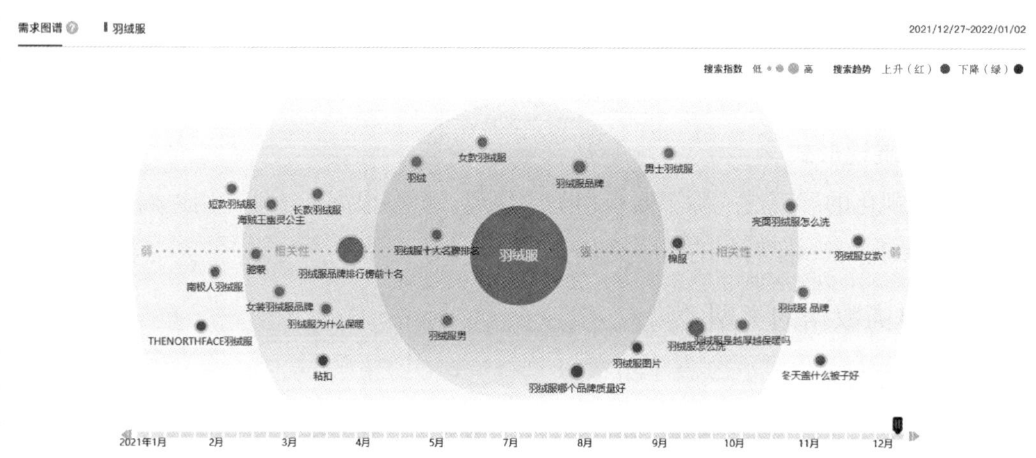

图 2-2-2　文字图形型数据

3. 图表型数据

图表型数据是经常用于数据分析的一种可视化电商数据类型，即将枯燥的数字转换为更为直观的图表。图 2-2-3 所示为通过曲线化图表显示的店铺交易趋势，如果通过数字显示，则还需要进一步分析。但通过图表显示，就能一眼看出 11 月的交易额最高。

图 2-2-3　图表型数据

五、常用数据可视化方法

数据可视化有许多方法，根据可视化原理不同可分为基于几何技术的方法、面向像素技术的方法、基于图标技术的方法、基于层次技术的方法、基于图像技术的方法和基于分布式技术的方法等类型。从实用性出发，数据可视化的常用方法有以下 5 种。

1. 面积与尺寸可视化

面积与尺寸可视化方法通过对同一类图形，如柱状、圆环、蜘蛛图等的长度、高度或面积加以区别，清晰地表达不同指标及其对应的指标值之间的对比信息，让浏览者对相关数据及其之间的对比情况一目了然。制作这类数据可视化图形时，一般需要用数学公式计算，以便表达准确的尺度和比例。

图 2-2-4 所示为某天猫店铺动态评分图。在动态评分模块右侧，条状图以精确的比例清晰地展示了不同评分客户的分布情况。一眼望去，可以明显看出“5 分”动态评分的客户占绝对多数。

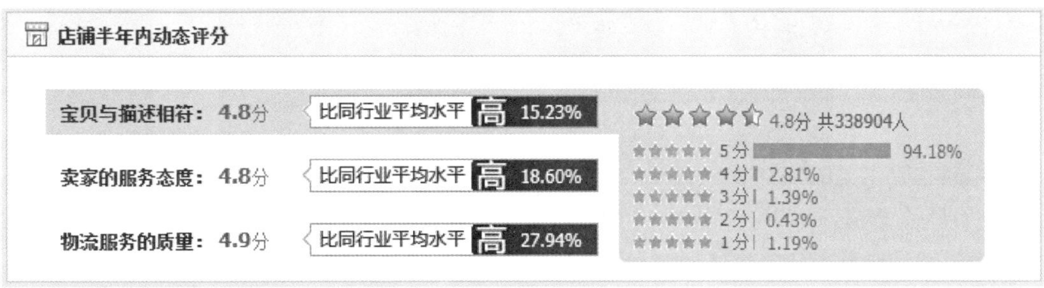

图 2-2-4　某天猫店铺动态评分图

2. 概念可视化

概念可视化是将抽象的指标数据转换为人们熟悉的、容易感知的数据，使用户容易理解图形所要表达的意义。图 2-2-5 所示为宣传节约用纸的张贴画。看到画中单纯地描述办公用纸量及其堆积可达到的高度时，人们对此并没有清晰的概念。但当看到用纸堆积高度比广州塔建筑总高度还高，同时需要砍伐近 400 棵树时，节约用纸的想法便油然

园区2021年打印纸达7 822 700张，堆高可达687米

广州塔建筑总高度600米

需要砍伐390.5棵树

图 2-2-5　宣传节约用纸的张贴画

而生。由此可见，用概念转换的方法将数据分析的结果可视化输出，是十分重要和有效的。

3. 颜色可视化

通过不同的颜色来表达标值的强弱和大小，是数据可视化设计的常用方法之一。这种方法可以让用户迅速了解数据信息的整体特征，如哪一部分指标的数据值比较突出等。应用颜色辅助数据图表可视化输出时，具体颜色的选择最终取决于用户所要表述的信息特征，使数据形成有效的对比。在一个图表中使用太多的颜色会造成混乱和过度修饰，应选择和谐的颜色组合。

图 2-2-6 所示为 2018—2023 年中国企业自播与达人播市场占比图，通过颜色差异，可以直观地看到近年来企业自播与达人播市场占比的相对变化情况。

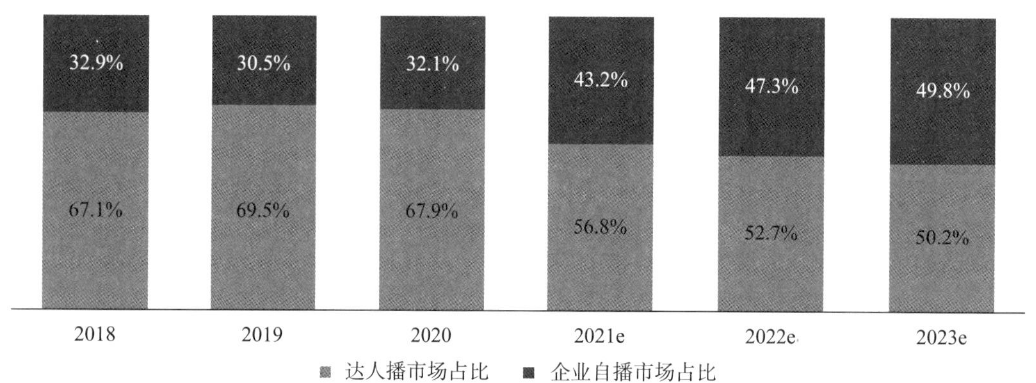

图 2-2-6　2018—2023 年中国企业自播与达人播市场占比（来源于艾瑞咨询）

4. 图形可视化

在设计表示指标及数据的图形时，若使用有相应实际含义的图形，往往会使数据图表的内容展现得更加生动，便于用户理解图表要表达的内容。图 2-2-7 所示为采用图形可视化方式表现某相机用户消费偏好分析。

5. 地域空间可视化

当指标与数据要表达的主题与地域有关联时，一般可以选择地图作为大背景来可视化输出数据分析结果。这样，用户既可以直观地了解整体的数据情况，又可以根据地理位置快速定位到某一地区查看详细数据。

任务实施

利用 Excel 不仅可以完成电商数据的记录、整理与分析等工作，而且可以完成数据可视化加工。使用 Excel 可以制作直观简洁、形象美观、丰富多彩、通俗易懂的各类图表，从而更加生动、形象地呈现数据信息。

图 2-2-7　采用图形可视化方式表现某相机用户消费偏好分析（来源于艾瑞咨询）

一、电商数据清洗与整理

1. 数据的清洗

（1）重复数据清洗

重复数据清洗即删除重复的数据，减少对数据分析的干扰。操作步骤如下。

步骤 1　打开“重复数据清洗 .xlsx”文件，选择 B2:B19 单元格，单击“数据”中的“高级”按钮，弹出“高级筛选”对话框，如图 2-2-8 所示。

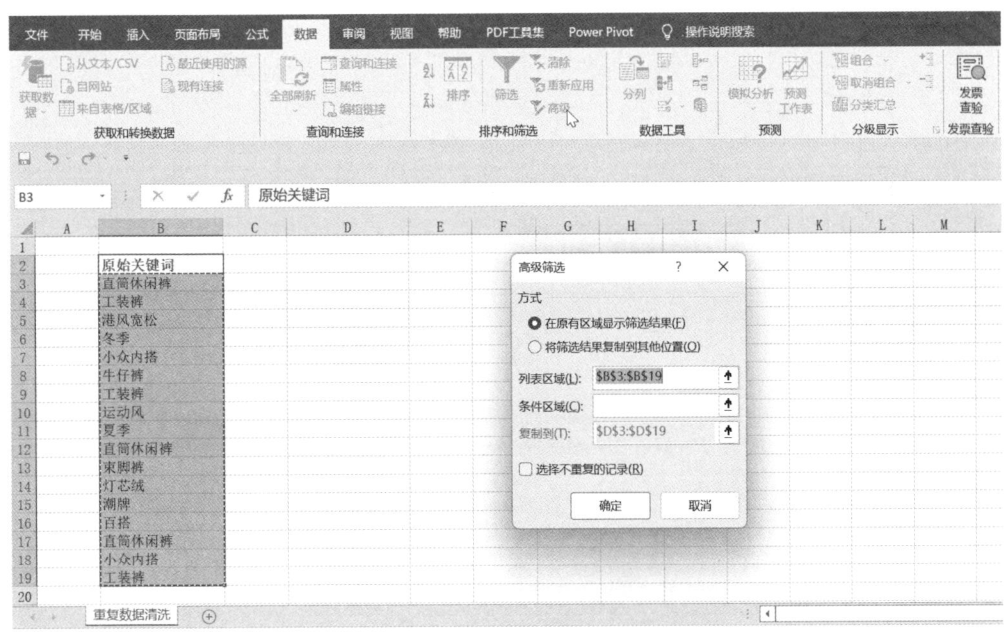

图 2-2-8　弹出“高级筛选”对话框

步骤 2　勾选“方式”栏中“将筛选结果复制到其他位置”单选框，“列表区域”为 B3:B19 单元格，“复制到”为 D3:D19 单元格，勾选“选择不重复的记录”单选框，如图 2-2-9 所示，单击“确定”按钮。

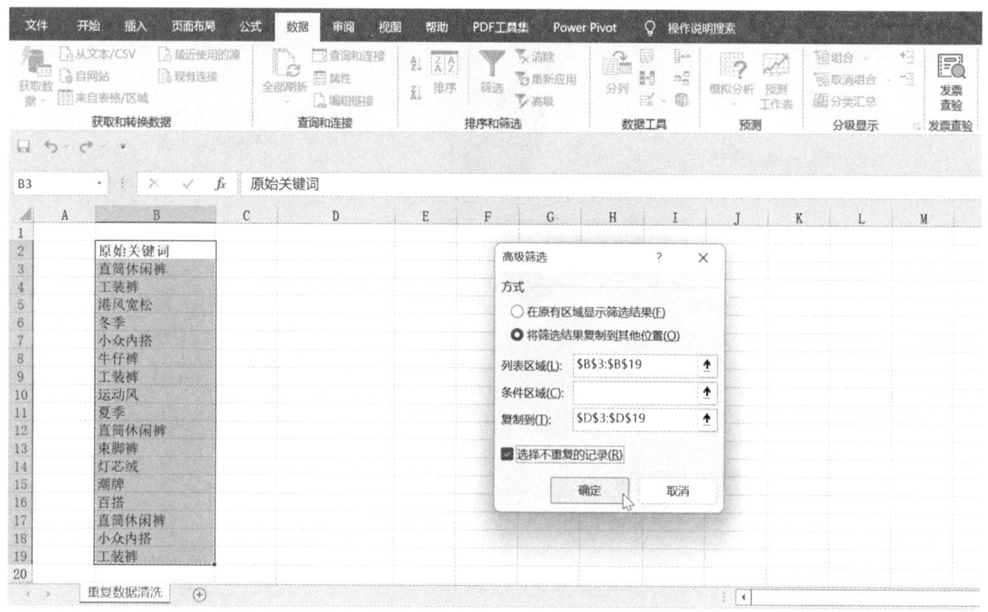

图 2-2-9　设置高级筛选

步骤 3　在 D3 及以下单元格中，显示去重后的各个关键词；在 D2 单元格中，输入“去重后的关键词”即可完成，如图 2-2-10 所示。

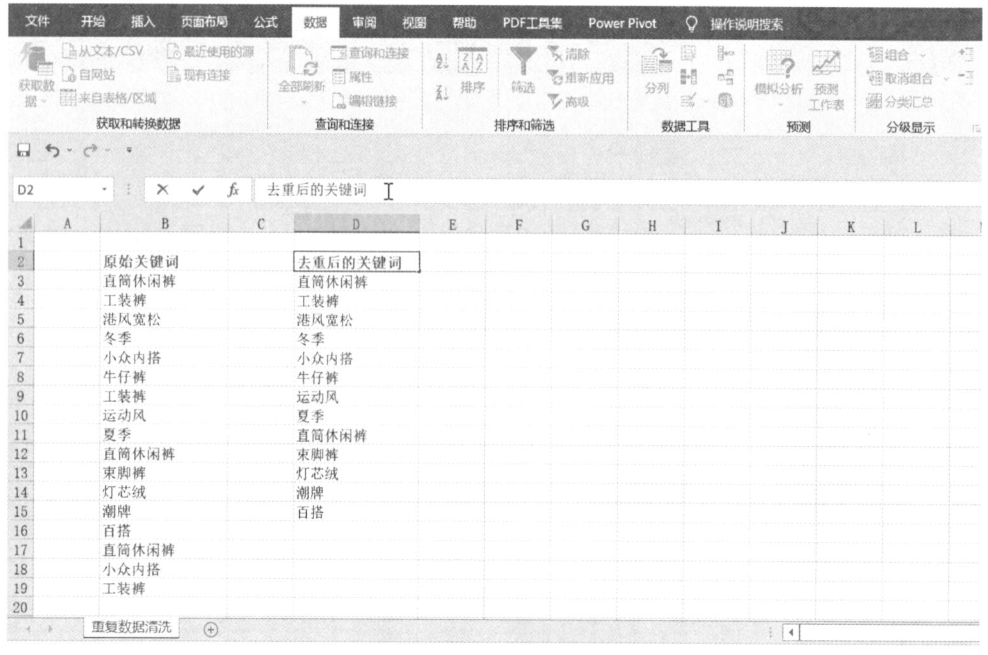

图 2-2-10　最终效果展示

（2）缺失数据清洗

数据缺失是数据表中经常出现的问题，是指数据某个或某些属性的值是不完整的。缺失值产生的原因多种多样，主要包括三种：第一种是有些信息无法获取，如在收集客户婚姻状况和工作信息时，未婚人士的配偶、未成年人的工作单位等都是无法获取的信息；第二种是人为原因导致某些信息被遗漏或删除；第三种是数据收集或者保存失败造成数据缺失，如数据存储失败、存储器损坏、机械故障等。在数据表里，缺失值常见的表现形式是空值或错误标识符。

1）设置空值

设置空值

步骤 1　打开“设置空值 .xlsx”文件，单击“开始”中的“查找和选择”按钮，弹出快捷菜单栏，选择“定位条件”选项，如图 2-2-11 所示。

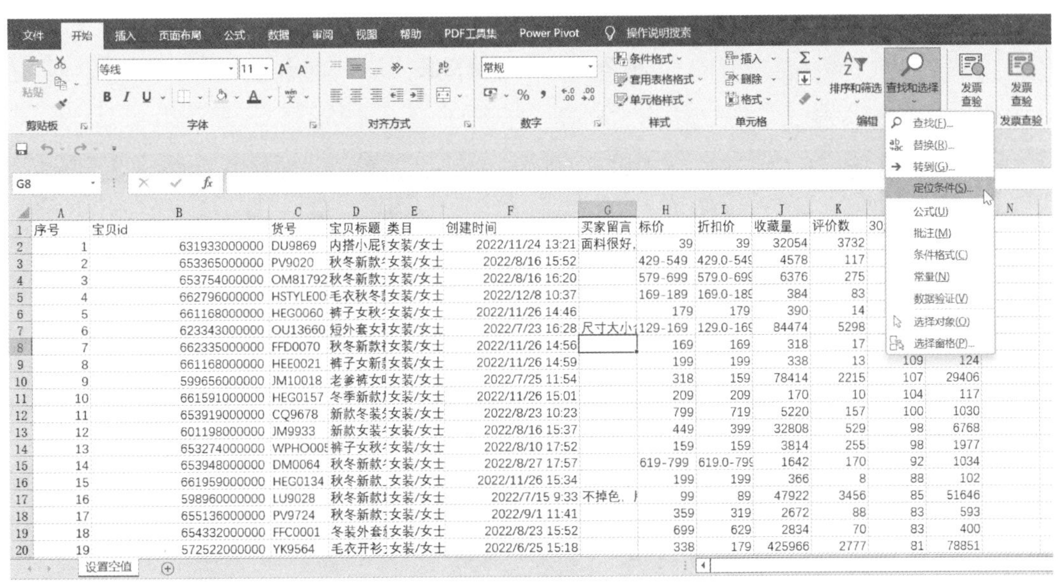

图 2-2-11　选择“定位条件”选项

步骤 2　弹出“定位条件”对话框，勾选“空值”单选框，如图 2-2-12 所示，单击“确定”按钮。所有空值单元格会显示出来。

步骤 3　在 G3 单元格中输入“无数据”，按“Ctrl+C”复制快捷键，选中所有空白单元格，然后按“Enter”键，即可完成，如图 2-2-13 所示。

2）错误标识符清洗

当缺少值是以错误标识符形式出现时，需要检查出现这些错误的原因，然后有针对性地进行处理。如出现“#####”时，说明单元格中的数据超出了该单元格的宽度，或者单元格中的日期时间公式产生了一个负值；出现“#DIV/0!”时，说明进

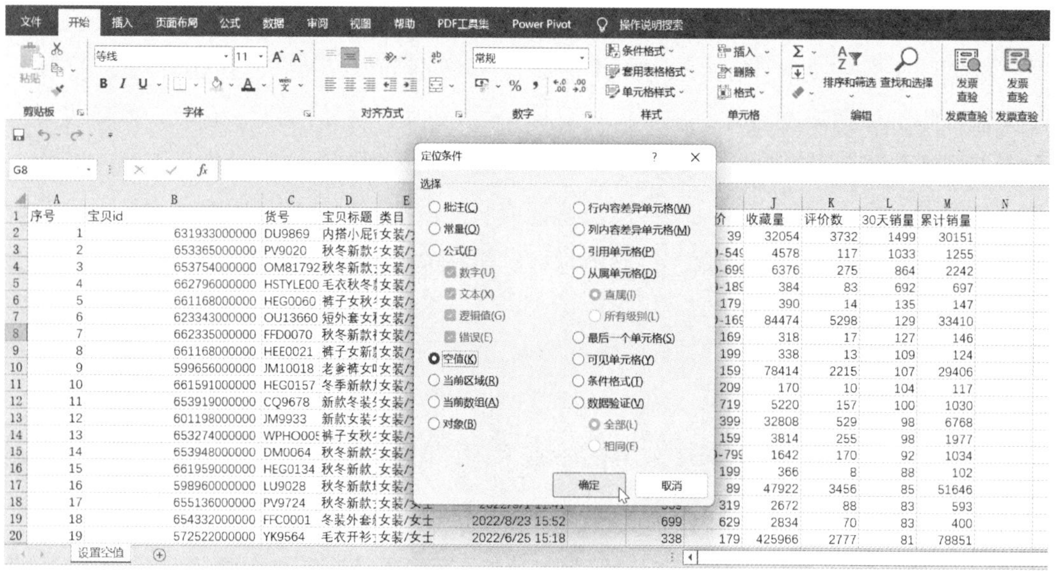

图 2-2-12　设置空值

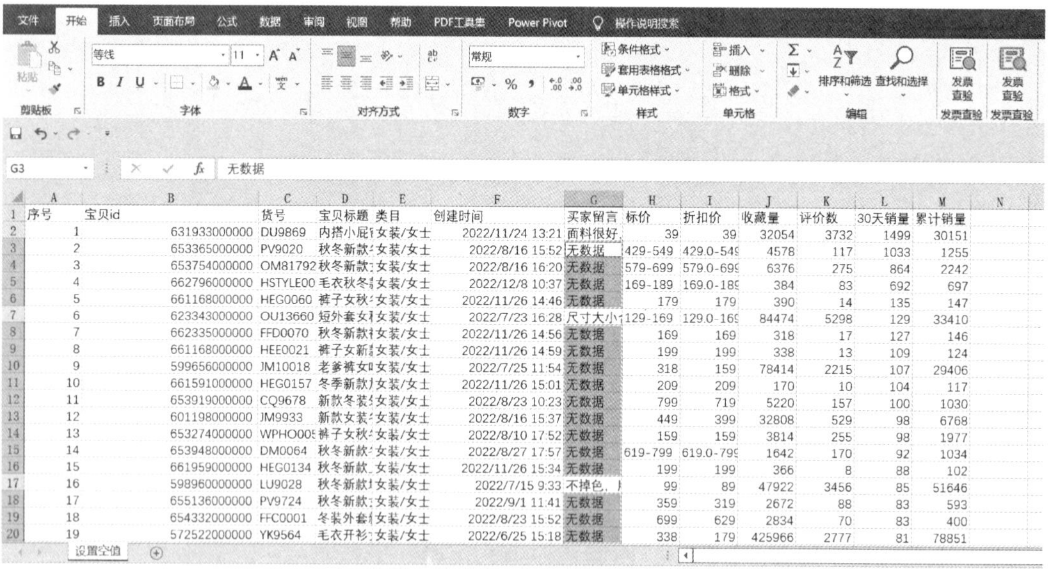

图 2-2-13　批量填充

行公式运算时除数使用了数值零、指向了空单元格或包含零值单元格的引用。一般情况下，Excel 中出现错误标识符大多是由于公式使用不当造成的。

例如，2022 年 3 月 13 日至 19 日，由于还未采集不合格商品退货数量，因此在计算退换率时，出现了“#VALUE!”的错误标识符，如图 2-2-14 所示。清洗错误标识符的操作如下。

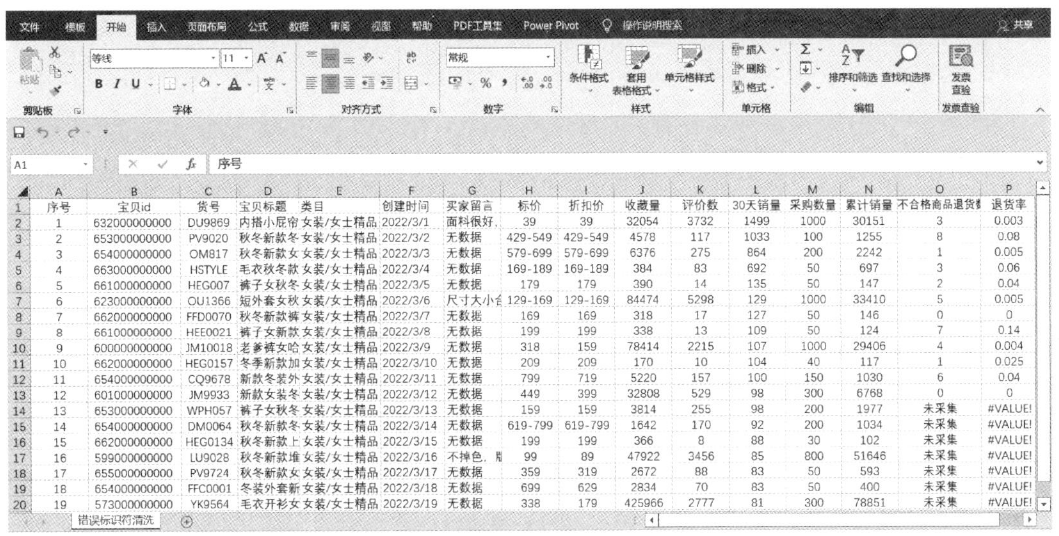

	A	B	C	D	E	F	G	H	I	J	K	L	M	N	O	P
1	序号	宝贝id	货号	宝贝标题	类目	创建时间	买家留言	标价	折扣价	收藏量	评价数	30天销量	采购数量	累计销量	不合格商品退货数	退货率
2	1	632000000000	DU9869	内搭小屁帘	女装/女士精品	2022/3/1	面料很好,	39	39	32054	3732	1499	1000	30151	3	0.003
3	2	653000000000	PV9020	秋冬新款冬	女装/女士精品	2022/3/2	无数据	429-549	429-549	4578	117	1033	100	1255	8	0.08
4	3	654000000000	OM817	秋冬新款女	女装/女士精品	2022/3/3	无数据	579-699	579-699	6376	275	864	200	2242	1	0.005
5	4	663000000000	HSTYLE	毛衣秋冬款	女装/女士精品	2022/3/4	无数据	169-189	169-189	384	83	692	50	697	3	0.06
6	5	661000000000	HEG007	裤子女秋冬	女装/女士精品	2022/3/5	无数据	179	179	390	14	135	50	147	2	0.04
7	6	623000000000	OU1366	短外套女秋	女装/女士精品	2022/3/6	尺寸大小合	129-169	129-169	84474	5298	129	1000	33410	5	0.005
8	7	662000000000	FFD0070	秋冬新款裤	女装/女士精品	2022/3/7	无数据	169	169	318	17	127	50	146	0	0
9	8	661000000000	HEE0021	裤子女新款	女装/女士精品	2022/3/8	无数据	199	199	338	13	109	50	124	7	0.14
10	9	600000000000	JM10018	老爹裤女哈	女装/女士精品	2022/3/9	无数据	318	159	78414	2215	107	1000	29406	4	0.004
11	10	662000000000	HEG0157	冬季新款加	女装/女士精品	2022/3/10	无数据	209	209	170	10	104	40	117	1	0.025
12	11	654000000000	CQ9678	新款冬装外	女装/女士精品	2022/3/11	无数据	799	719	5220	157	100	150	1030	6	0.04
13	12	601000000000	JM9933	新款女装冬	女装/女士精品	2022/3/12	无数据	449	399	32808	529	98	300	6768	0	0
14	13	653000000000	WPH057	裤子女秋冬	女装/女士精品	2022/3/13	无数据	159	159	3814	255	98	200	1977	未采集	#VALUE!
15	14	654000000000	DM0064	秋冬新款冬	女装/女士精品	2022/3/14	无数据	619-799	619-799	1642	170	92	200	1034	未采集	#VALUE!
16	15	662000000000	HEG0134	秋冬新款上	女装/女士精品	2022/3/15	无数据	199	199	366	8	88	30	102	未采集	#VALUE!
17	16	599000000000	LU9028	秋冬新款堆	女装/女士精品	2022/3/16	不掉色,	99	89	47922	3456	85	800	51646	未采集	#VALUE!
18	17	655000000000	PV9724	秋冬新款女	女装/女士精品	2022/3/17	无数据	359	319	2672	88	83	50	593	未采集	#VALUE!
19	18	654000000000	FFC0001	冬装外套新	女装/女士精品	2022/3/18	无数据	699	629	2834	70	83	50	400	未采集	#VALUE!
20	19	573000000000	YK9564	毛衣开衫女	女装/女士精品	2022/3/19	无数据	338	179	425966	2777	81	300	78851	未采集	#VALUE!

图 2-2-14　错误标识符

步骤 1　打开“错误标识符清洗 .xlsx”文件，选中 P14 单元格，在公式编辑栏中，将公式“=O14/M14”修改为“=IFERROR(O14/M14,"-")”，按“Enter”键即可得出结果，如图 2-2-15 所示。

P14　=IFERROR(O14/M14,"-")

	A	B	C	D	E	F	G	H	I	J	K	L	M	N	O	P
1	序号	宝贝id	货号	宝贝标题	类目	创建时间	买家留言	标价	折扣价	收藏量	评价数	30天销量	采购数量	累计销量	不合格商品退货数	退货率
2	1	632000000000	DU9869	内搭小屁帘	女装/女士精品	2022/3/1	面料很好,	39	39	32054	3732	1499	1000	30151	3	0.003
3	2	653000000000	PV9020	秋冬新款冬	女装/女士精品	2022/3/2	无数据	429-549	429-549	4578	117	1033	100	1255	8	0.08
4	3	654000000000	OM817	秋冬新款女	女装/女士精品	2022/3/3	无数据	579-699	579-699	6376	275	864	200	2242	1	0.005
5	4	663000000000	HSTYLE	毛衣秋冬款	女装/女士精品	2022/3/4	无数据	169-189	169-189	384	83	692	50	697	3	0.06
6	5	661000000000	HEG007	裤子女秋冬	女装/女士精品	2022/3/5	无数据	179	179	390	14	135	50	147	2	0.04
7	6	623000000000	OU1366	短外套女秋	女装/女士精品	2022/3/6	尺寸大小合	129-169	129-169	84474	5298	129	1000	33410	5	0.005
8	7	662000000000	FFD0070	秋冬新款裤	女装/女士精品	2022/3/7	无数据	169	169	318	17	127	50	146	0	0
9	8	661000000000	HEE0021	裤子女新款	女装/女士精品	2022/3/8	无数据	199	199	338	13	109	50	124	7	0.14
10	9	600000000000	JM10018	老爹裤女哈	女装/女士精品	2022/3/9	无数据	318	159	78414	2215	107	1000	29406	4	0.004
11	10	662000000000	HEG0157	冬季新款加	女装/女士精品	2022/3/10	无数据	209	209	170	10	104	40	117	1	0.025
12	11	654000000000	CQ9678	新款冬装外	女装/女士精品	2022/3/11	无数据	799	719	5220	157	100	150	1030	6	0.04
13	12	601000000000	JM9933	新款女装冬	女装/女士精品	2022/3/12	无数据	449	399	32808	529	98	300	6768	0	0
14	13	653000000000	WPH057	裤子女秋冬	女装/女士精品	2022/3/13	无数据	159	159	3814	255	98	200	1977	未采集	-
15	14	654000000000	DM0064	秋冬新款冬	女装/女士精品	2022/3/14	无数据	619-799	619-799	1642	170	92	200	1034	未采集	#VALUE!
16	15	662000000000	HEG0134	秋冬新款上	女装/女士精品	2022/3/15	无数据	199	199	366	8	88	30	102	未采集	#VALUE!
17	16	599000000000	LU9028	秋冬新款堆	女装/女士精品	2022/3/16	不掉色,	99	89	47922	3456	85	800	51646	未采集	#VALUE!
18	17	655000000000	PV9724	秋冬新款女	女装/女士精品	2022/3/17	无数据	359	319	2672	88	83	50	593	未采集	#VALUE!
19	18	654000000000	FFC0001	冬装外套新	女装/女士精品	2022/3/18	无数据	699	629	2834	70	83	50	400	未采集	#VALUE!
20	19	573000000000	YK9564	毛衣开衫女	女装/女士精品	2022/3/19	无数据	338	179	425966	2777	81	300	78851	未采集	#VALUE!

图 2-2-15　修改公式

步骤 2　确认公式无误后，批量填充公式，即可对错误的单元格进行修改，如图 2-2-16 所示。

P14 =IFERROR(O14/M14,"-")

	A	B	C	D	E	F	G	H	I	J	K	L	M	N	O	P
1	序号	宝贝id	货号	宝贝标题	类目	创建时间	买家留言	标价	折扣价	收藏量	评价数	30天销量	采购数量	累计销量	不合格商品退货数	退货率
2	1	632000000000	DU9869	内搭小屁帘	女装/女士精品	2022/3/1	面料很好.	39	39	32054	3732	1499	1000	30151	3	0.003
3	2	653000000000	PV9020	秋冬新款冬	女装/女士精品	2022/3/2	无数据	429-549	429-549	4578	117	1033	100	1255	8	0.08
4	3	654000000000	OM817	秋冬新款女	女装/女士精品	2022/3/3	无数据	579-699	579-699	6376	275	864	200	2242	1	0.005
5	4	663000000000	HSTYLE	毛衣秋冬款	女装/女士精品	2022/3/4	无数据	169-189	169-189	384	83	692	50	697	3	0.06
6	5	661000000000	HEG007	裤子女秋冬	女装/女士精品	2022/3/5	无数据	179	179	390	14	135	50	147	2	0.04
7	6	623000000000	OU1366	短外套女秋	女装/女士精品	2022/3/6	尺寸大小合	129-169	129-169	84474	5298	129	1000	33410	5	0.005
8	7	662000000000	FFD0070	秋冬新款裤	女装/女士精品	2022/3/7	无数据	169	169	318	17	127	50	146	0	0
9	8	661000000000	HEE0021	裤子女新款	女装/女士精品	2022/3/8	无数据	199	199	338	13	109	50	124	7	0.14
10	9	600000000000	JM10018	老爹裤女哈	女装/女士精品	2022/3/9	无数据	318	159	78414	2215	107	1000	29406	4	0.004
11	10	662000000000	HEG0157	冬季新款加	女装/女士精品	2022/3/10	无数据	209	209	170	10	104	40	117	1	0.025
12	11	654000000000	CQ9678	新款冬装外	女装/女士精品	2022/3/11	无数据	799	719	5220	157	100	150	1030	6	0.04
13	12	601000000000	JM9933	新款女装冬	女装/女士精品	2022/3/12	无数据	449	399	32808	529	98	300	6768	0	0
14	13	653000000000	WPH057	裤子女秋冬	女装/女士精品	2022/3/13	无数据	159	159	3814	255	98	200	1977	未采集	-
15	14	654000000000	DM0064	秋冬新款冬	女装/女士精品	2022/3/14	无数据	619-799	619-799	1642	170	92	200	1034	未采集	-
16	15	662000000000	HEG0134	秋冬新款上	女装/女士精品	2022/3/15	无数据	199	199	366	8	88	30	102	未采集	-
17	16	599000000000	LU9028	秋冬新款堆	女装/女士精品	2022/3/16	不掉色，削	99	89	47922	3456	85	800	51646	未采集	-
18	17	655000000000	PV9724	秋冬新款女	女装/女士精品	2022/3/17	无数据	359	319	2672	88	83	50	593	未采集	-
19	18	654000000000	FFC0001	冬装外套新	女装/女士精品	2022/3/18	无数据	699	629	2834	70	83	50	400	未采集	-
20	19	573000000000	YK9564	毛衣开衫女	女装/女士精品	2022/3/19	无数据	338	179	425966	2777	81	300	78851	未采集	-

错误标识符清洗

图 2-2-16　批量填充公式

（3）格式内容清洗

由于系统导出渠道或输入习惯的原因，整合而来的原始数据往往不能做到格式统一，内容上也容易出现空格。格式内容清洗步骤如下。

步骤 1　打开“格式内容清洗 .xlsx”文件，选中 C2:C16 单元格，右击鼠标弹出快捷菜单栏，选择“设置单元格格式”选项，如图 2-2-17 所示。

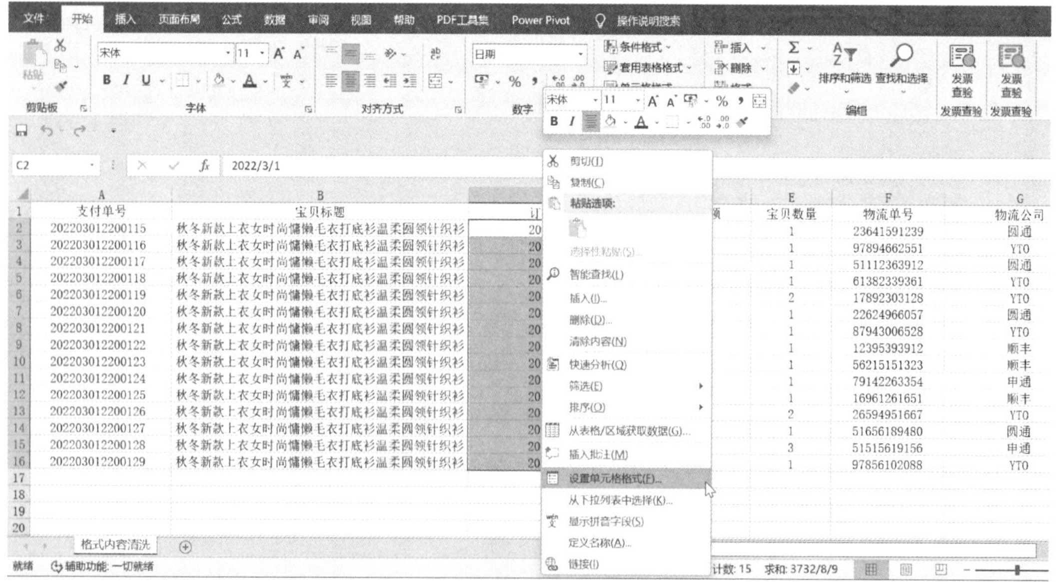

图 2-2-17　选择“设置单元格格式”选项

步骤 2　弹出“设置单元格格式”对话框，选择“分类”栏中“日期”选项，单击

“类型”栏中“2012 年 3 月 14 日”选项，如图 2-2-18 所示，再单击“确定”按钮。

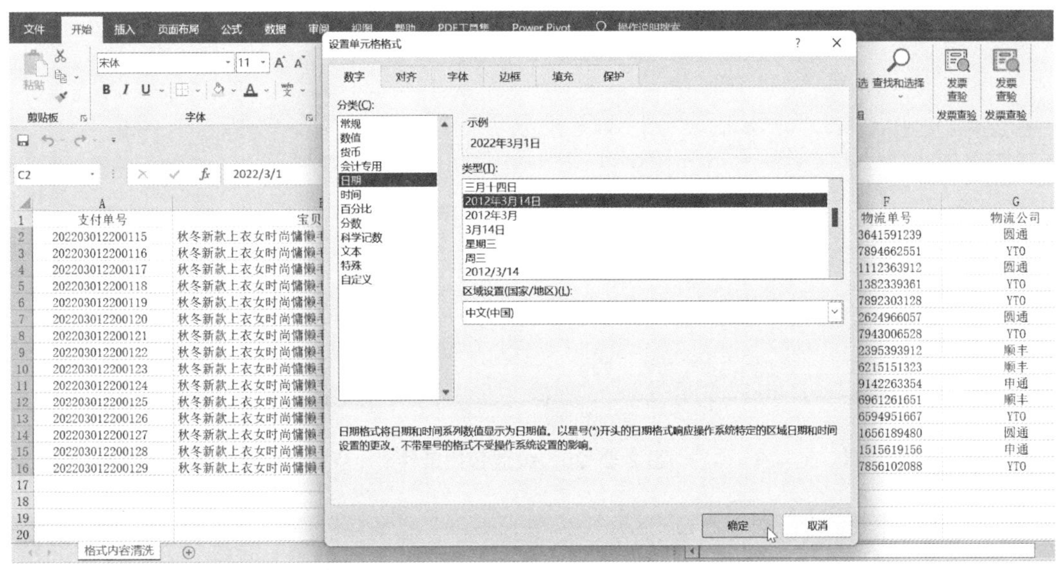

图 2-2-18　设置单元格格式

步骤 3　选中 A1 单元格，单击“开始”中的“查找和选择”按钮，弹出快捷菜单栏，选择“替换”选项，如图 2-2-19 所示。

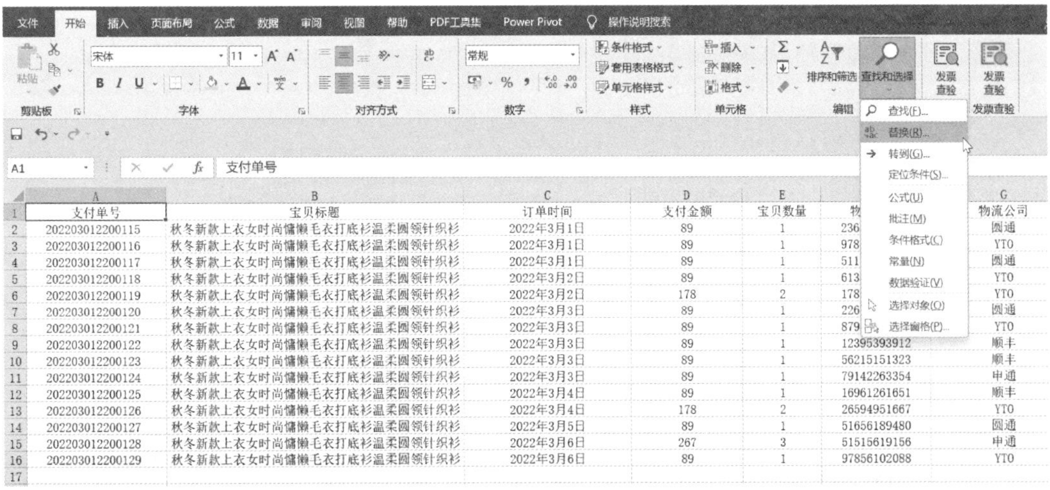

图 2-2-19　选择“替换”选项

步骤 4　弹出“查找和替换”对话框，在“查找内容”中输入“YTO”，“替换为”输入“中通”，单击“全部替换”按钮即可，如图 2-2-20 所示。

格式内容清洗完成的最终效果如图 2-2-21 所示。

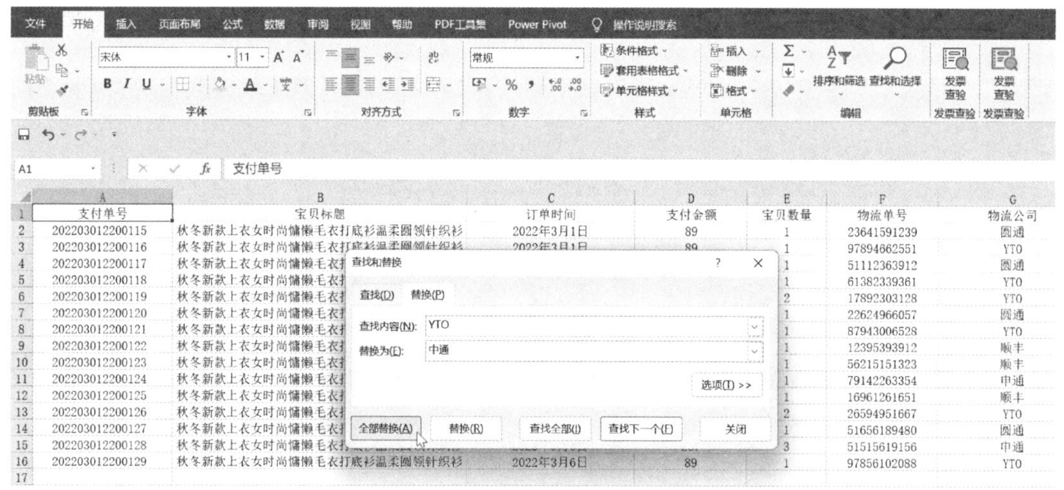

图 2-2-20 设置替换条件

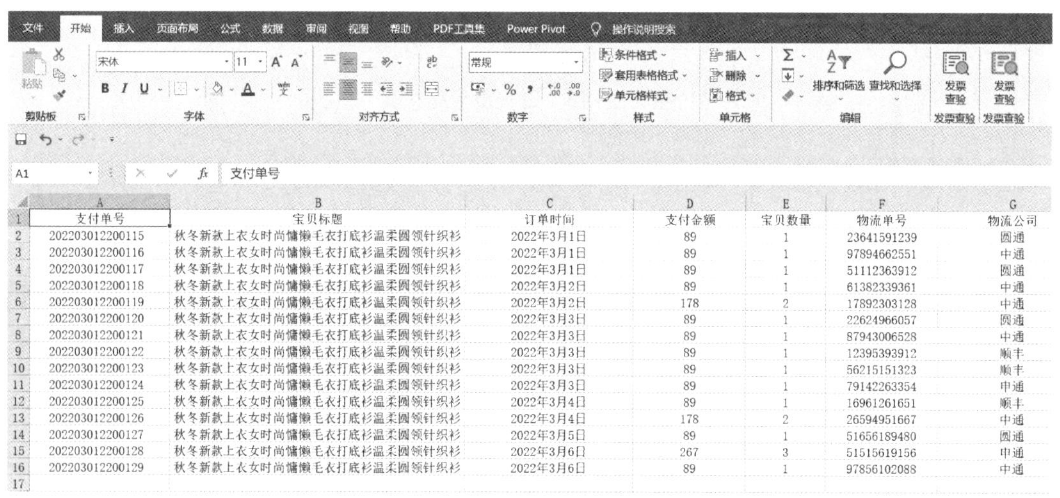

	A	B	C	D	E	F	G
1	支付单号	宝贝标题	订单时间	支付金额	宝贝数量	物流单号	物流公司
2	202203012200115	秋冬新款上衣女时尚慵懒毛衣打底衫温柔圆领针织衫	2022年3月1日	89	1	23641591239	圆通
3	202203012200116	秋冬新款上衣女时尚慵懒毛衣打底衫温柔圆领针织衫	2022年3月1日	89	1	97894662551	中通
4	202203012200117	秋冬新款上衣女时尚慵懒毛衣打底衫温柔圆领针织衫	2022年3月1日	89	1	51112363912	圆通
5	202203012200118	秋冬新款上衣女时尚慵懒毛衣打底衫温柔圆领针织衫	2022年3月2日	89	1	61382339361	中通
6	202203012200119	秋冬新款上衣女时尚慵懒毛衣打底衫温柔圆领针织衫	2022年3月2日	178	2	17892303128	中通
7	202203012200120	秋冬新款上衣女时尚慵懒毛衣打底衫温柔圆领针织衫	2022年3月3日	89	1	22624966057	圆通
8	202203012200121	秋冬新款上衣女时尚慵懒毛衣打底衫温柔圆领针织衫	2022年3月3日	89	1	87943006528	中通
9	202203012200122	秋冬新款上衣女时尚慵懒毛衣打底衫温柔圆领针织衫	2022年3月3日	89	1	12395393912	顺丰
10	202203012200123	秋冬新款上衣女时尚慵懒毛衣打底衫温柔圆领针织衫	2022年3月3日	89	1	56215151323	顺丰
11	202203012200124	秋冬新款上衣女时尚慵懒毛衣打底衫温柔圆领针织衫	2022年3月3日	89	1	79142263354	中通
12	202203012200125	秋冬新款上衣女时尚慵懒毛衣打底衫温柔圆领针织衫	2022年3月4日	89	1	16961261651	顺丰
13	202203012200126	秋冬新款上衣女时尚慵懒毛衣打底衫温柔圆领针织衫	2022年3月4日	178	2	26594951667	中通
14	202203012200127	秋冬新款上衣女时尚慵懒毛衣打底衫温柔圆领针织衫	2022年3月5日	89	1	51656189480	圆通
15	202203012200128	秋冬新款上衣女时尚慵懒毛衣打底衫温柔圆领针织衫	2022年3月6日	267	3	51515619156	中通
16	202203012200129	秋冬新款上衣女时尚慵懒毛衣打底衫温柔圆领针织衫	2022年3月6日	89	1	97856102088	中通

图 2-2-21 格式内容清洗完成的效果

2. 数据的整理

（1）排序

排序是数据整理的重要方法之一。数据经过排序后，商家可以一眼发现哪个数据最大、哪个数据最小，进而发现问题所在。排序操作步骤如下。

步骤 1 打开“排序 .xlsx”文件，选择 B1:F15 单元格，单击“开始”中“排序和筛选”按钮，弹出快捷菜单栏，选择“筛选”选项，如图 2-2-22 所示。

步骤 2 单击 F1 单元格的“筛选”按钮，在弹出的快捷菜单栏中选择“降序”选项，如图 2-2-23 所示。表格中“3 月 31 日”字段下的数据进行降序排序后的结果如图 2-2-24 所示。

	B	C	D	E	F
1	商品销量	3月28日	3月29日	3月30日	3月31日
2	男士工装裤	3125	4193	8419	6478
3	男士宽松休闲裤	4893	3493	5134	3498
4	男士直筒运动裤	6984	7493	4983	5174
5	秋冬季港式长裤	8813	5729	6385	4713
6	百搭潮牌束脚裤	3894	7984	4987	6731
7	设计感小众印花直筒裤	5846	3315	4698	7128
8	大口袋坠感阔腿九分裤	7991	4612	6943	3649
9	灯芯绒休闲裤	6013	5318	5691	6412
10	编织运动抽绳裤	4013	8123	6489	5139
11	拼接条纹直筒裤	3336	3649	4312	3988
12	复古国潮九分裤	7136	6493	4658	5749
13	魔术贴运动卫裤	3009	3846	3989	3489
14	修身牛仔裤	5189	5316	3999	4593
15	简约原创九分裤	6379	5987	6595	4379

图 2-2-22　选择“筛选”选项

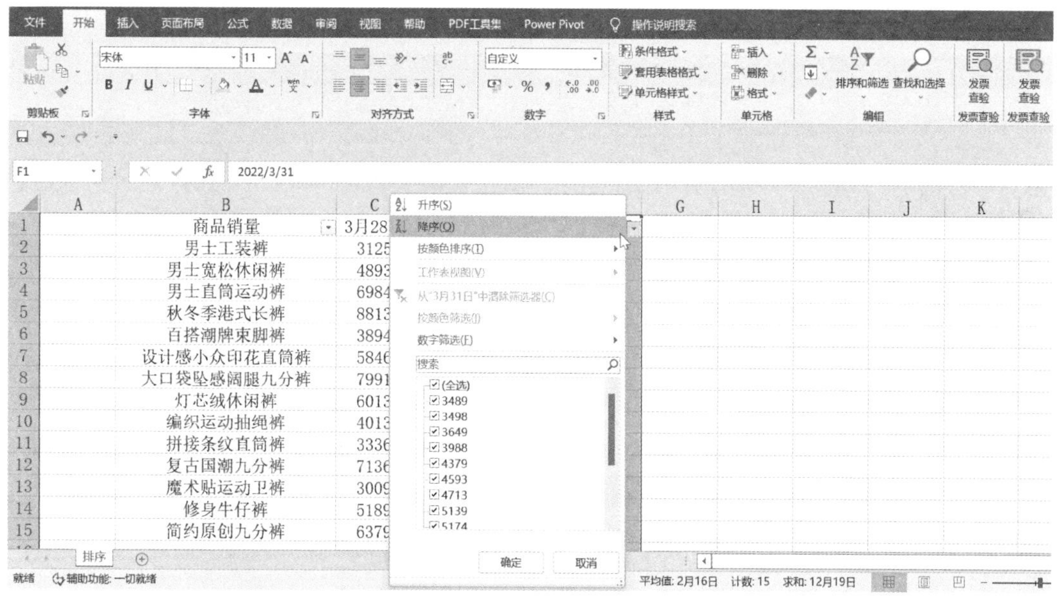

图 2-2-23　设置“降序”

（2）分组

如商家获取的数据量比较大，如包含多个月份的数据或多种流量和转化率的数据等。这时需要将这些毫无规律的数据进行分组整理，使后续的数据分析工作更加顺畅、轻松。这里介绍利用数据透视表对数据进行分组管理的方法，操作步骤如下。

步骤 1　打开“分组 .xlsx”文件，选择 A1:I16 单元格，单击“插入”中“数据透视表”按钮，选择“表格和区域”选项，弹出“来自表格或区域的数据透视表”对话框，单击“确定”按钮，如图 2-2-25 所示。

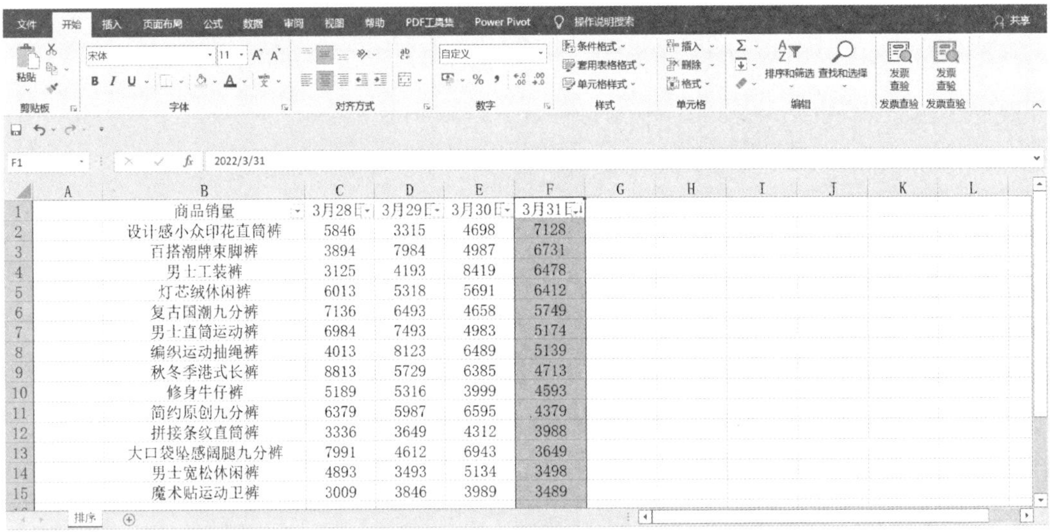

2022/3/31
商品销量 | 3月28日 | 3月29日 | 3月30日 | 3月31日
设计感小众印花直筒裤 | 5846 | 3315 | 4698 | 7128
百搭潮牌束脚裤 | 3894 | 7984 | 4987 | 6731
男士工装裤 | 3125 | 4193 | 8419 | 6478
灯芯绒休闲裤 | 6013 | 5318 | 5691 | 6412
复古国潮九分裤 | 7136 | 6493 | 4658 | 5749
男士直筒运动裤 | 6984 | 7493 | 4983 | 5174
编织运动抽绳裤 | 4013 | 8123 | 6489 | 5139
秋冬季港式长裤 | 8813 | 5729 | 6385 | 4713
修身牛仔裤 | 5189 | 5316 | 3999 | 4593
简约原创九分裤 | 6379 | 5987 | 6595 | 4379
拼接条纹直筒裤 | 3336 | 3649 | 4312 | 3988
大口袋坠感阔腿九分裤 | 7991 | 4612 | 6943 | 3649
男士宽松休闲裤 | 4893 | 3493 | 5134 | 3498
魔术贴运动卫裤 | 3009 | 3846 | 3989 | 3489
排序

图 2-2-24　降序排序后的结果

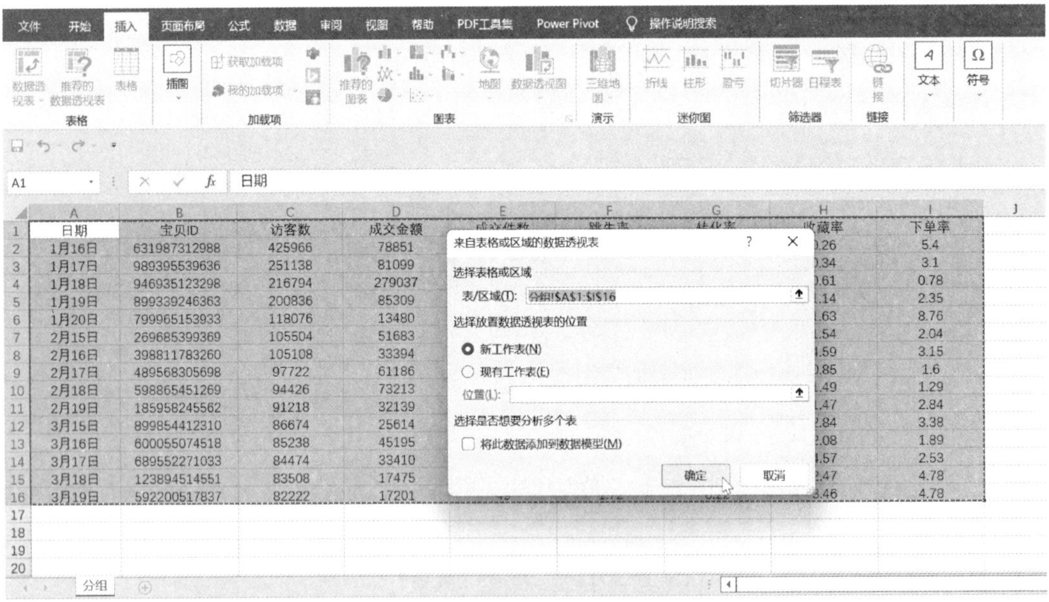

日期 | 宝贝ID | 访客数 | 成交金额
1月16日 | 631987312988 | 425966 | 78851
1月17日 | 989395539636 | 251138 | 81099
1月18日 | 946935123298 | 216794 | 279037
1月19日 | 899339246363 | 200836 | 85309
1月20日 | 799965153933 | 118076 | 13480
2月15日 | 269685399369 | 105504 | 51683
2月16日 | 398811783260 | 105108 | 33394
2月17日 | 489568305698 | 97722 | 61186
2月18日 | 598865451269 | 94426 | 73213
2月19日 | 185958245562 | 91218 | 32139
3月15日 | 899854412310 | 86674 | 25614
3月16日 | 600055074518 | 85238 | 45195
3月17日 | 689552271033 | 84474 | 33410
3月18日 | 123894514551 | 83508 | 17475
3月19日 | 592200517837 | 82222 | 17201
来自表格或区域的数据透视表
选择表格或区域
表/区域(T): 分组!$A$1:$I$16
选择放置数据透视表的位置
新工作表(N)
现有工作表(E)
位置(L):
选择是否想要分析多个表
将此数据添加到数据模型(M)
确定
取消
分组

图 2-2-25　弹出“来自表格或区域的数据透视表”对话框

步骤 2　在“数据透视表字段”对话框中，设置“行”为“日期”，“值”为“成交金额”“成交件数”“跳失率”“转化率”“收藏率”“下单率”，如图 2-2-26 所示。

步骤 3　选中 A4 单元格，单击“数据透视表分析”中“分组选择”按钮，弹出“组合”对话框，单击“确定”按钮，如图 2-2-27 所示，即可完成表格分组设置，结果如图 2-2-28 所示。

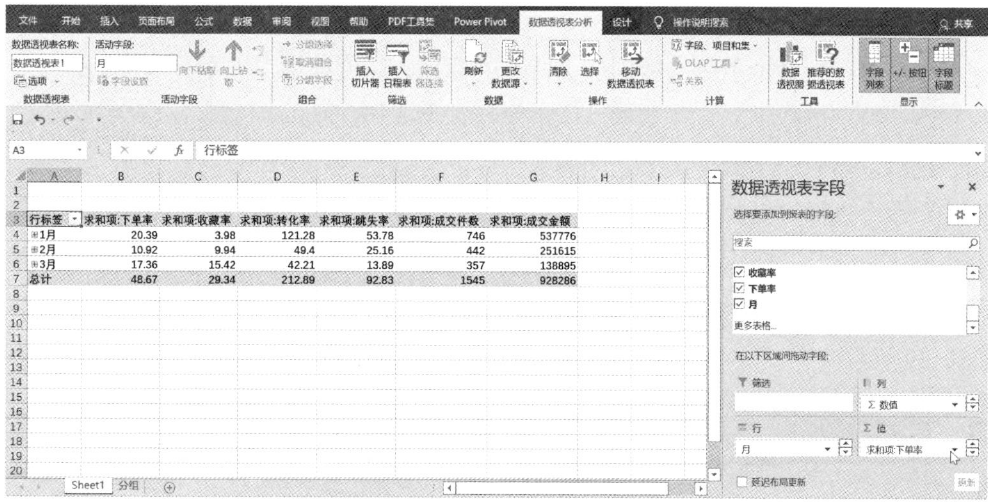

图 2-2-26 设置数据透视表

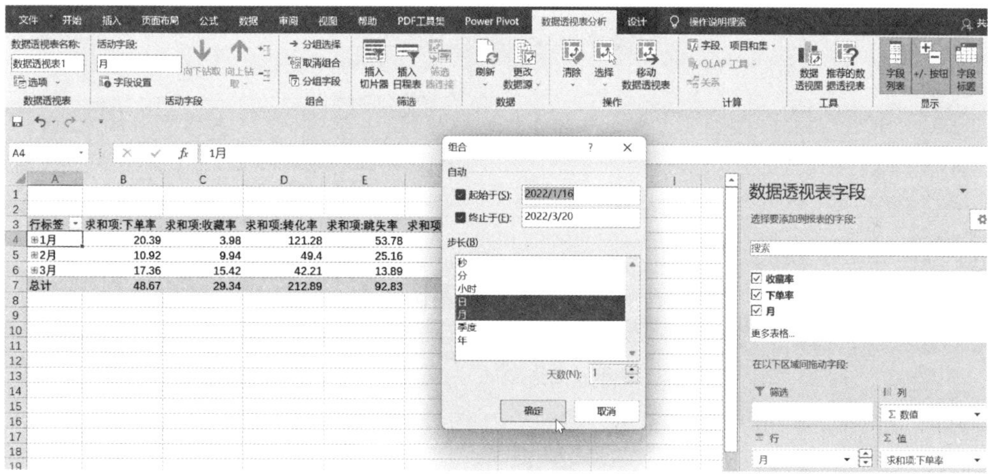

图 2-2-27 设置组合

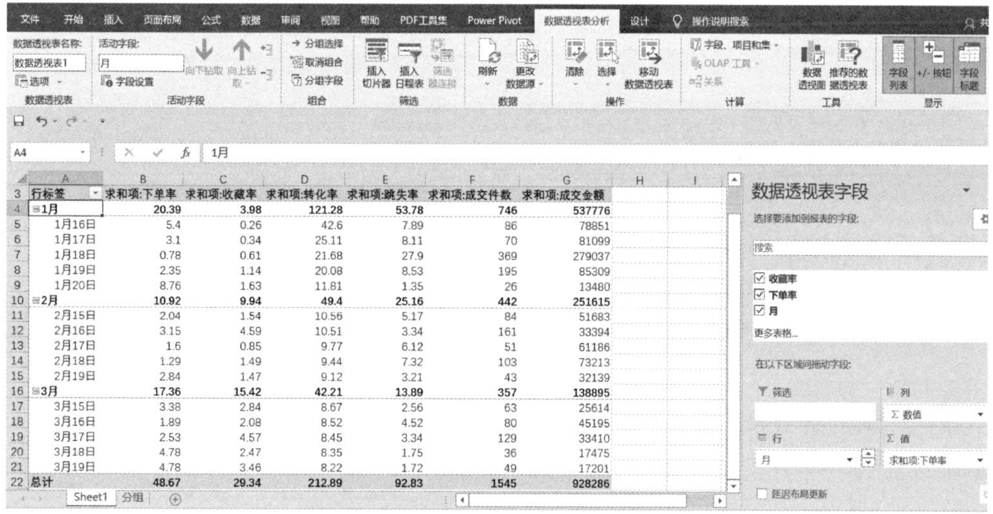

图 2-2-28 完成表格分组

（3）标识

标识是对符合某个条件的数据加上特殊的标记，以便能快速找到这些特别的数据。这些数据可以是值特别大或特别小的数据，也可以是介于某两个数值之间的数据等。可以使用“条件格式”命令进行操作。

步骤 1　打开“标识 .xlsx”文件，选择 B1:G5 单元格，单击“开始”中“条件格式”按钮，弹出快捷菜单栏，选择“突出显示单元格规则”中“小于（L）”选项，如图 2-2-29 所示。

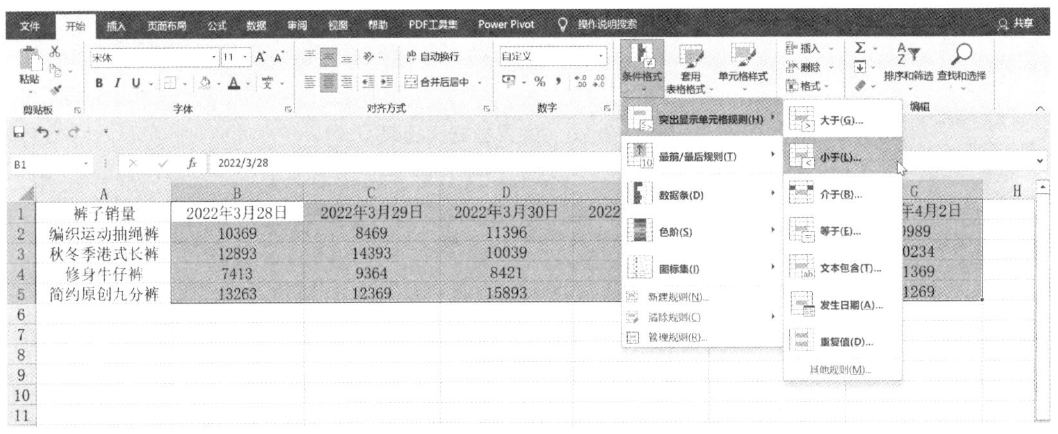

图 2-2-29　设置条件格式

步骤 2　弹出“小于”对话框，设置“为小于以下值的单元格设置格式”为“10000”，如图 2-2-30 所示，单击“确定”按钮。

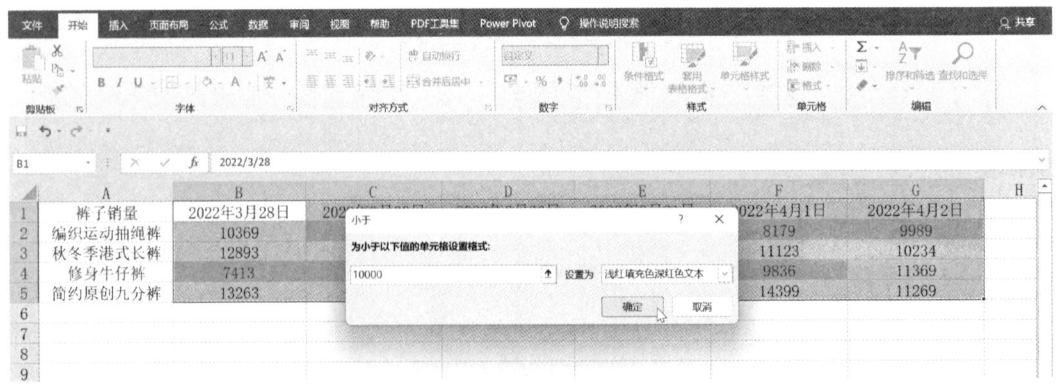

图 2-2-30　设置小于

数据标识的结果如图 2-2-31 所示。商家可以迅速发现小于 10 000 销量的是编织运动抽绳裤和修身牛仔裤。如果需要对数据进行大于、等于之类的标识，操作方法是一样的。

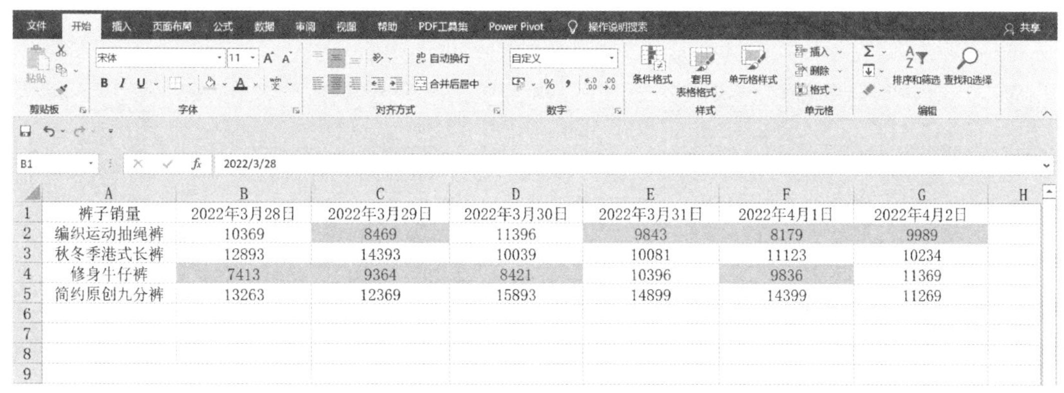

裤子销量	2022年3月28日	2022年3月29日	2022年3月30日	2022年3月31日	2022年4月1日	2022年4月2日
编织运动抽绳裤	10369	8469	11396	9843	8179	9989
秋冬季港式长裤	12893	14393	10039	10081	11123	10234
修身牛仔裤	7413	9364	8421	10396	9836	11369
简约原创九分裤	13263	12369	15893	14899	14399	11269

图 2-2-31 数据标识的结果

二、电商数据分析结果可视化处理

在进行可视化展现时，针对不同分析法可以用不同的图表类型展示分析结果。

1. 对比分析

在数据分析时经常使用对比分析来做到知己知彼。

（1）预警分析

用 KPI 分析、预警色填充单元格以及设定图表集等方式展示关键指标的健康程度。操作步骤如下。

步骤 1 打开“预警分析 .xlsx”文件，选中 D3 单元格，输入公式“=SUM(C3:C9/117)”，将鼠标放在 D3 单元格的右下角。当鼠标变成“+”形状时双击，下面的单元格就会快速填充公式，如图 2-2-32 所示。

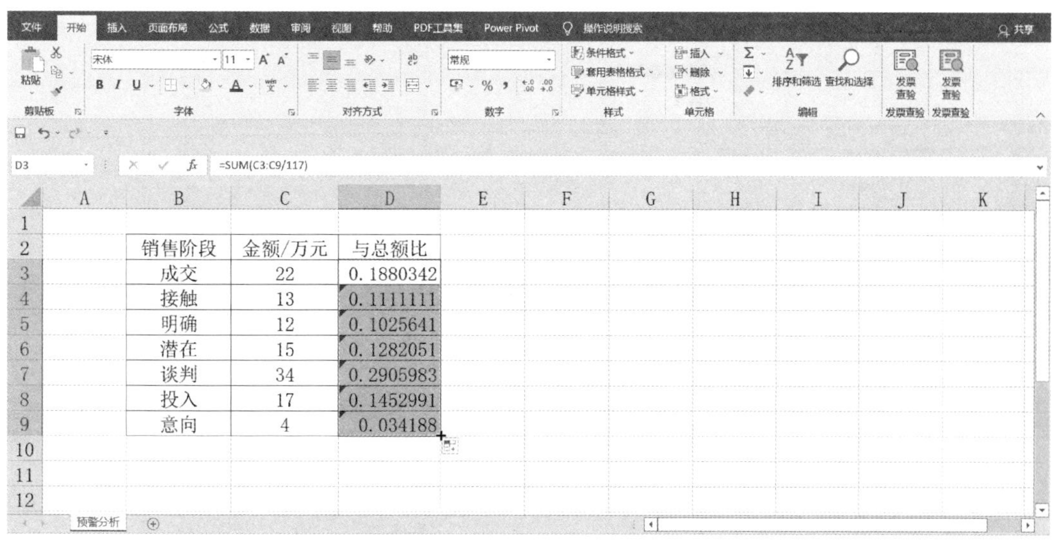

销售阶段	金额/万元	与总额比
成交	22	0.1880342
接触	13	0.1111111
明确	12	0.1025641
潜在	15	0.1282051
谈判	34	0.2905983
投入	17	0.1452991
意向	4	0.034188

图 2-2-32 输入公式并快速填充公式

步骤 2 选中 D3:D9 单元格，单击鼠标右键，在弹出的快捷菜单栏中，选中“设置单元格格式”选项，如图 2-2-33 所示。

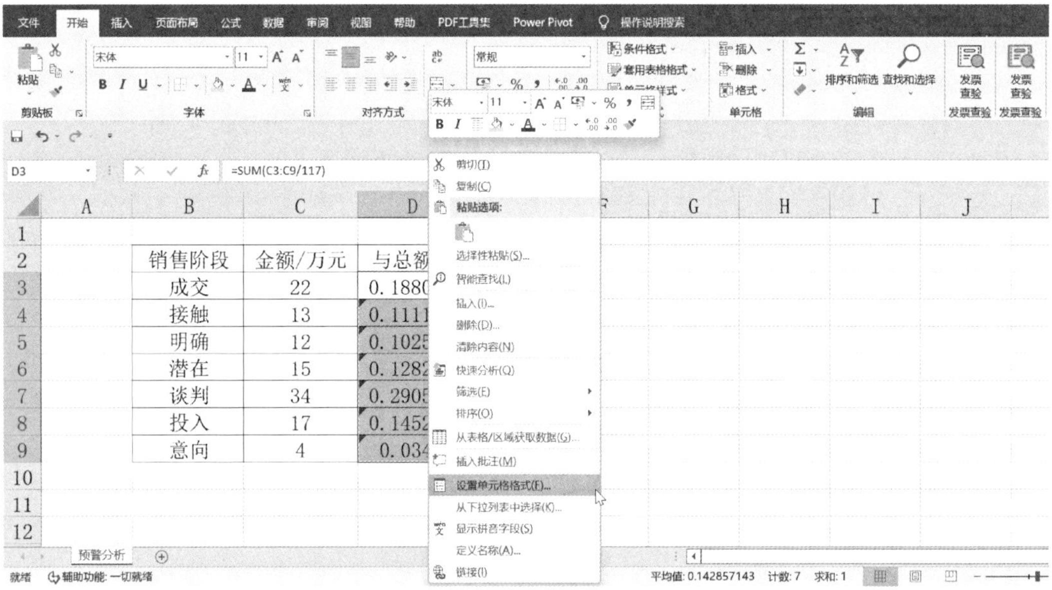

图 2-2-33　选中“设置单元格格式”选项

步骤 3　弹出“设置单元格格式”对话框，选中“分类”栏中“百分比”选项，并在右侧对话框中设置“小数位数”为“2”，如图 2-2-34 所示，单击“确定”按钮即可。

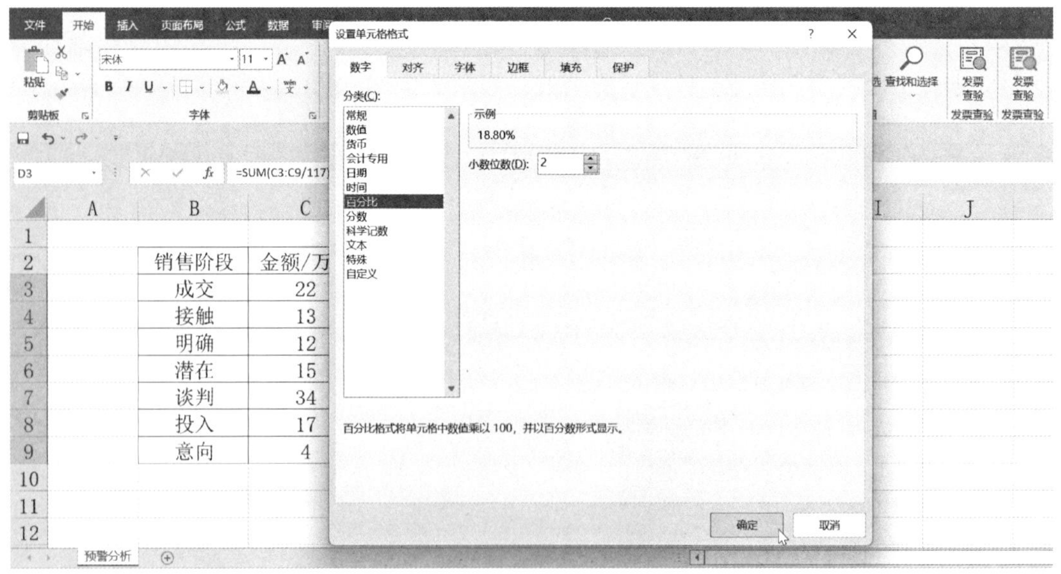

图 2-2-34　设置单元格格式

步骤 4　选中 C3:C9 单元格，单击“开始”中“条件格式”按钮，在弹出的快捷菜单栏中，选择“新建规则”选项，如图 2-2-35 所示。

步骤 5　弹出“新建格式规则”对话框，设置“基于各自值设置所有单元格的格式”

参数，如图 2-2-36 所示，单击“确定”按钮。

销售阶段	金额/万元	与总额比
成交	22	18.80%
接触	13	11.11%
明确	12	10.26%
潜在	15	12.82%
谈判	34	29.06%
投入	17	14.53%
意向	4	3.42%

图 2-2-35 设置条件格式

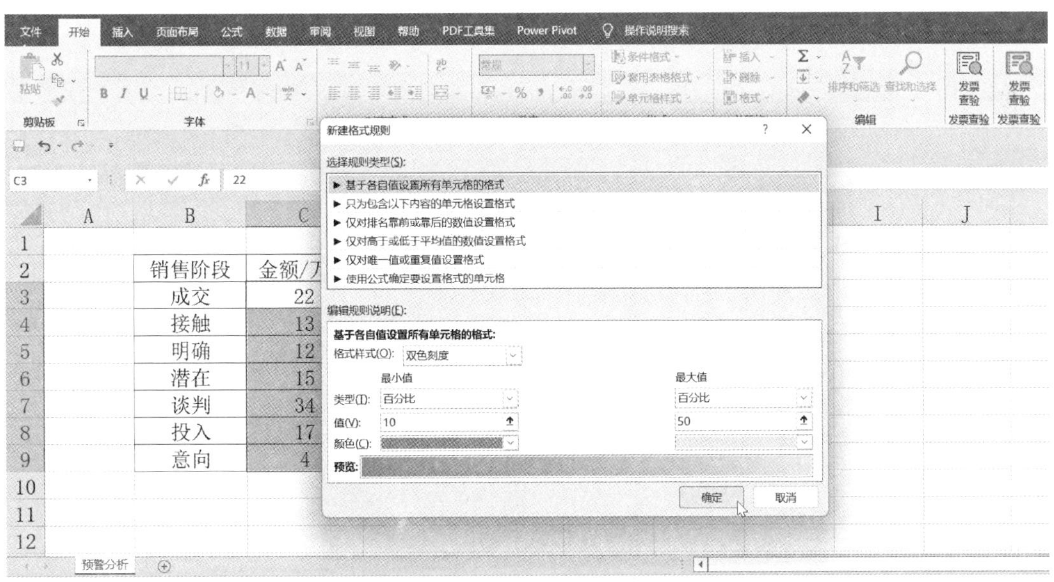

图 2-2-36 设置格式参数

步骤 6 选中 D3:D9 单元格，单击“开始”中“条件格式”按钮，在弹出的快捷菜单栏中，选择“图标集”中“三色交通灯（无边框）”选项即可完成，如图 2-2-37 所示。

（2）进度分析

常用仪表盘、温度图、图标图、游标图、方块图等展现目标值达成情况。下面介绍仪表盘制图方法。

仪表盘制图方法

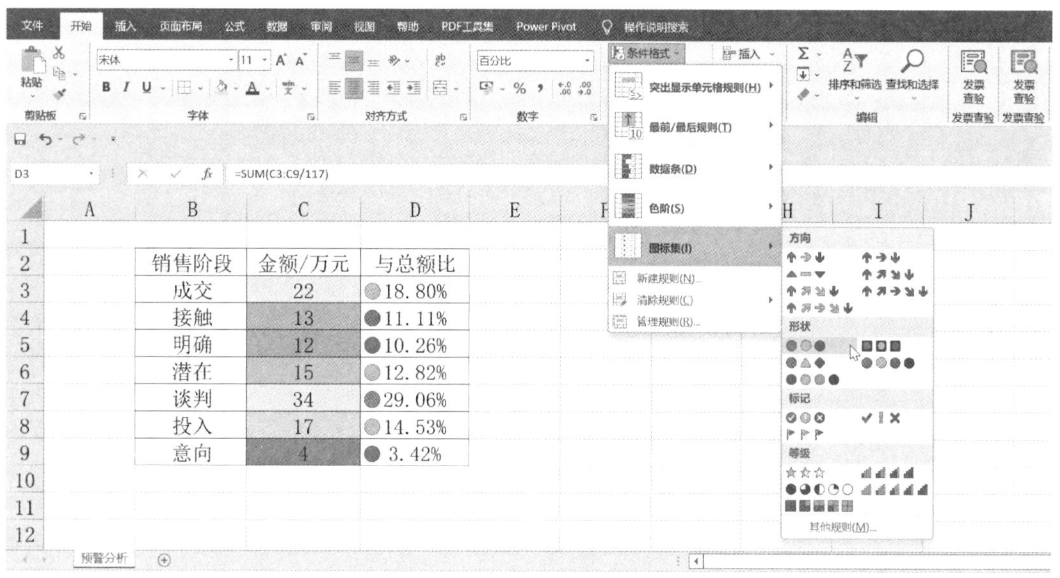

图 2-2-37 设置图标集

步骤 1 打开“进度分析 .xlsx”文件，选中 B3:B14 单元格，单击“插入”中“插入饼图或圆环图”按钮，在弹出的快捷菜单栏中选择“圆环图”选项，如图 2-2-38 所示。

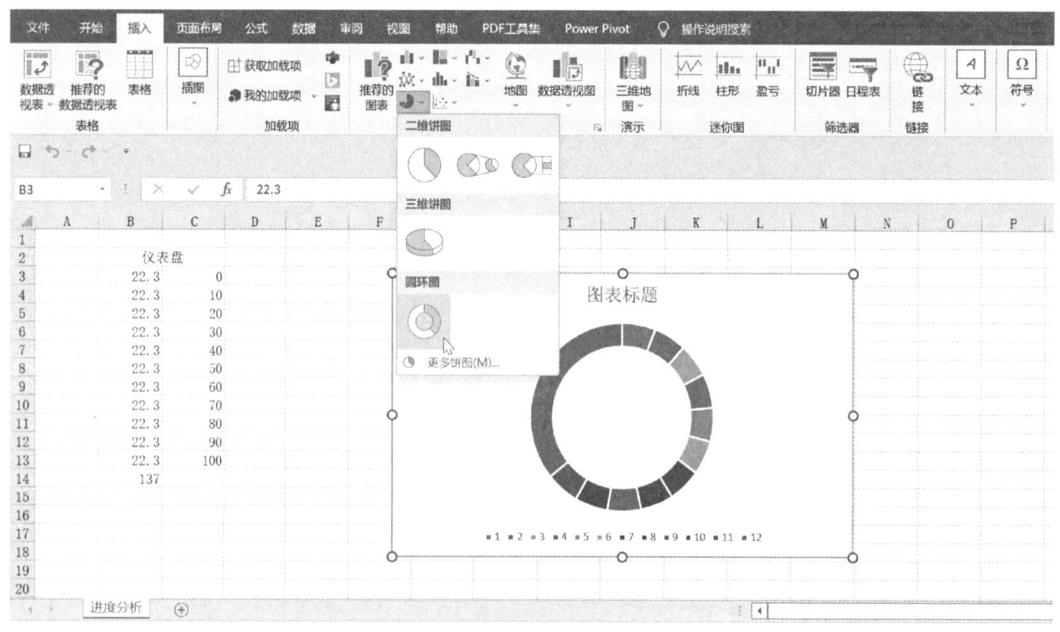

图 2-2-38 设置圆环图

步骤 2 双击圆环图弹出“设置数据系列格式”对话框，单击“系列选项”按钮，设置“第一扇区起始角度”为“245°”，如图 2-2-39 所示。

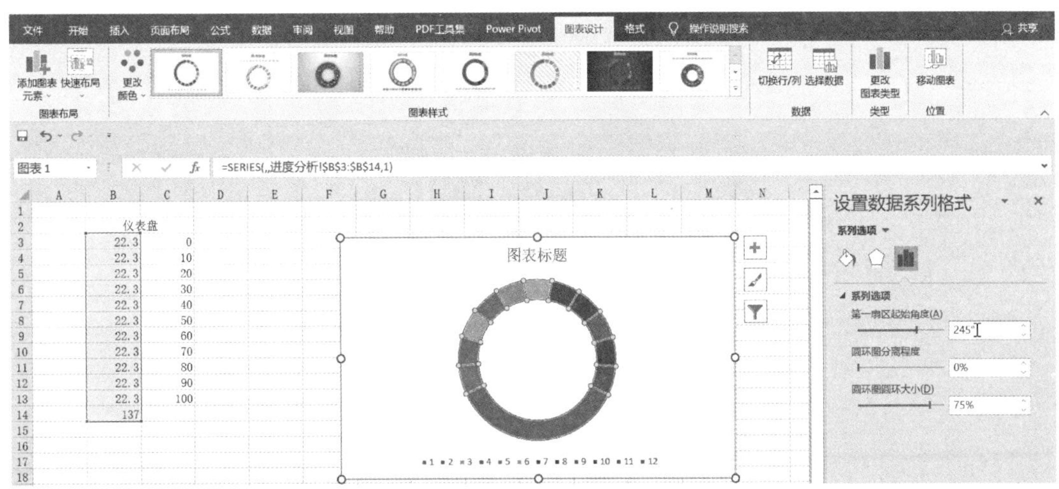

图 2-2-39　设置数据系列格式

步骤 3　单击图表按“Ctrl+C”键复制，再按“Ctrl+V”键粘贴两个图表，如图 2-2-40 所示。

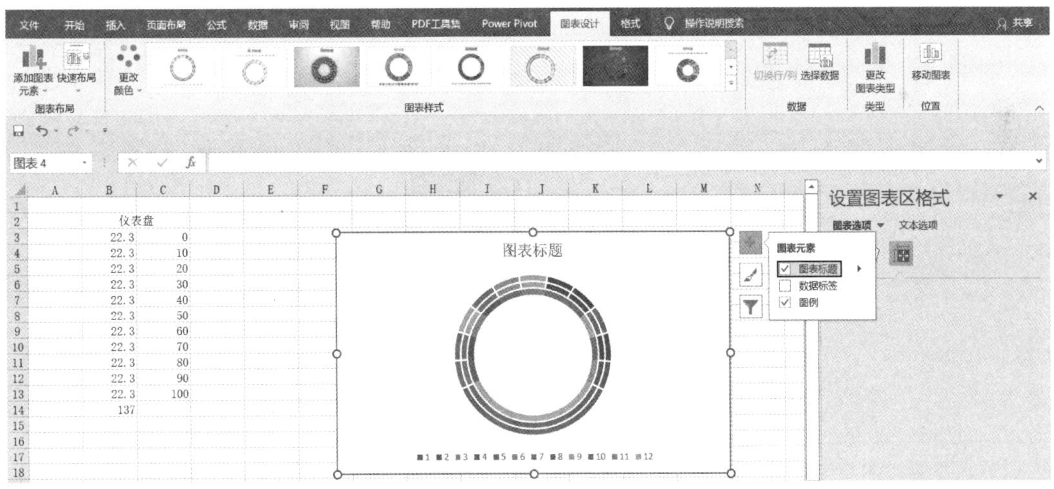

图 2-2-40　复制、粘贴图表

步骤 4　双击最里面的圆环图，弹出“设置数据系列格式”对话框。单击“填充与线条”按钮，选择“填充”栏中“无填充”选项，在“边框”栏中选择“无线条”选项，如图 2-2-41 所示。

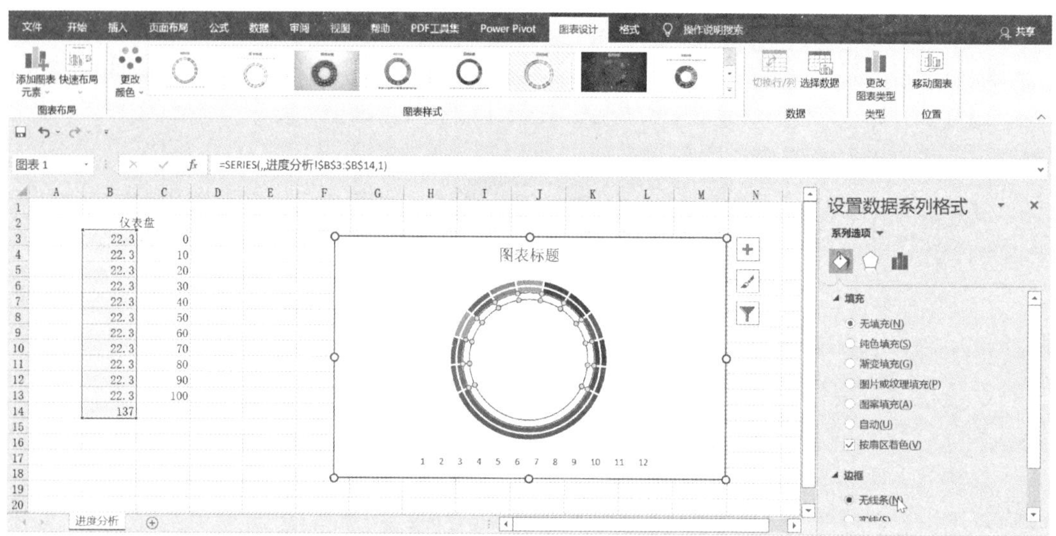

图 2-2-41　设置最里面的圆环图

步骤 5　按照步骤 4 的方法，将其余圆环图隐藏，如图 2-2-42 所示。

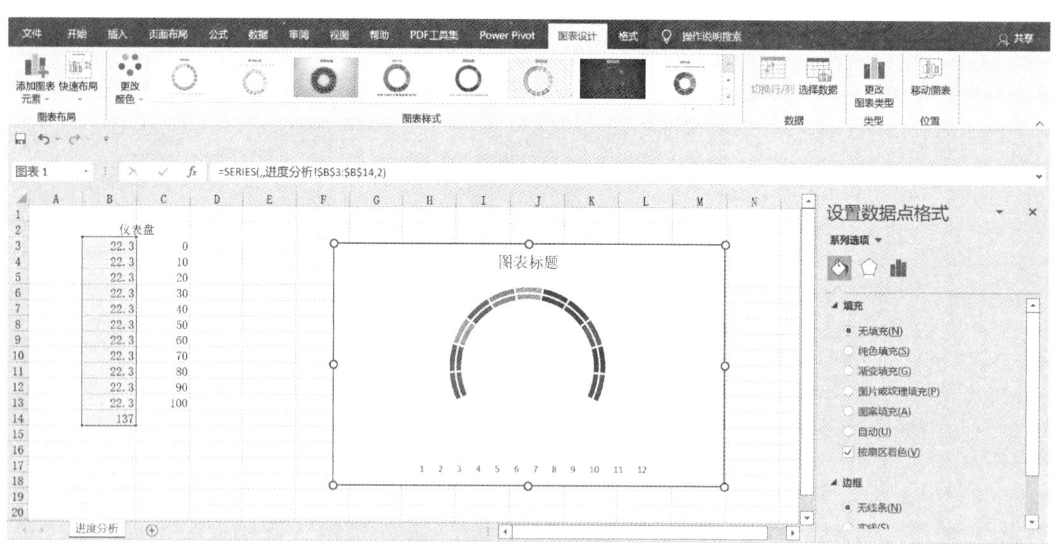

图 2-2-42　隐藏圆环图

步骤 6　删除图表中的“图表标题”与“图例”，把第一个圆环图“颜色”填充为“灰色”，如图 2-2-43 所示。

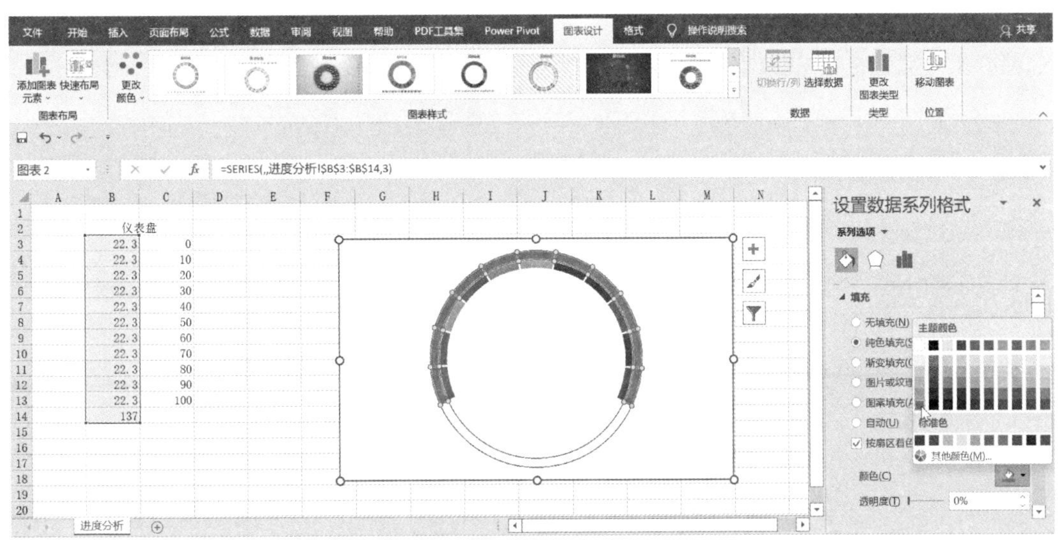

图 2-2-43　设置第一个圆环图颜色

步骤 7　按照步骤 6 的方法，根据图 2-2-44 所示将其余圆环颜色改变，单击图表，选择“填充”为“无填充”选项，如图 2-2-44 所示。

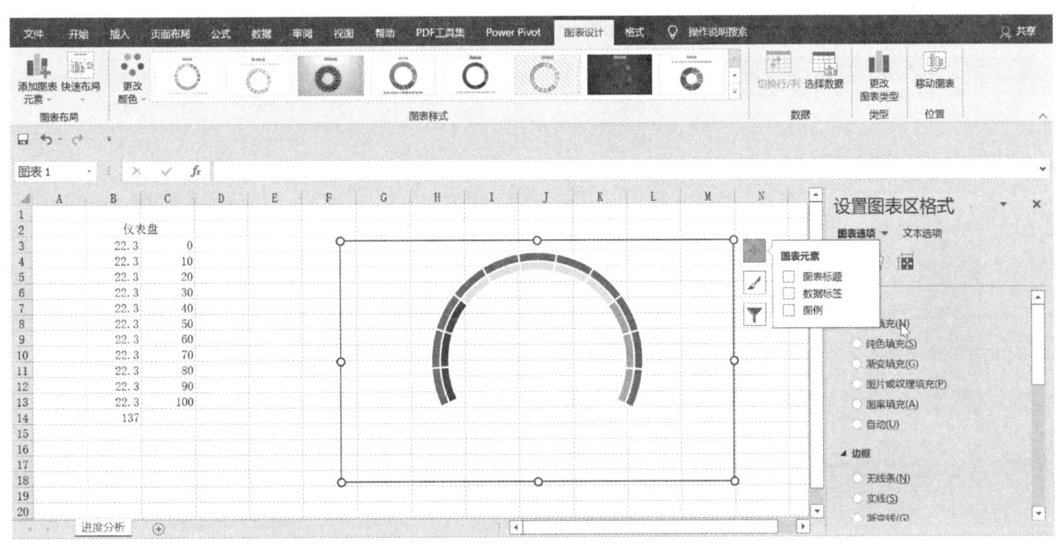

图 2-2-44　设置其余圆环颜色

步骤 8　单击“图表设计”中“选择数据”按钮，弹出“选择数据源”对话框，单击右侧“编辑”按钮，如图 2-2-45 所示。

图 2-2-45 弹出“选择数据源”对话框

步骤 9 弹出“轴标签”对话框，设置“轴标签区域”为 C3:C13，单击“确定”按钮即可返回，如图 2-2-46 所示。

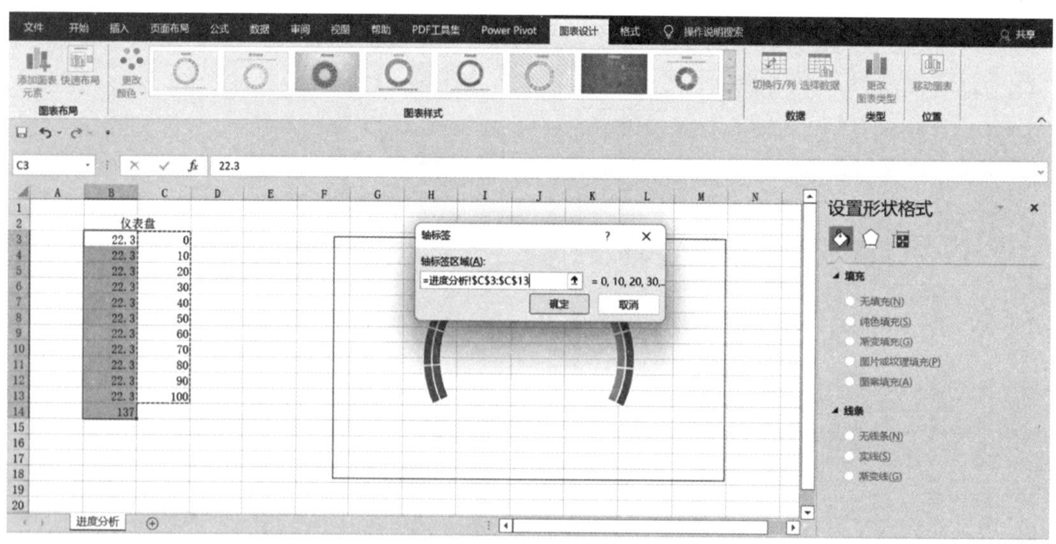

图 2-2-46 设置数据源

步骤 10 单击“图表设计”中“快速布局”按钮，弹出快捷菜单栏，选择“布局 5”选项，如图 2-2-47 所示。

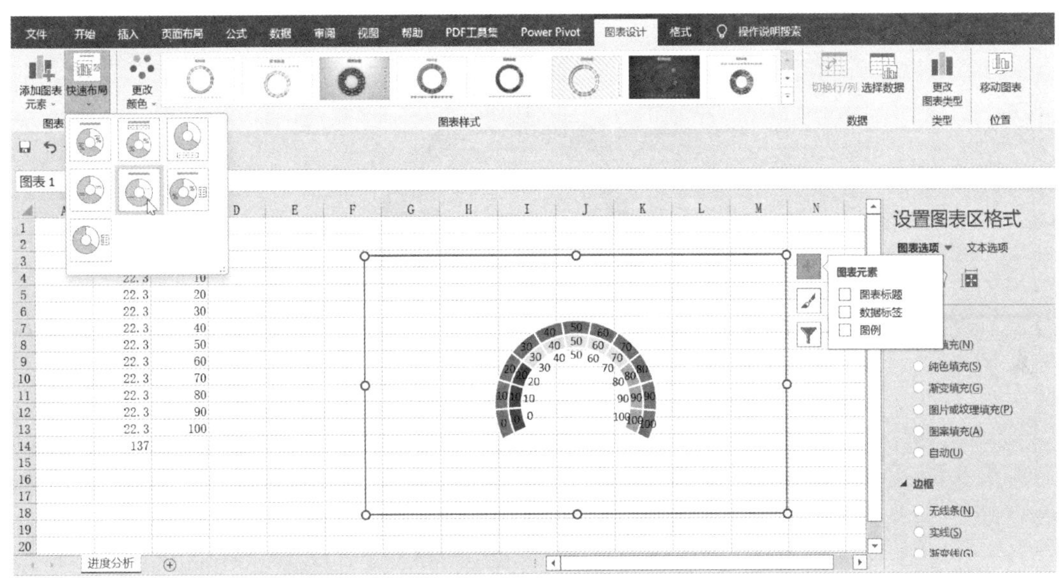

图 2-2-47 设置快速布局

步骤 11 把其余数据删除，调整数据的位置与大小，如图 2-2-48 所示。

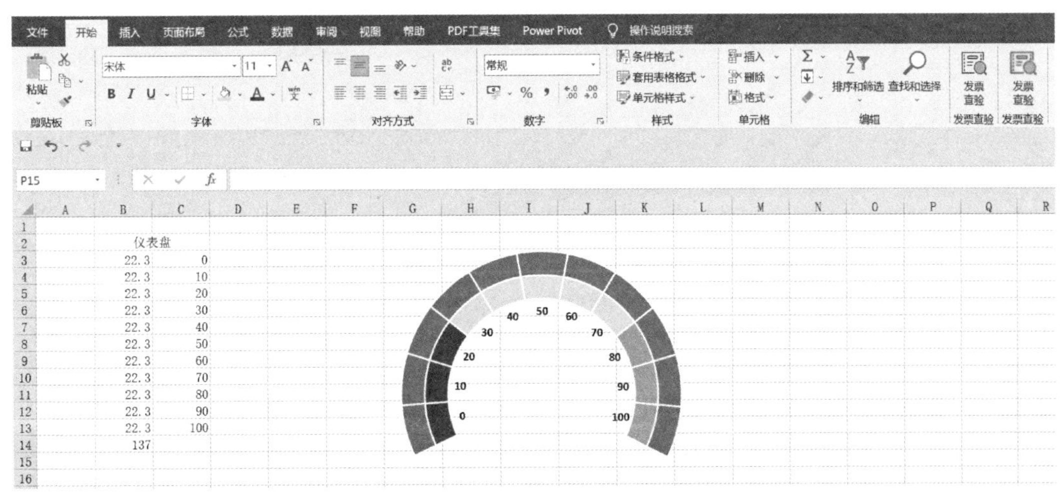

图 2-2-48 调整仪表盘

步骤 12 单击“插入”中“插图”按钮，弹出快捷菜单栏，选择“形状”中“直线箭头”选项，如图 2-2-49 所示。

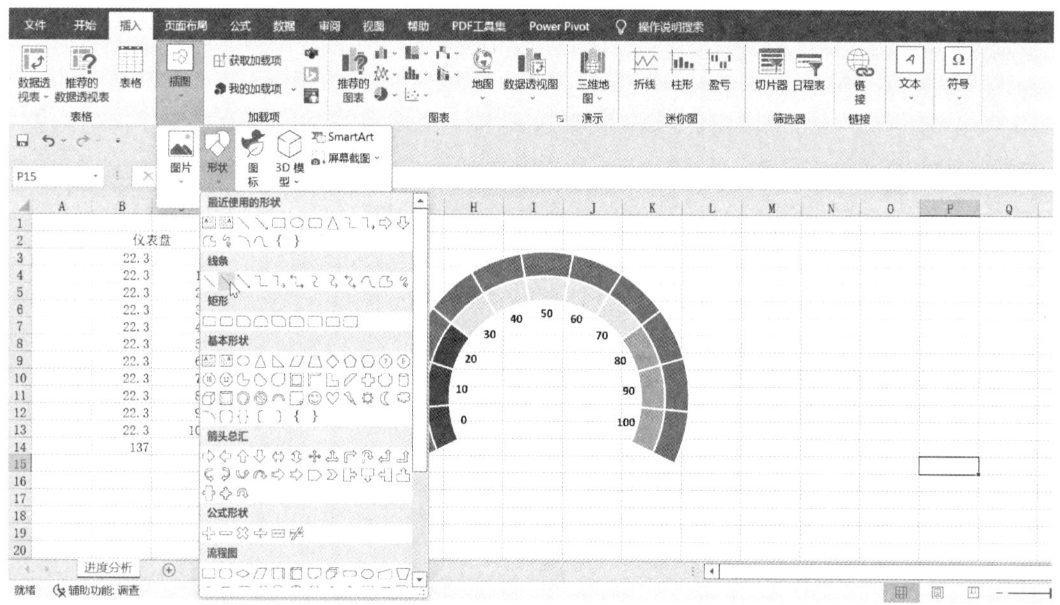

图 2-2-49　选择“直线箭头”选项

步骤 13　绘制“直线箭头”，设置“形状样式”为“中等线-强调颜色 2”，如图 2-2-50 所示。

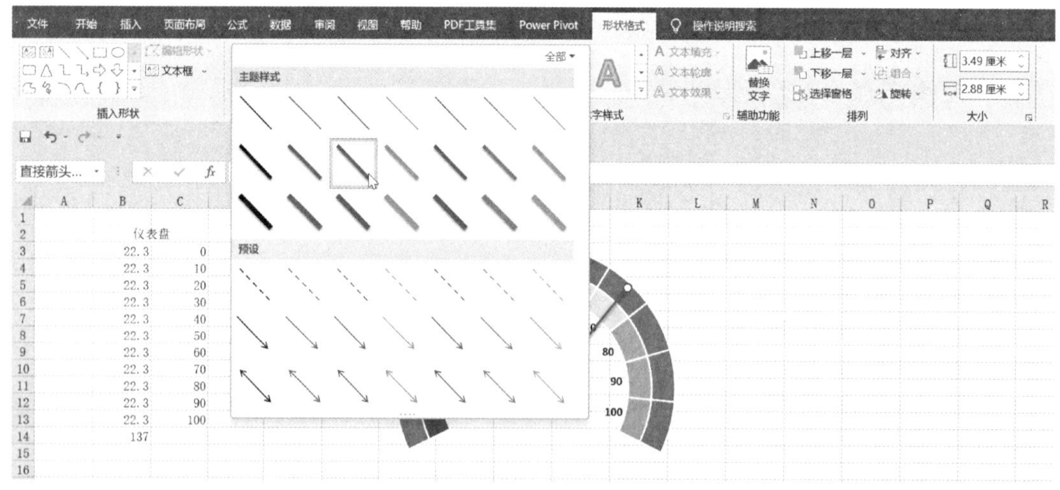

图 2-2-50　设置箭头

仪表盘最终效果展示如图 2-2-51 所示。

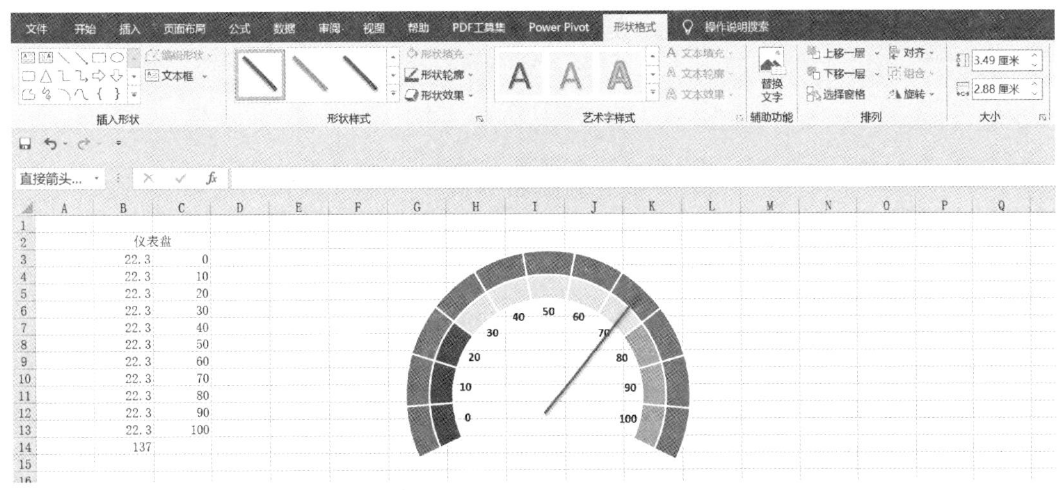

图 2-2-51　仪表盘最终效果展示

（3）差异分析

差异分析

要体现两个样本之间的差异程度，可采用雷达图。雷达图是差异分析方法的有效展现手段。操作步骤如下。

步骤 1　打开“差异分析 .xlsx”文件，选中 A1:C7 单元格，单击“插入”中“插入瀑布图、漏斗图、股价图、曲面图或雷达图”按钮，弹出快捷菜单栏，选择“雷达图”选项，如图 2-2-52 所示。

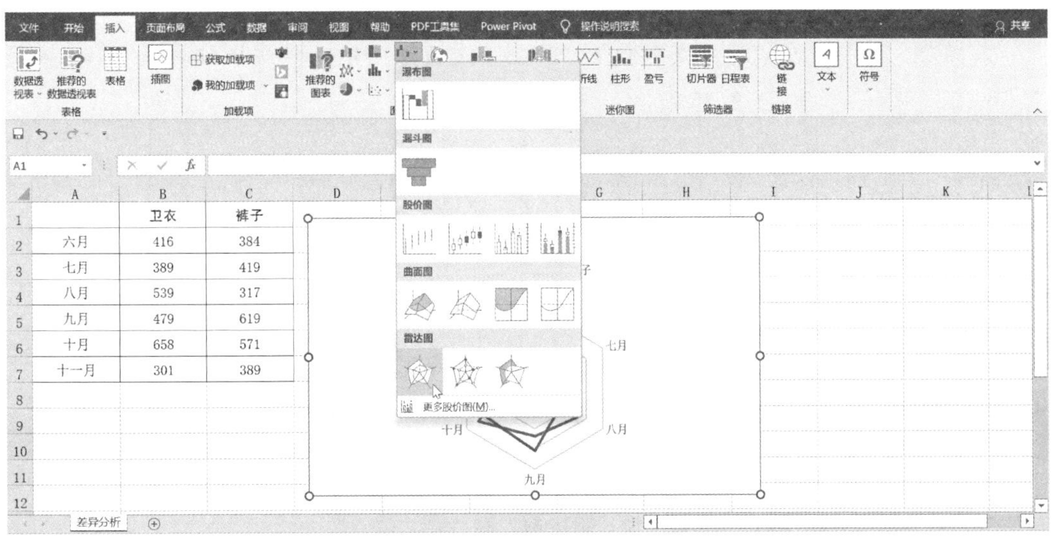

图 2-2-52　选择“雷达图”选项

步骤 2　单击“图表元素”按钮，将“图表标题”取消勾选，“图例”方向为“右”，删除“主要纵坐标轴”，如图 2-2-53 所示。

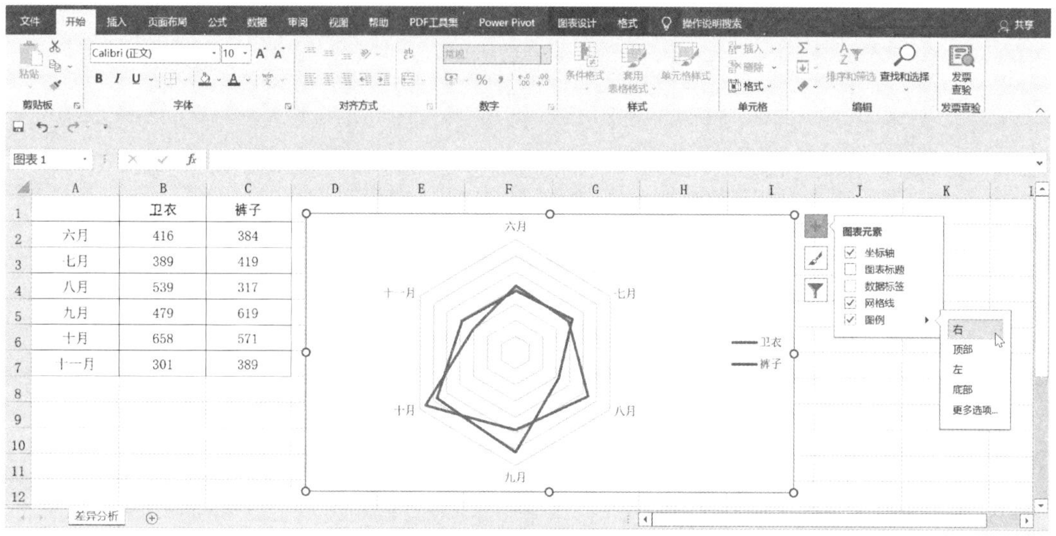

图 2-2-53　调整图表元素

（4）纵向对比（时间序列）

对比同一指标在不同时间点的情况，多用折线图和柱形图展现。操作步骤如下。

步骤 1　打开“纵向对比（时间序列）.xlsx”文件，选中 A1:C9 单元格，单击“插入”中“插入组合图”按钮，弹出快捷菜单栏，选择“簇状柱形图 - 折线图”选项，如图 2-2-54 所示。

步骤 2　删除图表标题，双击折线，弹出“设置数据系列格式”对话框，单击“填充与线条”按钮，如图 2-2-55 所示。

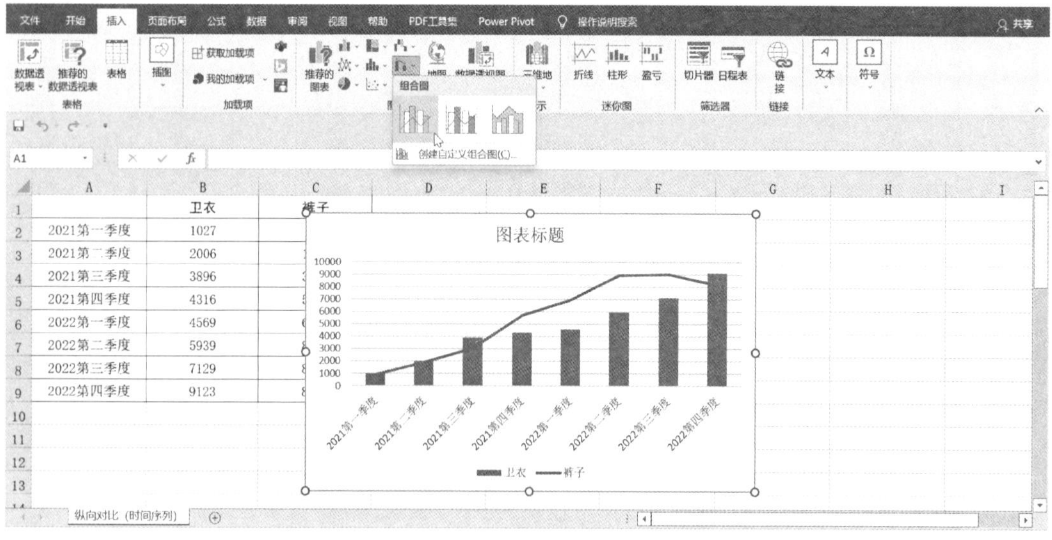

图 2-2-54　选择“簇状柱形图 - 折线图”选项

图 2-2-55　设置数据格式

步骤 3　单击“标记”按钮，勾选“标记选项”栏中“内置”单选框，更改“类型”为圆形，并调整图表大小，即可完成纵向对比（时间序列）图，如图 2-2-56 所示。

图 2-2-56　设置标记格式

（5）横向对比

反映在同一时间部分与总体、部分与部分或对象与对象之间的对比情况，可用条形图、饼图、环形图、分段折线图等进行展现。操作步骤如下。

步骤 1　打开“横向对比 .xlsx”文件，选中 A1:C10 单元格，单击“插入”中“插入柱形图或条形图”按钮，弹出快捷菜单栏，选择“堆积条形图”选项，如图 2-2-57 所示。

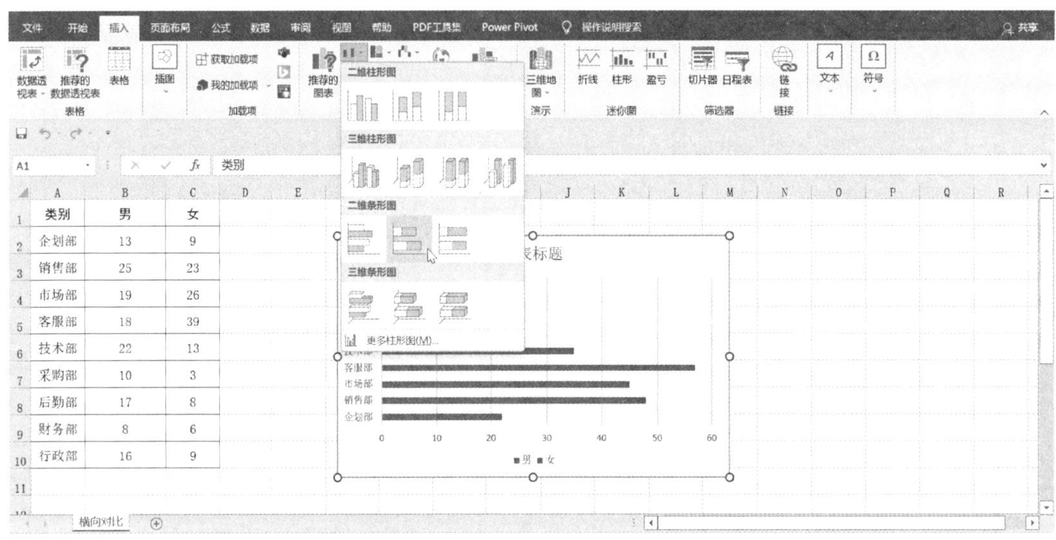

图 2-2-57　选择“堆积条形图”选项

步骤 2　双击图表，弹出“设置图表区格式”对话框，选择“图表选项”中的“垂直（类别）轴”选项，如图 2-2-58 所示。

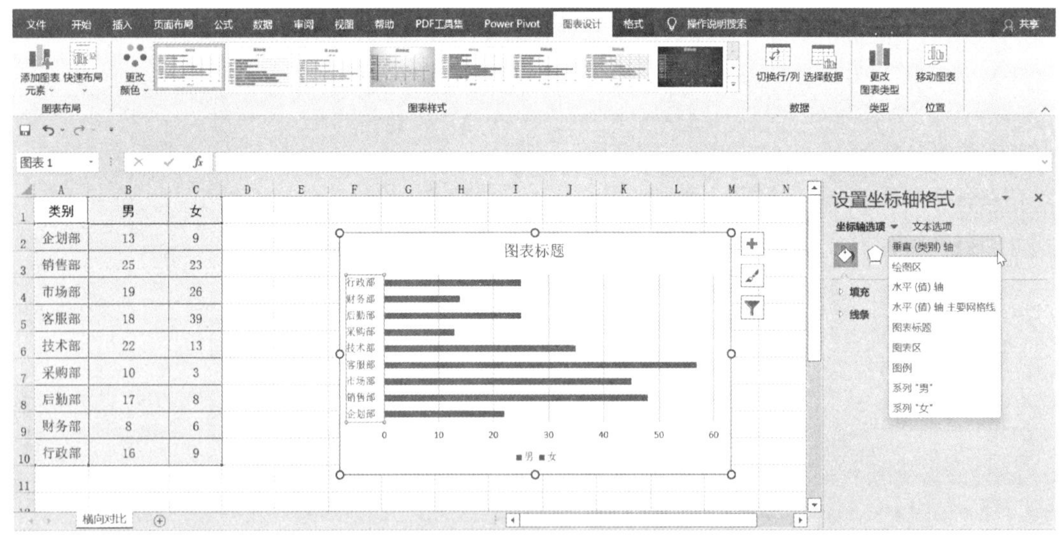

图 2-2-58　选择“垂直（类别）轴”选项

步骤 3　单击“坐标轴选项”按钮，勾选“坐标轴选项”栏中“逆序类别”复选框，删除图表标题与主要横坐标，如图 2-2-59 所示。

步骤 4　调整图表的大小、填充和边框，即可完成横向对比图，如图 2-2-60 所示。

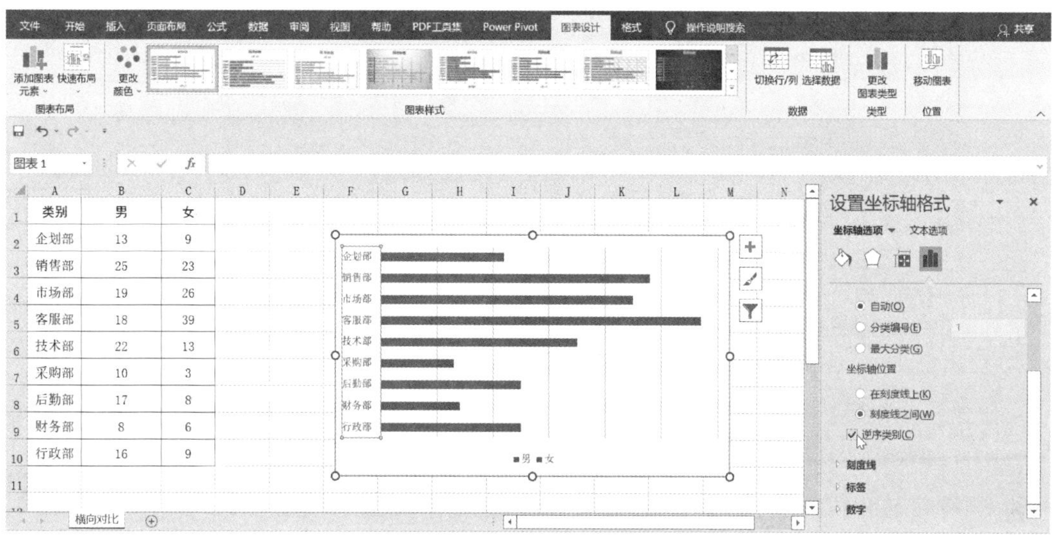

类别	男	女
企划部	13	9
销售部	25	23
市场部	19	26
客服部	18	39
技术部	22	13
采购部	10	3
后勤部	17	8
财务部	8	6
行政部	16	9

图 2-2-59　设置图表区格式

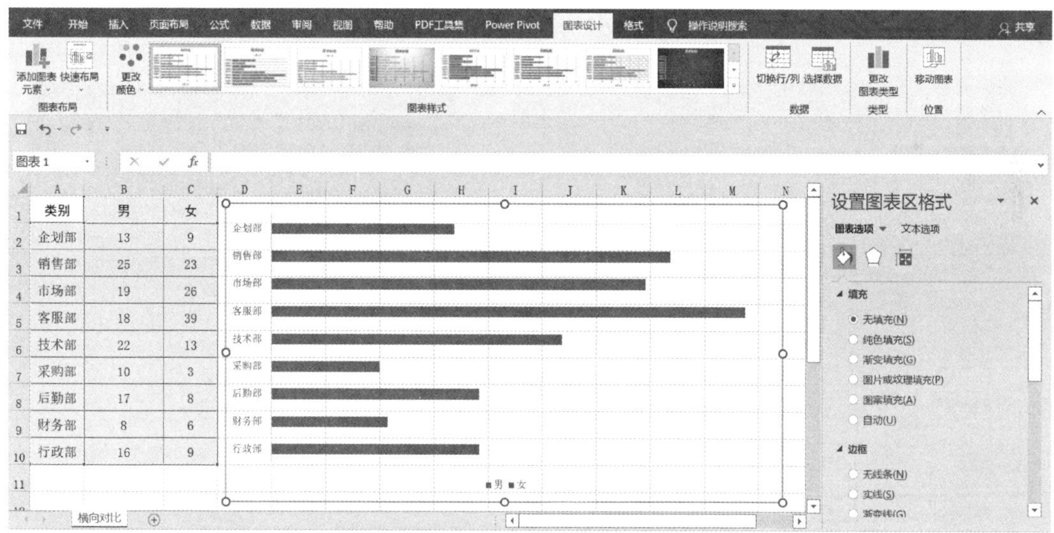

类别	男	女
企划部	13	9
销售部	25	23
市场部	19	26
客服部	18	39
技术部	22	13
采购部	10	3
后勤部	17	8
财务部	8	6
行政部	16	9

图 2-2-60　完成横向对比图

（6）其他对比

在标准值、平均值、计划值等指标间进行的对比，可用组合图、柱形图、子弹图等图表进行展示。操作步骤如下。

步骤 1　打开“其他对比 .xlsx”文件，选中 A1:F10 单元格，单击“插入”中“插入柱形图或条形图”按钮，弹出快捷菜单栏，选择“堆积条形图”选项，如图 2-2-61 所示。

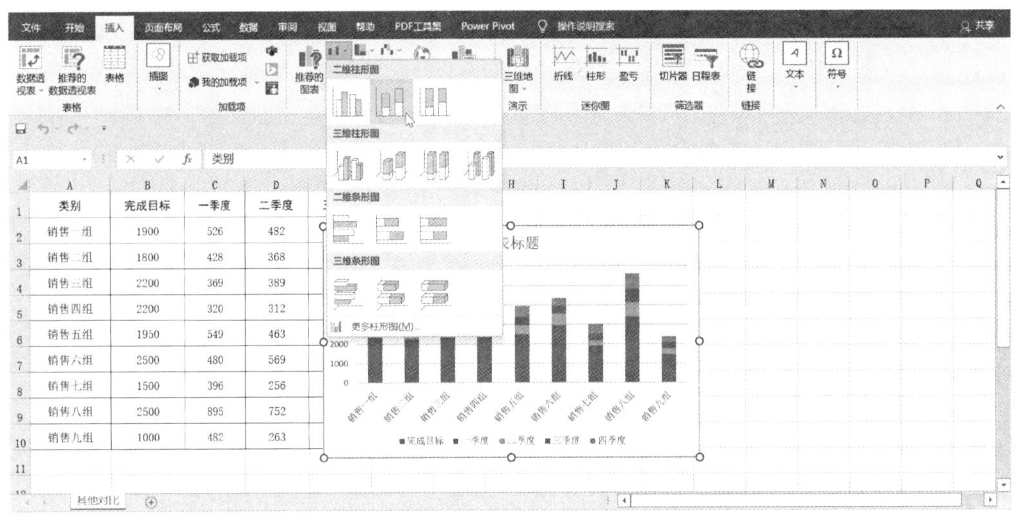

图 2-2-61 选择“堆积条形图”选项

步骤 2 双击图表，弹出“设置数据系列格式”对话框，选择“图表选项”中的“系列‘完成目标’”选项，如图 2-2-62 所示。

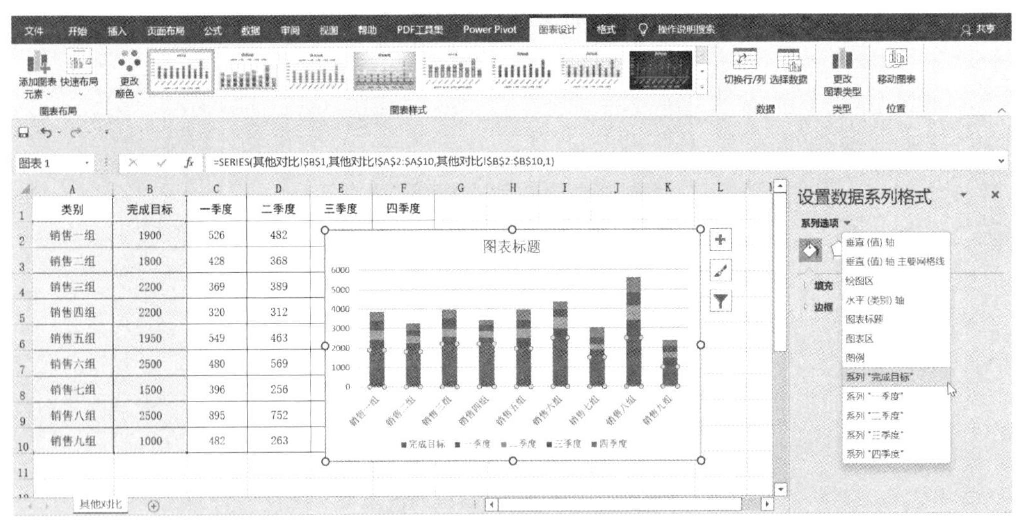

图 2-2-62 设置数据系列格式

步骤 3 单击“系列选项”按钮，勾选“系列绘制在”中的“次坐标轴”单选框，更改“间隙宽度”为 30%，如图 2-2-63 所示。

步骤 4 单击“填充与线条”按钮，勾选“填充”为“无填充”，设置“边框”为“实线”，“宽度”为“1.5 磅”，删除图表标题，调整图表大小，如图 2-2-64 所示。

2. 结构分析

反映部分与整体、部分与部分间构成关系的分析方法，可以与对比分析方法混合使用。

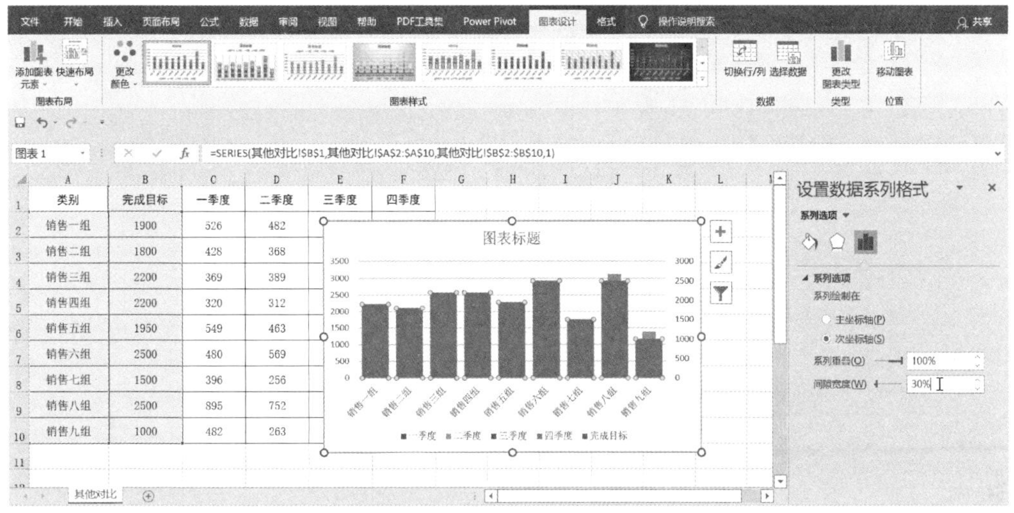

图 2-2-63 设置间隙宽度

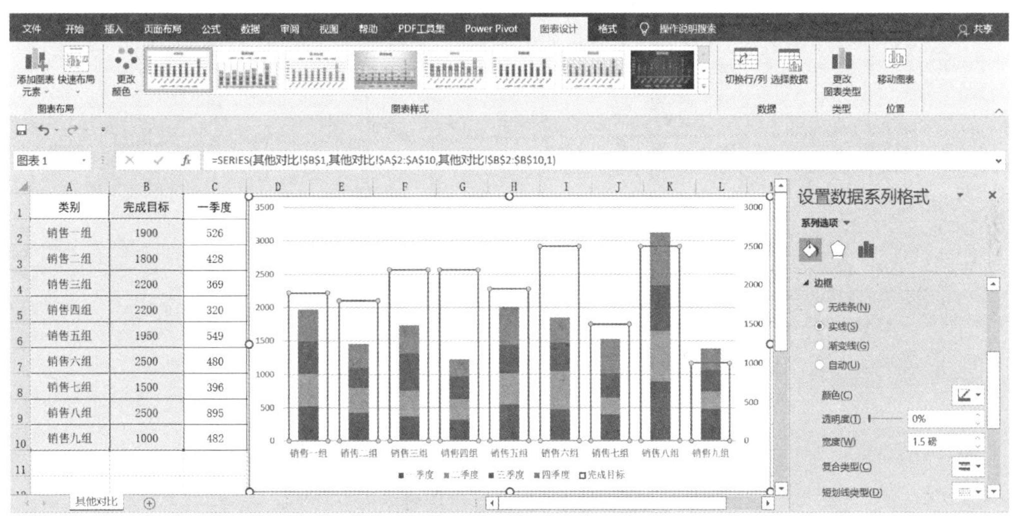

图 2-2-64 用堆积条形图展示“其他对比”效果

（1）构成分析

可用漏斗图、瀑布图等体现部分与整体之间关系。操作步骤如下。

1）漏斗图

漏斗图

步骤 1 打开“漏斗图 .xlsx”文件，选中 A1:F10 单元格，单击“开始”中“排序和筛选”按钮，弹出快捷菜单栏，选择“自定义排序”选项，如图 2-2-65 所示。

步骤 2 弹出“排序”对话框，将“主要关键字”设置为“完成目标”，“次序”设置为“降序”，单击“确定”按钮即可，如图 2-2-66 所示。

步骤 3 单击“插入”中“插入瀑布图、漏斗图、股价图、曲面图或雷达图”按钮，弹出快捷菜单栏，选择“漏斗图”选项，如图 2-2-67 所示。

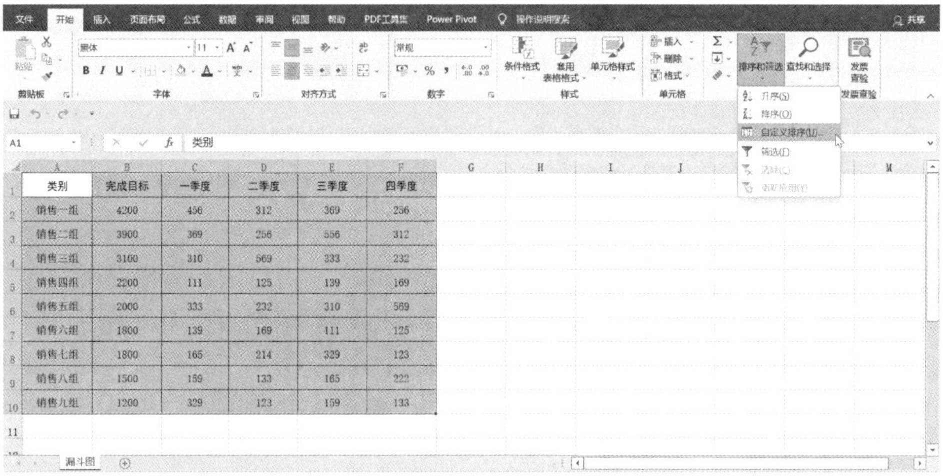

类别	完成目标	一季度	二季度	三季度	四季度
销售一组	4200	456	312	369	256
销售二组	3900	369	256	556	312
销售三组	3100	310	569	333	232
销售四组	2200	111	125	139	169
销售五组	2000	333	232	310	569
销售六组	1800	139	169	111	125
销售七组	1800	165	214	329	123
销售八组	1500	159	133	165	222
销售九组	1200	329	123	159	133

图 2-2-65　选择“自定义排序”选项

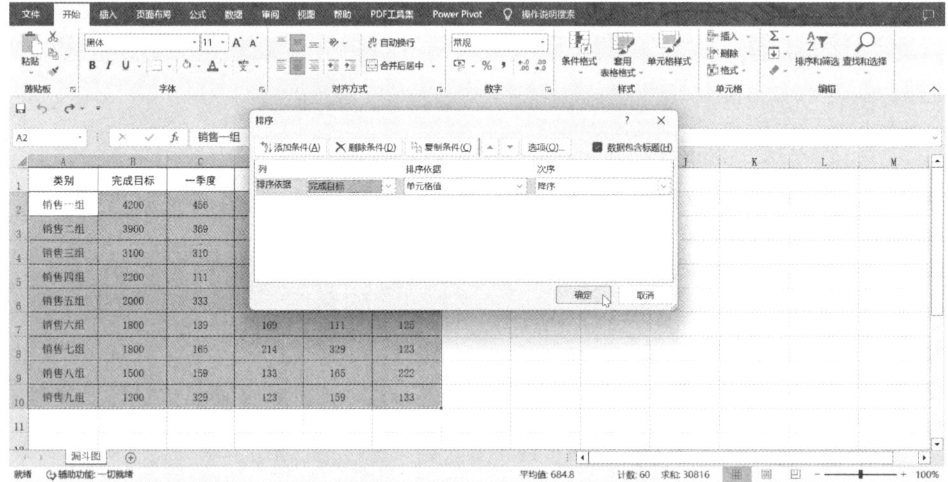

图 2-2-66　设置排序参数

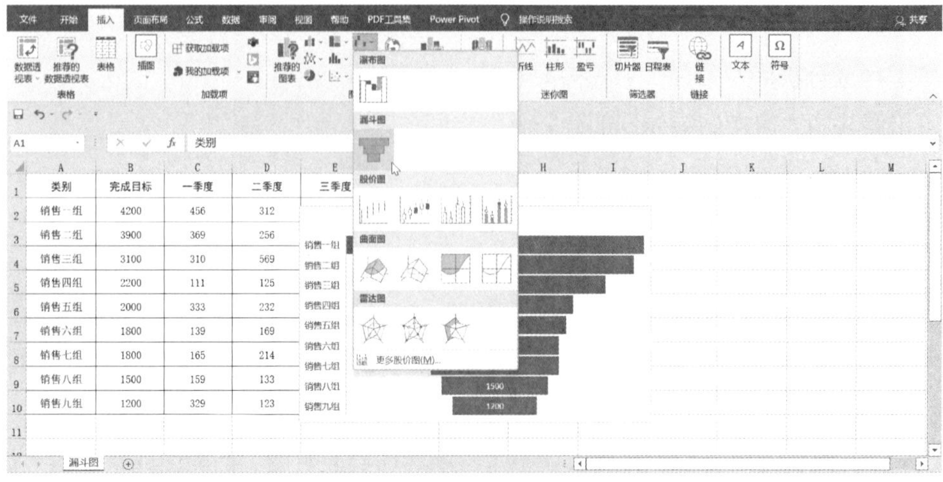

图 2-2-67　设置漏斗图

步骤 4　删除图表标题，调整图表大小，即可完成漏斗图，如图 2-2-68 所示。

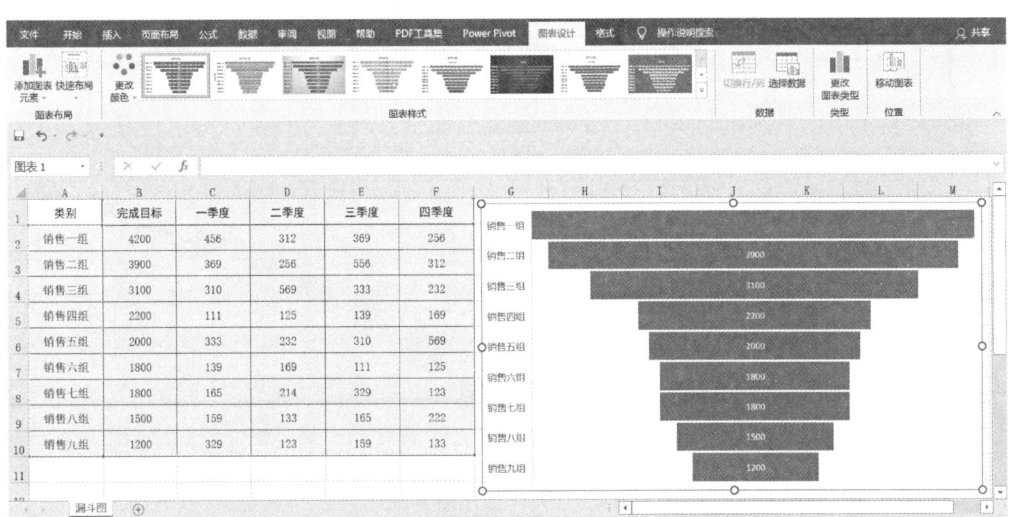

类别	完成目标	一季度	二季度	三季度	四季度
销售一组	4200	456	312	369	256
销售二组	3900	369	256	556	312
销售三组	3100	310	569	333	232
销售四组	2200	111	125	139	169
销售五组	2000	333	232	310	569
销售六组	1800	139	169	111	125
销售七组	1800	165	214	329	123
销售八组	1500	159	133	165	222
销售九组	1200	329	123	159	133

图 2-2-68　完成漏斗图

2）瀑布图

步骤 1　打开“瀑布图 .xlsx”文件，选中 A1:F10 单元格，单击“插入”中“插入瀑布图、漏斗图、股价图、曲面图或雷达图”按钮，弹出快捷菜单栏，选择“瀑布图”选项，如图 2-2-69 所示。

类别	完成目标	一季度	二季度	三季度
销售一组	4200	456	312	
销售二组	3900	369	256	
销售三组	3100	310	569	
销售四组	2200	111	125	
销售五组	2000	333	232	
销售六组	1800	139	169	
销售七组	1800	165	214	
销售八组	1500	159	133	
销售九组	1200	329	123	

图 2-2-69　设置瀑布图

步骤 2　删除图表标题与图例，调整图表大小，即可完成瀑布图，如图 2-2-70 所示。

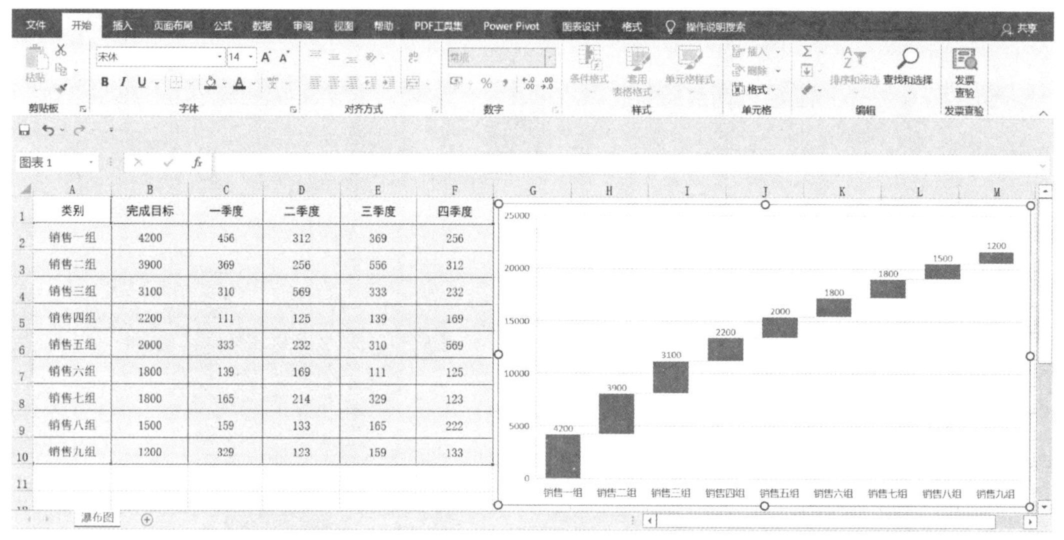

图 2-2-70　完成瀑布图

（2）数据透视分析

数据透视分析

可用数据透视图表、切片器等功能对目标值进行多维度、多层次、多规则的分析观察。操作步骤如下。

步骤 1　打开“数据透视分析 .xlsx”文件，选中 A1:F10 单元格，单击“插入”中“数据透视表”按钮，弹出“来自表格或区域的数据透视表”对话框，单击“确定”按钮，如图 2-2-71 所示。

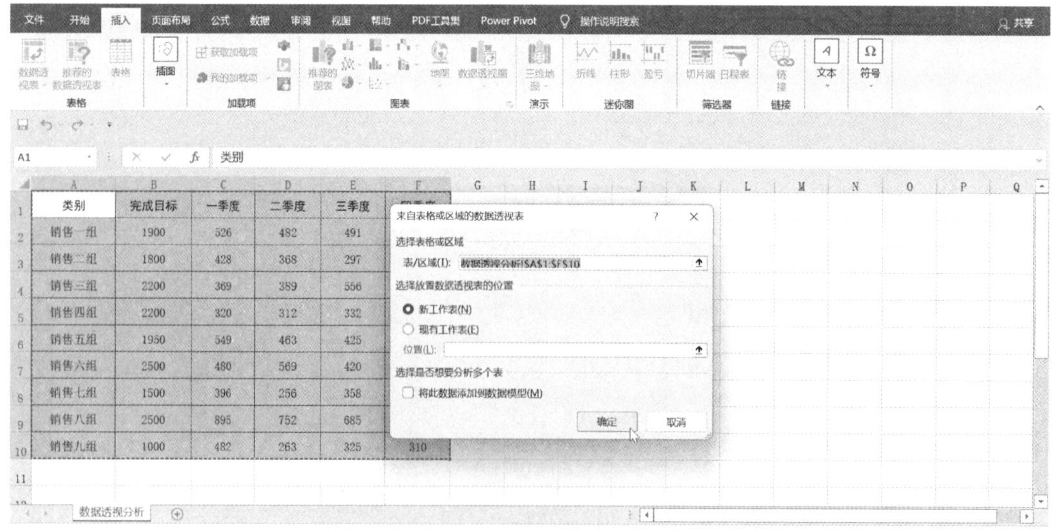

图 2-2-71　弹出“来自表格或区域的数据透视表”对话框

步骤 2 弹出“数据透视表字段”对话框，设置“行”为“完成目标”，“值”为“一季度”“二季度”“三季度”“四季度”，如图 2-2-72 所示。

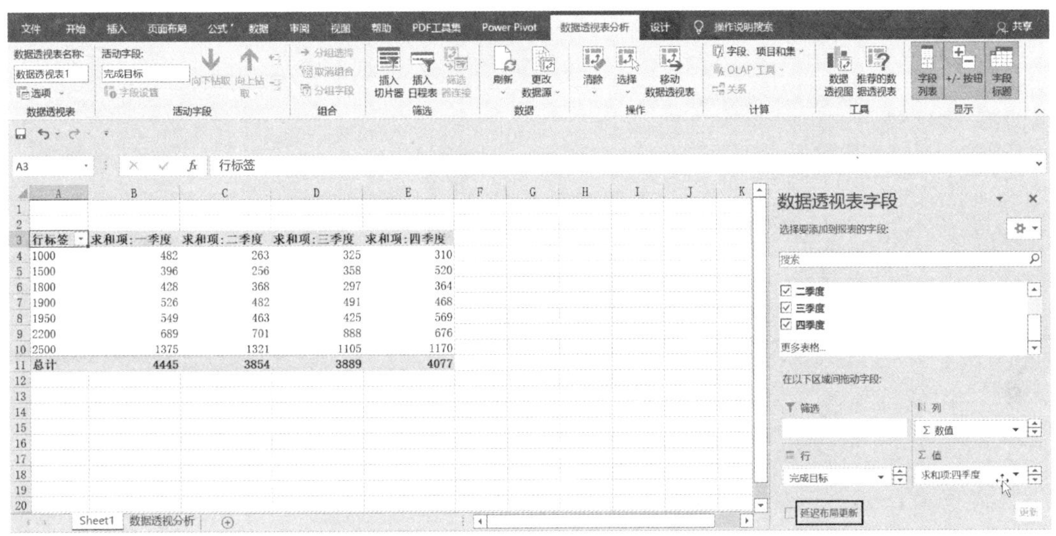

图 2-2-72 设置数据透视表行与值

步骤 3 选中 A3:E11 单元格，单击“插入”中“插入柱形图或条形图”按钮，弹出快捷菜单栏，选择“簇状柱形图”选项，如图 2-2-73 所示。

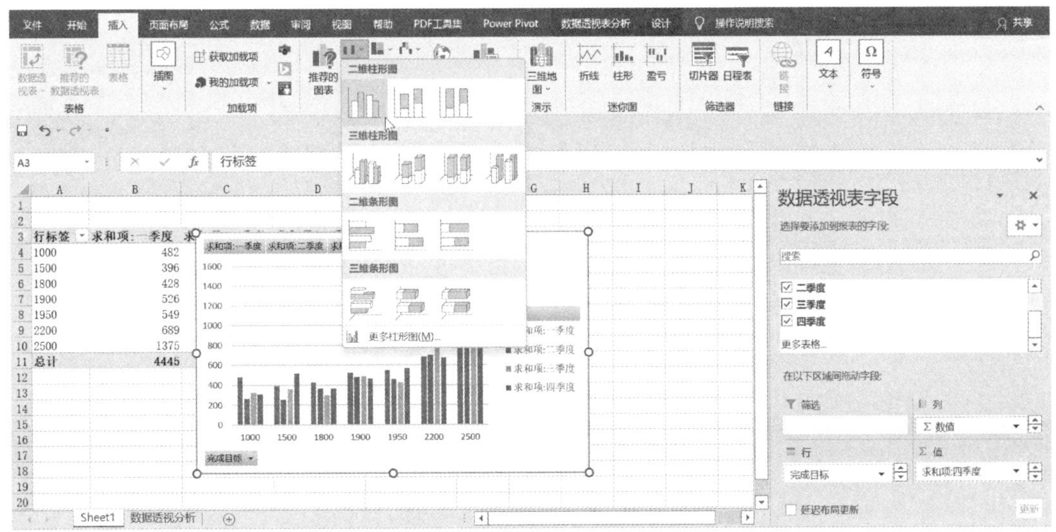

图 2-2-73 选择“簇状柱形图”选项

步骤 4 调整图表大小，完成数据透视分析表，如图 2-2-74 所示。

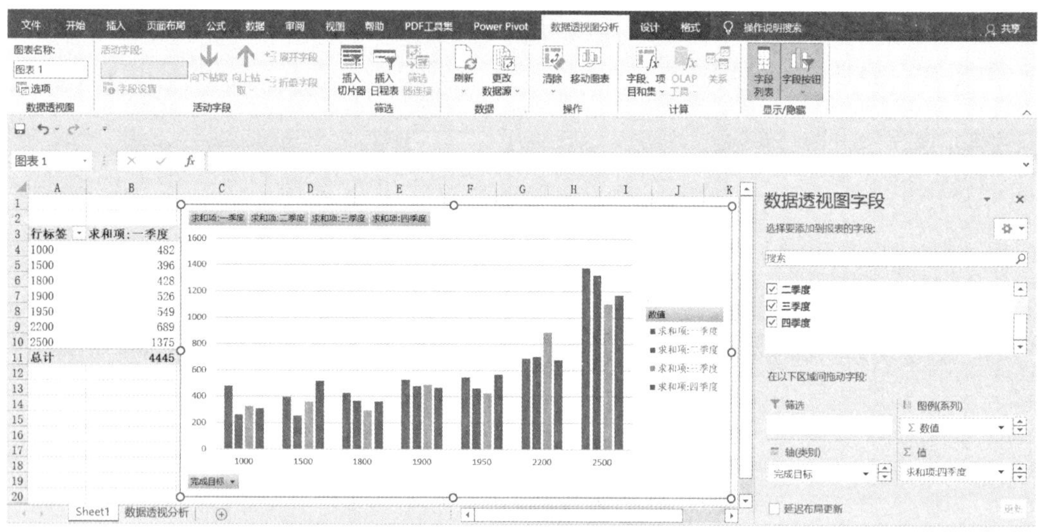

图 2-2-74　完成数据透视分析表

项目三 市场数据分析

任务 1 行业数据分析

任务目标

知识目标

掌握市场容量与行业趋势的分析方法

能力目标

1. 能找到所运营店铺可切入市场的品类
2. 能分析市场容量及行业趋势

电商市场行情千变万化，对商家而言，要掌握市场变化，离不开大数据分析。通过市场数据的采集、整理和分析，可以了解市场容量，认清行业趋势，寻找蓝海商品，把握市场潜力。

一、市场数据分析的概念

市场数据分析是指商家通过市场调研，了解市场商品生命周期数据、市场品类容量数据、商品品类数据、竞争品牌与竞争商品数据、商品季节售卖周期数据等，分析市场的变化趋势，合理规划品类布局，提升店铺的销售额。对电子商务领域而言，市场容量大小、行业发展趋势和市场潜力是最基本的、最值得分析的市场数据指标。

二、市场容量大小分析

市场容量也叫市场规模，是指一定时期内某个行业或类目的销售总额。分析市场容量有利于制订店铺的运营计划与目标。例如某个行业的市场容量只有 1 000 万元左右，如果商家未进行市场容量分析，贸然制定 1 000 万元的推广预算，势必会导致严重的财务负担。常见的数据分析平台有阿里巴巴的生意参谋、百度的百度指数、京东的京东商智等，通过这些平台可以进行市场容量分析。

三、行业发展趋势分析

行业发展趋势即行业的生命周期，一般分为萌芽期、成长期、成熟期和衰退期。认清行业发展趋势可以针对生命周期的不同阶段采取不同的运营策略。如果行业处于成长期，此时市场竞争尚不激烈，行业增长迅速，应采取加快市场推进速度、迅速占领市场的策略；如果行业处于成熟期，则市场基本上已被行业巨头抢占，此时进入行业应考虑通过差异化的商品和服务策略来抢占细分市场；如果行业处于衰退期，则应考虑提前处理库存商品，甚至制定好行业退出机制。下面以百度指数平台为例，介绍如何通过该平台进行市场发展趋势分析。

百度指数包括趋势研究、需求图谱、人群画像等重点功能，商家可使用百度指数调查客户的关注点和需求。要分析行业发展趋势，常用的是搜索指数和人群画像两个功能。

1. 搜索指数

搜索指数主要以网民的搜索量和搜索关键词为依据，分析、计算各个关键词的搜索频率。搜索指数主要包括搜索指数趋势以及搜索指数概览。图 3-1-1 所示为关键词“羽绒服”搜索量页面，从中可以直观查看实时、近 7 天、近 30 天或近半年的“PC+ 移动”搜索量变化。

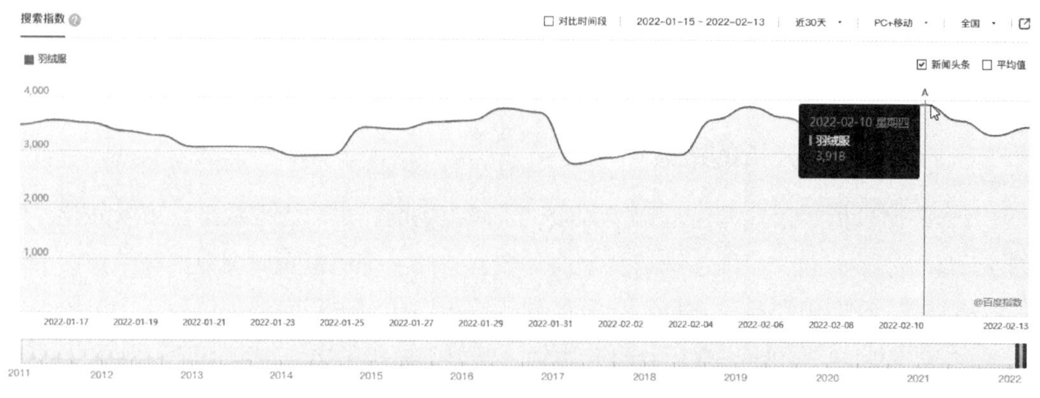

图 3-1-1　关键词“羽绒服”搜索量页面

通过搜索指数概览，可清晰了解商品关键词搜索量的整体日均值、移动日均值以及搜索指数整体同比、整体环比、移动同比、移动环比的变化情况。图 3-1-2 所示为关键词“羽绒服”的搜索指数概览，可供商家对市场行情变化做出判断。

搜索指数概览

关键词	整体日均值	移动日均值	整体同比	整体环比	移动同比	移动环比
羽绒服	3,384	3,062	52% ↑	-15% ↓	67% ↑	-17% ↓

① 数据更新时间：每天12-16时，受数据波动影响，可能会有延迟。

图 3-1-2 关键词“羽绒服”的搜索指数概览

2. 人群画像

通过百度指数的人群画像功能可以了解在特定时间内，某个关键词在百度的搜索规模，以及搜索人群的地域分布、人群属性等内容。商家可根据对某一商品类目的人群画像分析了解该市场行情和客户群体特征。

（1）地域分布

商家可根据商品搜索人群的地域分布结构对商品市场进行初步判断。图 3-1-3 所示为关键词“红富士苹果”搜索人群的地域分布数据。从图 3-1-3 中可见山东的搜索量最高，广东、江苏次之。如果商家的商品是苹果或苹果制品，就可以以山东、广东、江苏等地区客户的消费特点为重点进行分析。

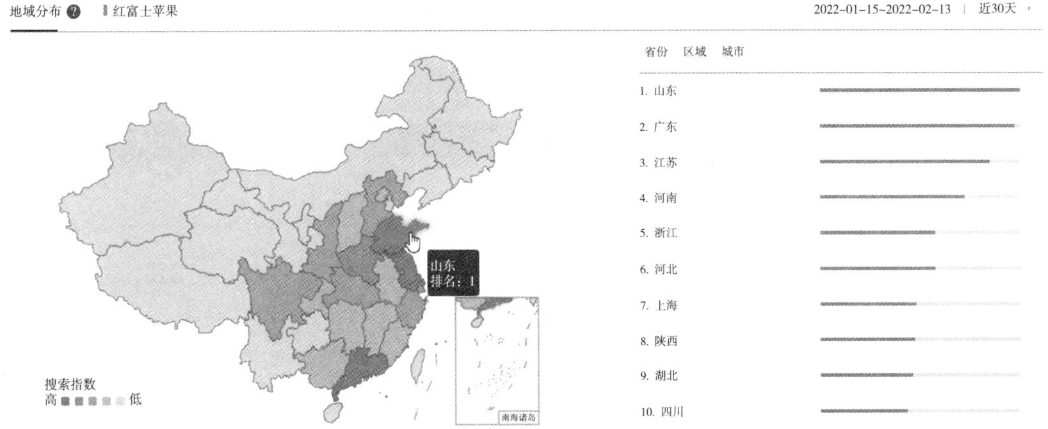

图 3-1-3 关键词“红富士苹果”搜索人群的地域分布数据

（2）人群属性

人群属性板块提供搜索某关键词人群的性别、年龄、兴趣等内容。图 3-1-4 所示为“双肩包”搜索人群的年龄、性别分布图。根据分布图可知，搜索“双肩包”的网民集中在 30～39 岁的男性。基于此，商家在双肩包的风格、功能、定价等方面都应重点考虑男性客户的需求和消费特点。

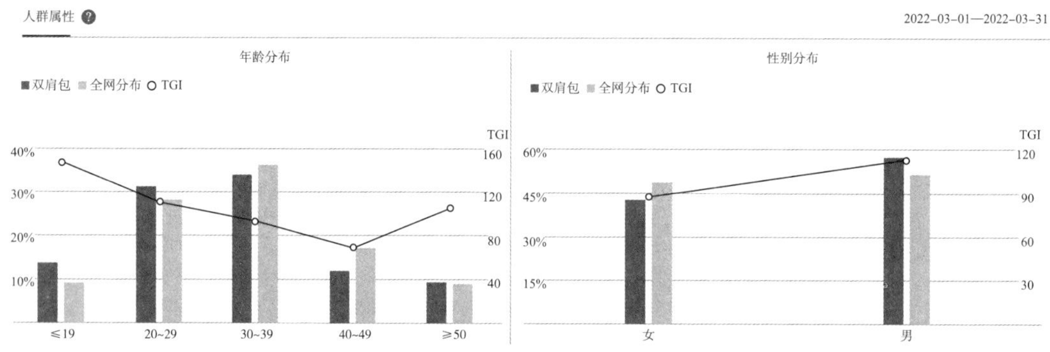

图 3-1-4　“双肩包”搜索人群的年龄、性别分布图

任务实施

一、市场容量分析

使用生意参谋获取市场容量数据，操作步骤如下：登录“千牛工作台”，单击左侧“数据中心”栏中“生意参谋”按钮，进入生意参谋首页。选择页面顶部“市场”模块，单击左侧“市场大盘”选项，如图 3-1-5 所示。在打开的页面中就可以采集某个行业下各个子行业的市场容量数据。这里主要采集 2022 年 1—12 月“女士内衣 / 男士内衣 / 家居服”行业下各子行业在所有终端的交易指数和“支付金额较父行业占比指数”这两个指标数据。

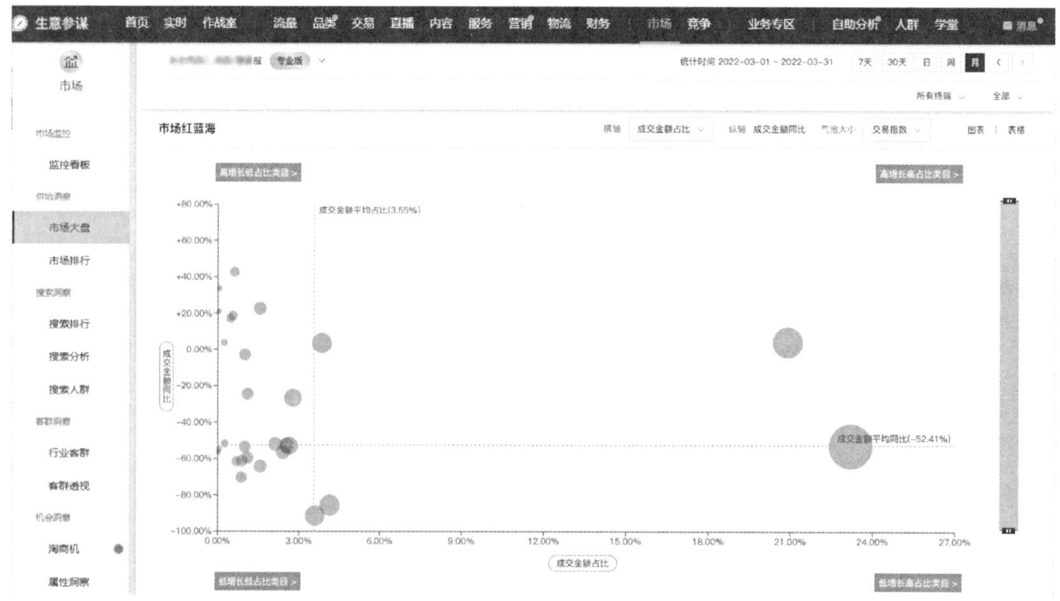

图 3-1-5　单击“市场大盘”选项

下面以采集“2022 年女士内衣 / 男士内衣 / 家居服”行业下子行业数据为例，介绍

使用数据分析市场容量的方法，具体操作步骤如下。

步骤 1　打开“市场容量分析 .xlsx”文件，单击“插入”栏中“数据透视表”按钮，弹出快捷菜单栏，选择“表格和区域”选项，如图 3-1-6 所示。

子行业	交易指数	支付金额较父行业占比指数	月份
睡衣/家居服套装	7,077,880	22.27%	1月
平角裤	4,231,065	18.39%	1月
文胸	3,967,820	17.36%	1月
中筒袜	3,879,058	16.80%	1月
保暖套装	3,870,120	15.96%	1月
保暖上装	2,694,934	3.98%	1月
保暖裤	2,656,910	3.79%	1月
文胸套装	2,516,557	3.05%	1月
睡袍/浴袍	2,512,819	2.99%	1月
睡裙	2,182,984	2.48%	1月
吊带/背心/T恤	1,410,660	1.34%	1月
塑身美体裤	1,387,004	1.12%	1月
塑身连体衣	1,360,889	1.02%	1月
睡裤/家居裤	1,257,900	0.87%	1月
塑身分体套装	1,147,824	0.71%	1月
塑身腰封/腰夹	1,003,248	0.61%	1月
抹胸	960,590	0.60%	1月
塑身上衣	949,445	0.59%	1月

图 3-1-6　选择“表格和区域”选项

步骤 2　弹出“来自表格或区域的数据透视表”对话框，设置“表 / 区域”为 A1:D338 单元格，勾选“选择放置数据透视表的位置”栏中“新工作表”单选框，如图 3-1-7 所示，单击“确定”按钮。

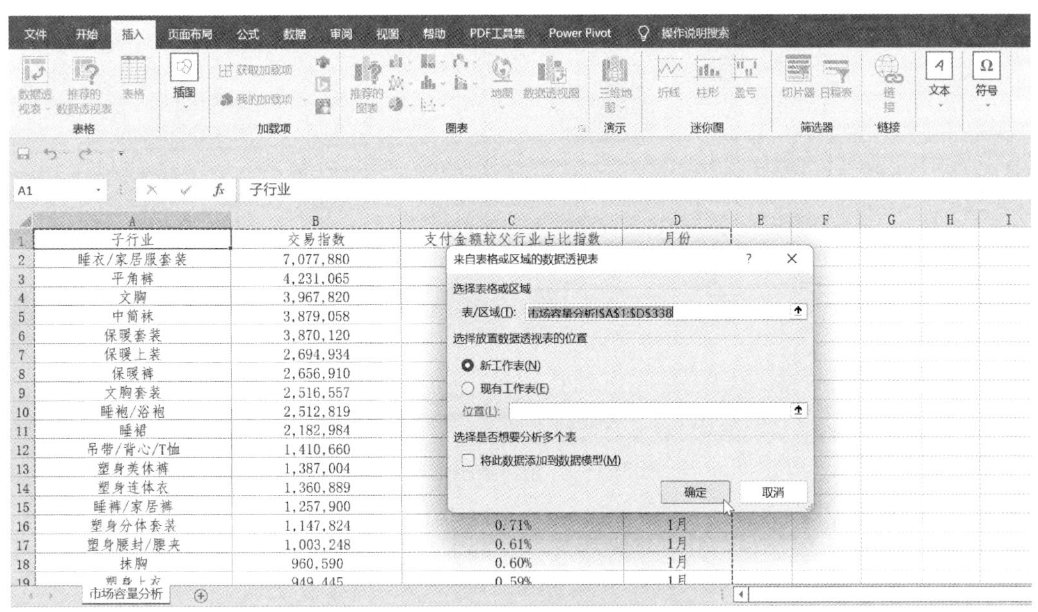

图 3-1-7　设置数据透视表

步骤 3　跳转至新建数据透视表，将“子行业”字段拖曳到“行”中，“支付金额较父行业占比”拖曳到“值”，如图 3-1-8 所示。

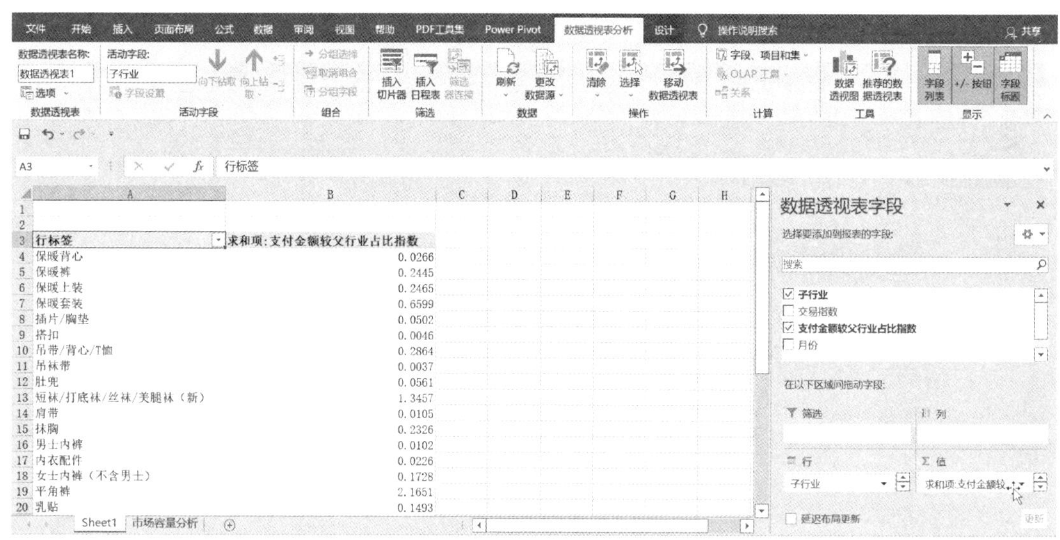

图 3-1-8　添加字段

步骤 4　单击“数据透视表分析”栏中“数据透视图”按钮，弹出“插入图表”对话框，选择左侧“饼图”中的“三维饼图”选项，如图 3-1-9 所示，单击“确定”按钮。

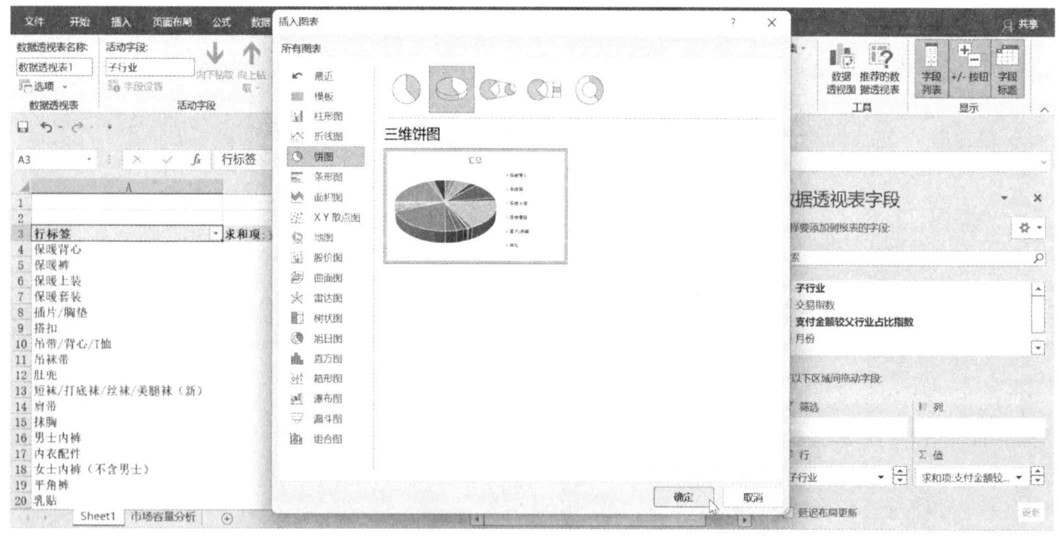

图 3-1-9　创建数据透视图

步骤 5　单击“设计”栏中“快速布局”按钮，弹出快捷菜单栏，选择“布局 4”选项，如图 3-1-10 所示。

步骤 6　在饼图上单击鼠标右键，弹出快捷菜单栏，选择“排序”中的“降序”选项，将饼图区域按数值大小从高到低排列，如图 3-1-11 所示。

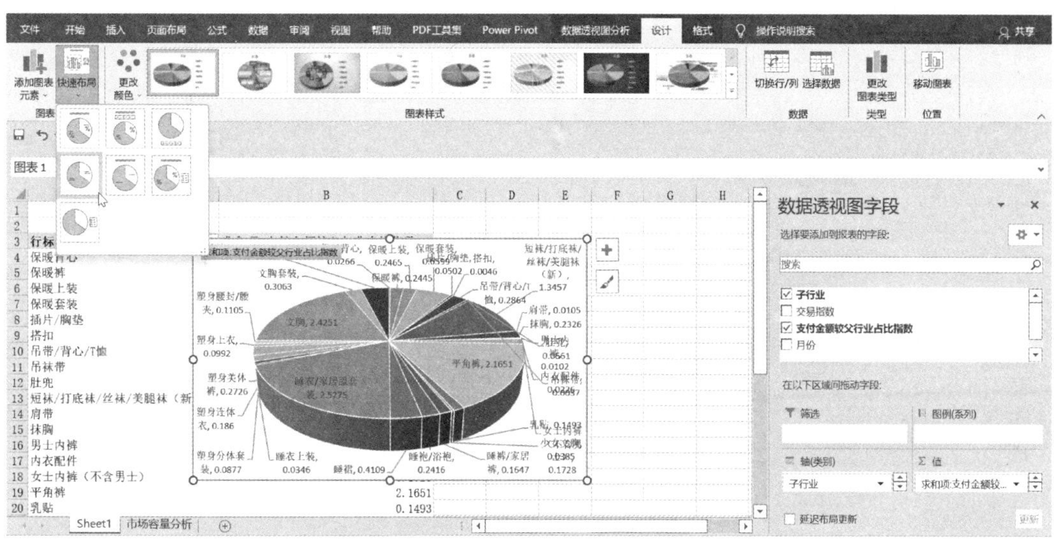

图 3-1-10 设置图表布局

图 3-1-11 调整饼图顺序

步骤 7 在数据透视表上双击任意数据标签，弹出“设置数据标签格式”对话框，取消选中“值”复选框，勾选“百分比”复选框，设置“分隔符”为“(新文本行)”，如图 3-1-12 所示。

步骤 8 选择“设置数据标签格式”对话框下方“类别”中的“百分比”选项，设置“小数位数”为“2”，如图 3-1-13 所示。

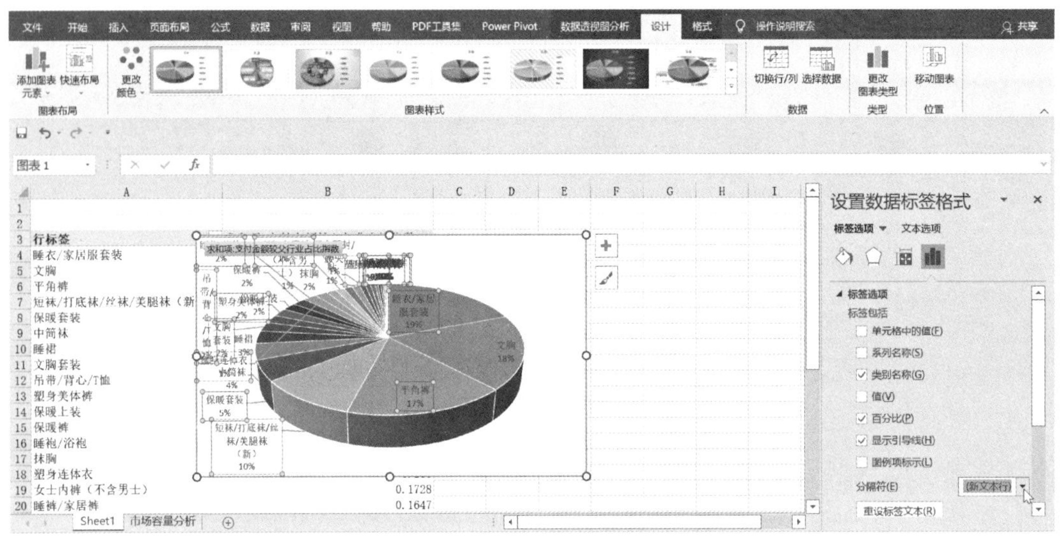

图 3-1-12　设置标签选项

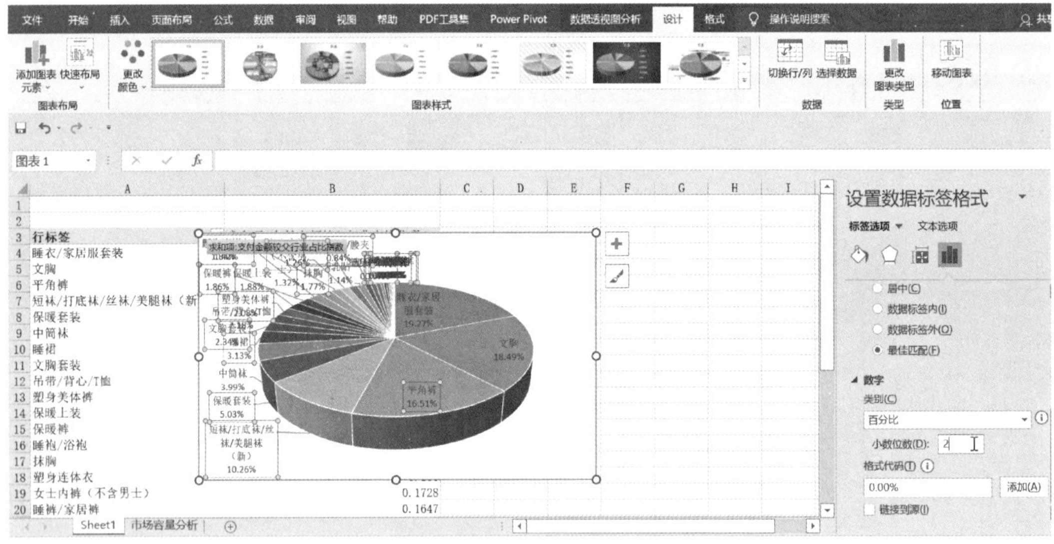

图 3-1-13　设置数字

完成上述操作后，就可以查看“女士内衣 / 男士内衣 / 家居服”行业下各子行业在 2022 年的市场容量情况了。从图 3-1-13 所示饼图展现结果可以发现，“睡衣 / 家居服套装”的市场容量最大，占比为 19.27%；“文胸”“平角裤”“短袜 / 打底袜 / 丝袜 / 美腿袜（新）”等子行业的市场容量占比为 10%～18%；“保暖套装”“中筒袜”等子行业的市场容量也不错，占比分别为 5.03% 和 3.99%。

步骤 9　为了更好地分析某月数据，可以在数据透视图中插入切片器工具。单击“数据透视图分析”栏中“插入切片器”按钮，如图 3-1-14 所示。

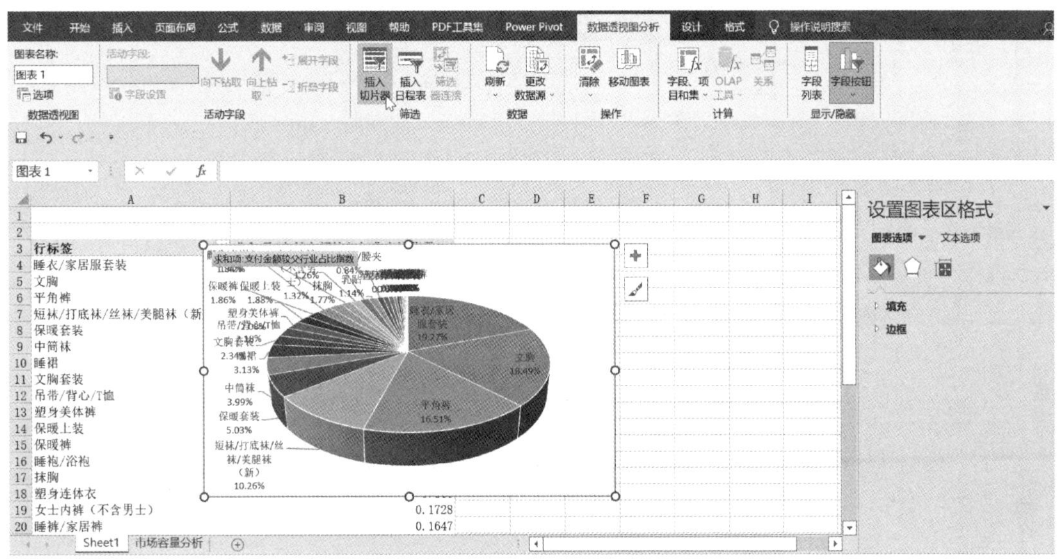

图 3-1-14 单击“插入切片器”按钮

步骤 10 弹出“插入切片器”对话框，勾选“月份”复选框，如图 3-1-15 所示，单击“确定”按钮。

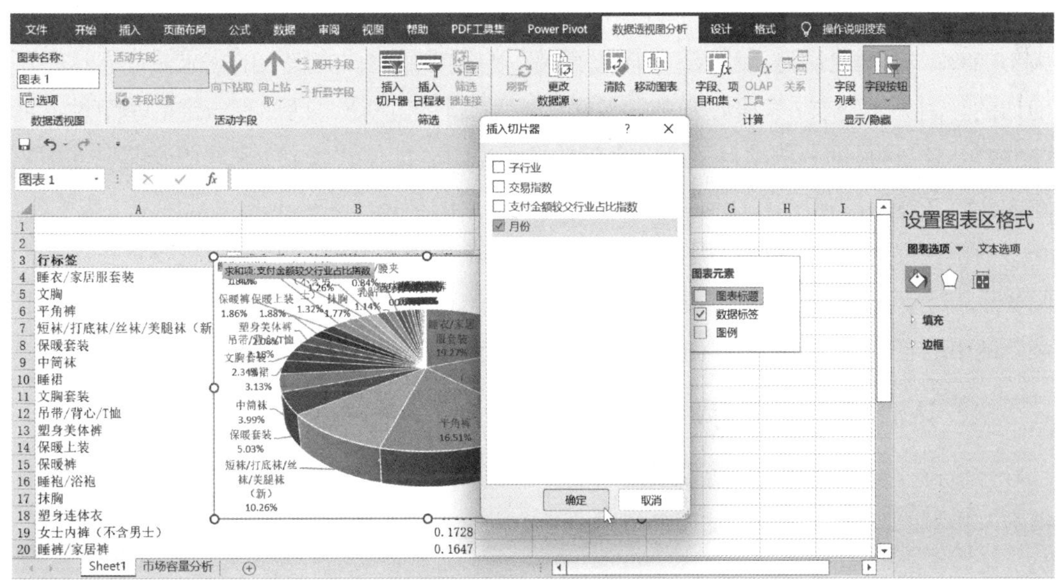

图 3-1-15 插入“月份”切片器

步骤 11 此时显示“月份”切片器工具，调整图表大小，选择“10 月”选项，数据透视图就会同步显示该月下各子行业的市场容量占比情况，如图 3-1-16 所示。

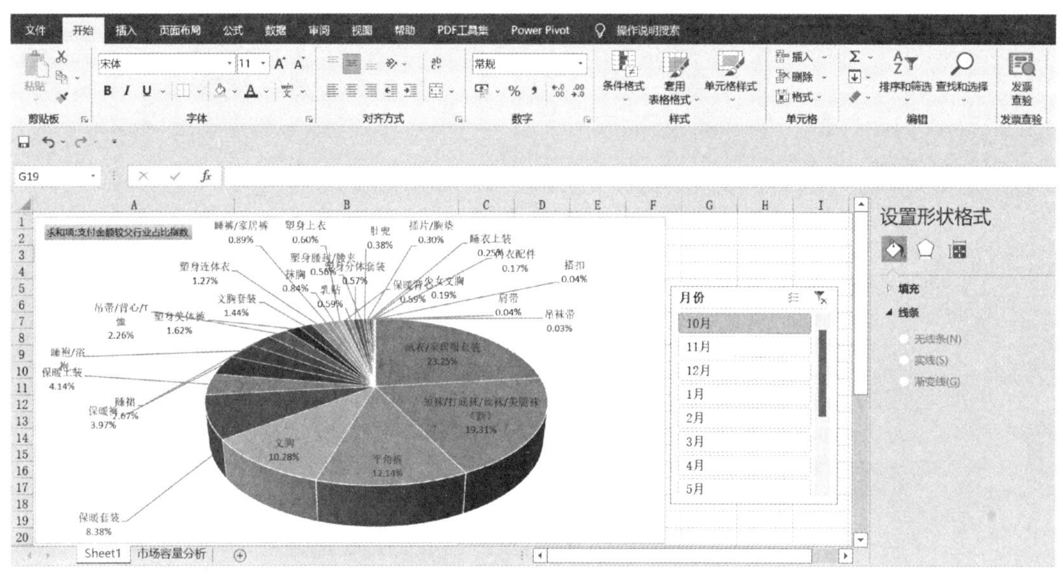

图 3-1-16　10 月各子行业的市场容量占比

分析市场容量时不能只关注绝对数据，应当结合季节、商品类目等多种因素进行分析，这样才能得出全面的结论。例如在 2022 年 10 月，“女士内衣 / 男士内衣 / 家居服”行业中“睡衣 / 家居服套装”子行业的需求量占比为 23.25%，而“文胸”子行业占比为 10.28%，就据此认为“睡衣 / 家居服套装”的需求量比“文胸”的需求量高，这是不确切的。因为“睡衣 / 家居服套装”包含的商品属性较广泛，且具有一定的季节性，而“文胸”已经是最细分的类目了。以全年的数据来看，即便“睡衣 / 家居服套装”的需求量大于“文胸”的需求量，但在夏季可能出现相反的结果。

为了验证上述结论，在切片器中选择 6 月，查看对应的各子行业市场容量占比，如图 3-1-17 所示。从图 3-1-17 中可知，“文胸”的市场容量占比高于“睡衣 / 家居服套装”的市场容量占比 5.93%。由此可见，季节因素在分析市场容量时也是必须考虑的。

二、认清行业发展趋势

分析行业发展趋势同样可以借助“支付金额较父行业占比指数”指标，下面介绍行业发展趋势的分析方法，具体操作步骤如下。

认清行业趋势

步骤 1　打开“行业趋势 .xlsx”文件，创建数据透视表，将“月份”字段拖曳到“行”中，“支付金额较父行业占比指数”拖曳到“值”，“子行业”拖曳到“列”，如图 3-1-18 所示。

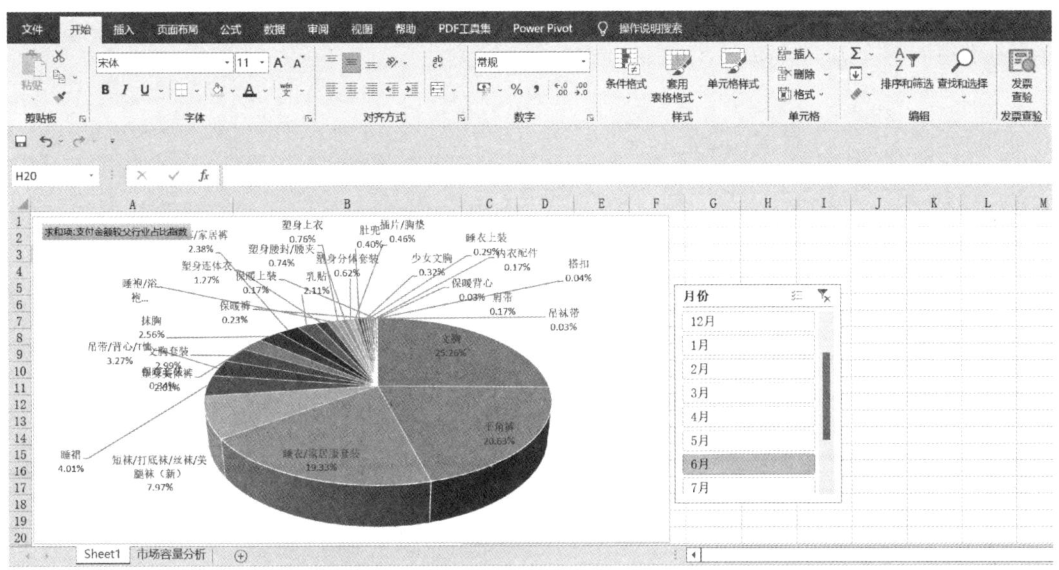

图 3-1-17　6 月各子行业的市场容量占比

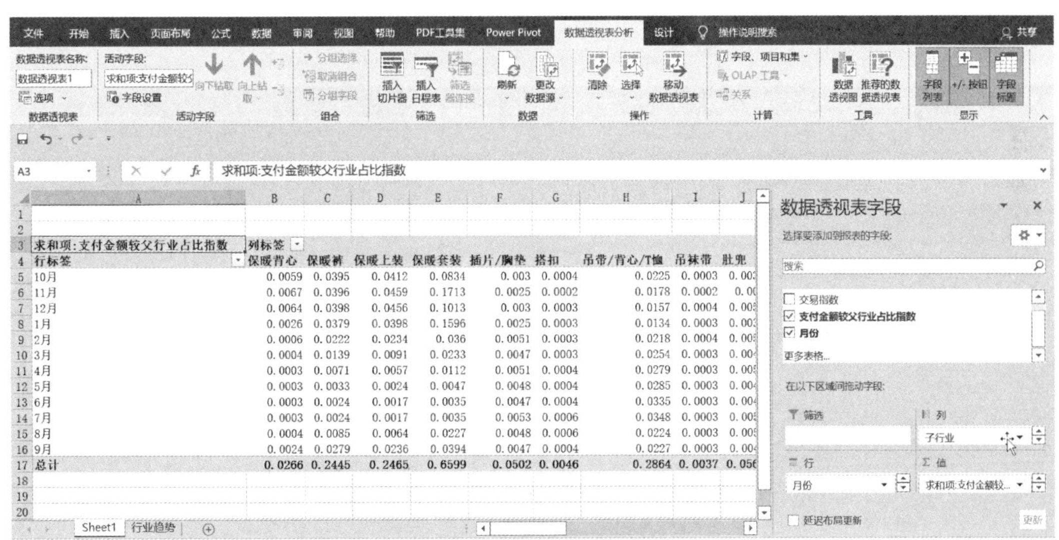

求和项:支付金额较父行业占比指数	列标签								
行标签	保暖背心	保暖裤	保暖上装	保暖套装	插片/胸垫	搭扣	吊带/背心/T恤	吊袜带	肚兜
10月	0.0059	0.0395	0.0412	0.0834	0.003	0.0004	0.0225	0.0003	0.003
11月	0.0067	0.0396	0.0459	0.1713	0.0025	0.0002	0.0178	0.0002	0.00
12月	0.0064	0.0398	0.0456	0.1013	0.003	0.0003	0.0157	0.0004	0.005
1月	0.0026	0.0379	0.0398	0.1596	0.0025	0.0003	0.0134	0.0003	0.003
2月	0.0006	0.0222	0.0234	0.036	0.0051	0.0003	0.0218	0.0004	0.005
3月	0.0004	0.0139	0.0091	0.0233	0.0047	0.0003	0.0254	0.0003	0.004
4月	0.0003	0.0071	0.0057	0.0112	0.0051	0.0004	0.0279	0.0003	0.005
5月	0.0003	0.0033	0.0024	0.0047	0.0048	0.0004	0.0285	0.0003	0.004
6月	0.0003	0.0024	0.0017	0.0035	0.0047	0.0004	0.0335	0.0003	0.004
7月	0.0003	0.0024	0.0017	0.0035	0.0053	0.0006	0.0348	0.0003	0.005
8月	0.0004	0.0085	0.0064	0.0227	0.0048	0.0006	0.0224	0.0003	0.005
9月	0.0024	0.0279	0.0236	0.0394	0.0047	0.0004	0.0227	0.0003	0.004
总计	0.0266	0.2445	0.2465	0.6599	0.0502	0.0046	0.2864	0.0037	0.056

图 3-1-18　创建数据透视表

步骤 2　单击“数据透视表分析”栏中“数据透视图”按钮，弹出“插入图表”对话框，选择左侧“折线图”选项，如图 3-1-19 所示，单击“确定”按钮。

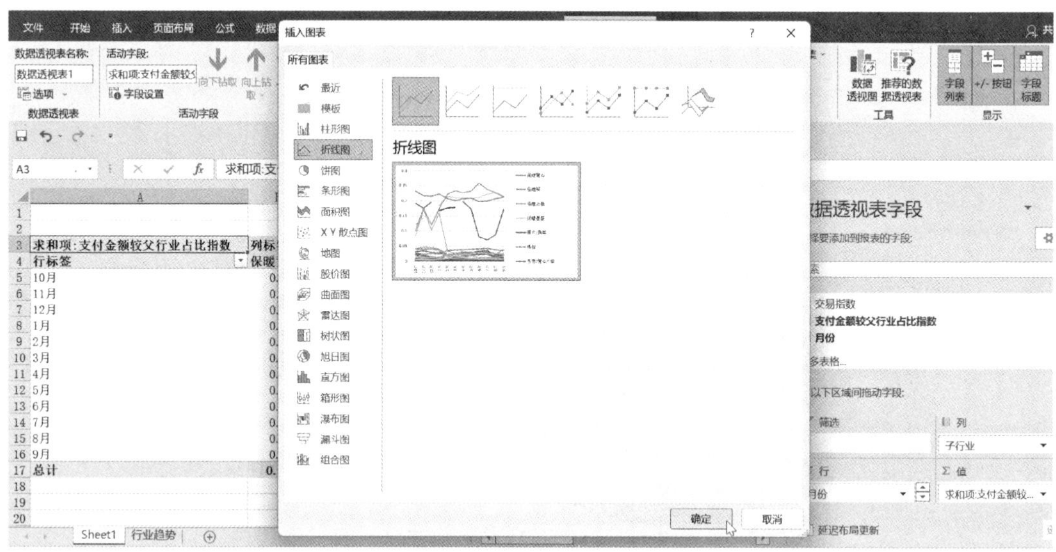

图 3-1-19　创建数据透视图

步骤 3　单击“数据透视图分析”栏中“插入切片器”按钮，弹出“插入切片器”对话框，勾选“子行业”复选框，如图 3-1-20 所示，单击“确定”按钮。

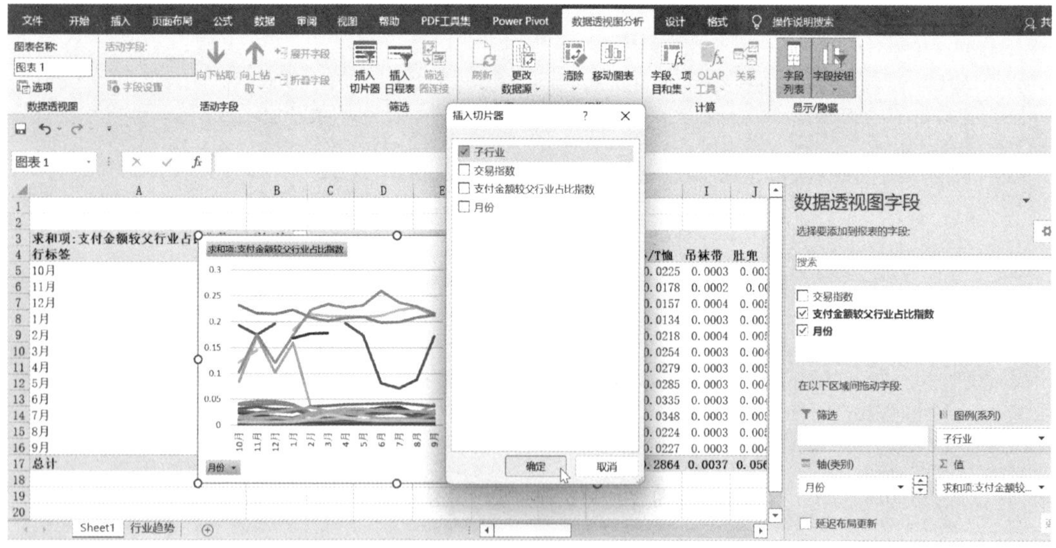

图 3-1-20　插入切片器

步骤 4　在切片器中选择“肩带”选项，分析该行业的趋势情况，如图 3-1-21 所示。从图 3-1-21 中可知，2022 年 3 月“肩带”行业的销售额开始迅速上升，到 5 月达到顶峰，但 7 月以后开始迅速下滑。也就是说，如果商家想要选择“肩带”这个行业，那么最晚应在 2 月左右进入，在 3 月和 4 月时推动销量，7 月做好仓库管理，侧重于销货清库存。如果商家 7 月还大量投入资金进行推广，就可能使库存商品大量积压，最终导致店铺入不敷出。

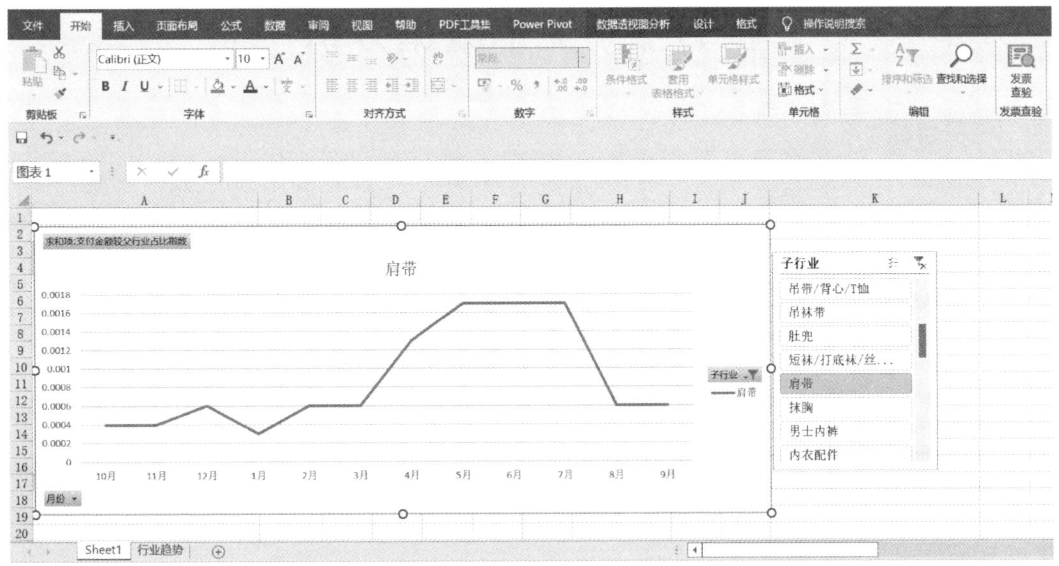

图 3-1-21 “肩带”行业趋势

同样，在分析行业趋势时也不能只看绝对数据。图 3-1-22 所示为“保暖上装”和“保暖套装”的行业趋势对比图。表面上看，“保暖套装”的销售额远高于“保暖上装”的销售额，但需要注意的是，销售额由销售数量和客单价两个因素决定，而“保暖套装”的客单价往往成倍高于“保暖上装”的客单价，所以“保暖套装”的销售数量未必比“保暖上装”的销售数量高。

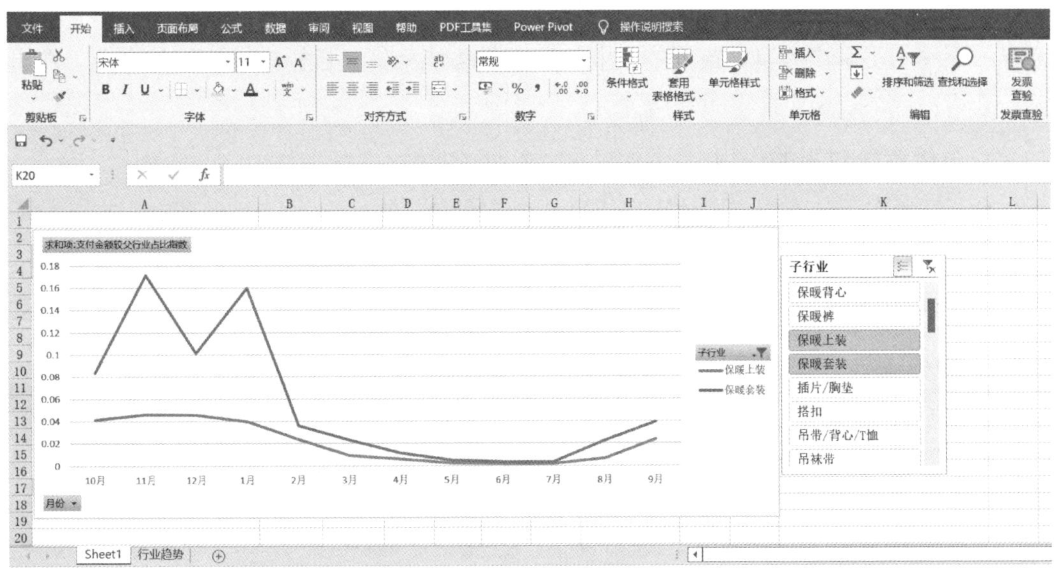

图 3-1-22 “保暖上装”和“保暖套装”的行业趋势对比

任务 2　竞争数据分析

任务目标

知识目标

1. 熟悉竞争对手分析的方法
2. 掌握竞争对手分析的常用模型
3. 掌握竞店、竞品和竞争品牌的数据化分析方法

能力目标

1. 能使用生意参谋分析竞店
2. 能对竞店的经营类目、销售额、客单价等进行分析

无论从事哪一个商品的销售，都不可避免地存在各种竞争对手。借助大数据分析竞争对手，商家可以更好地找到客户资源，更有效地进行广告投放，更合理地制定运营策略，实现精准营销。

一、竞争对手分析概述

一般而言，竞争对手是指那些生产经营与本企业提供的商品相似或可以互相替代的商品，以同一类客户为目标市场的企业，即商品功能相似、目标市场相同的企业。在电商行业中，竞争对手店铺也叫竞店。

1. 分析竞争对手的作用

分析竞争对手的作用主要体现在以下 3 个方面。

（1）了解市场行情

通过分析竞争对手可以了解整个行业的竞争程度和行业未来走势，形成自己的行业宏观视角。

（2）确定目标

在分析竞争对手的同时，将竞争对手视为行业标杆或未来赶超的目标，以此激励员工同心协力，通过自身努力将其超越。

（3）借鉴学习

分析竞争对手也是学习竞争对手运营手段、客户服务等方面优点的过程，对竞争对手经营过程中的教训引以为戒，在自身经营中积极采取措施加以避免。

2. 确定竞争对手

竞争对手可以从经营类目、热销商品、客单价、店铺风格等多个维度确定。

（1）经营类目

通过寻找经营类目与自身相似的店铺就可以确定竞争对手。这里的类目指的是细分类目，如两家同样经营运动鞋的店铺就构成竞争关系。

（2）热销商品

通过分析所运营店铺和竞店的热销商品是否相似也可以确定竞争对手。若两家店铺都是主营女式休闲裤，但自己的店铺主打 A 款商品，对方店铺主打 B 款商品，则对方店铺就不是自己的直接竞争对手。也就是说，即使两家店铺主营的是相同类目，也要进一步分析商品的款式、属性等是否相似。

（3）客单价

商品的客单价决定了客户的消费层级。即使两家店铺在商品类目、风格和属性上都非常相似，但在商品客单价方面差距大，那么这两家店铺也不构成竞争关系。

（4）店铺风格

大多数店铺的设计风格都是根据商品特点和客户喜好来设计的。如果发现有的店铺的风格与自身店铺的风格非常相似，就可以进一步分析该店铺的商品类目、属性等情况，判断其是否符合竞店的标准。

二、竞争对手分析的常用模型

竞争对手分析的方法有很多，如通过排行榜直观了解竞争对手情况，或通过四象限图进行多维度分析。这里重点介绍利用波特竞争力模型和 SWOT 分析模型来分析竞争对手。

1. 波特竞争力模型

波特竞争力模型是将大量不同的因素汇集在一个简单模型中，常用于竞争战略分析。这个模型确定了竞争的五种主要来源，分别是同行业现有竞争者的竞争能力、潜在竞争者的进入能力、替代品的替代能力、供应商的讨价还价能力和购买者的讨价还价能力。因此，该模型分析方法又被称为波特五力模型分析法。

（1）现有竞争者的竞争能力

现有竞争者的竞争能力用于评估企业应对直接竞争者的能力。竞争对手的数量、竞争对手实力的强弱、客户的忠诚度、行业的增长速度和规模等指标都是考验企业应对竞争对手能力的因素。由于电商市场跨越时间和空间，不受传统市场时间、地域性的限制，各行业的竞争对手更多，这就需要企业通过分析市场、客户、行业和竞争对手等来增强自身的竞争力。

（2）潜在竞争者的进入能力

潜在竞争者的进入能力用于评估企业应对潜在竞争者的能力。如果企业所处市场处于盈利的状态，必然会吸引竞争者进入，则势必削弱企业的盈利能力。如果企业拥有强大而持久的进入壁垒，如专利、规模经济、资本要求或政府政策等，那么企业应对潜在竞争者的能力将会强大。反之，企业则容易在竞争中失去优势。电商市场瞬息万变，企业无时无刻不面临大量的潜在竞争者。如何提高自身能力，如实现品牌溢价、打造商品或服务差异化、加强专利版权保护等，都是电商企业应重视的问题。

（3）替代品的替代能力

替代品的替代能力用于评估企业应对替代品的能力。假设企业销售 A 品牌手机，如果客户对该手机的价格、功能、款式等不满意，并且可以轻易地寻找到其他替代品，如 B 品牌手机、C 品牌手机等，则替代品的替代能力强。替代品的数量、性能和客户改用替代品所需的成本，将直接决定企业能否拥有持续的竞争力。

（4）供应商的讨价还价能力

供应商的讨价还价能力用于评估企业拥有的供应商资源。如果企业只有一家供应商，此时供应商由于独家经营，可以大幅度提高售价甚至拒绝售卖。由此可见一家企业可选择的供应商越少，企业就越容易处于相对弱势。相反，当企业拥有大量供应商时，企业所处的位置就更有优势。就电商企业而言，如何选择供应商，与多少供应商合作，是稳定货源、控制成本的关键所在。

（5）购买者的讨价还价能力

购买者的讨价还价能力用于评估企业的客户资源。如果企业拥有大量稳定的客户资源，那么企业对定价就有绝对的控制权。企业拥有多少客户，也决定了自身的竞争力。因此如何吸引和稳定客户，也是电商企业需要关注的问题。

通过对波特竞争力模型中涉及竞争的五种主要来源分析，即可确定一个行业的基本竞争态势，从而制定有效的竞争策略。该模型除了用于行业整体的分析，还可以用于对比分析具体竞争对手，通过专家打分进行量化处理。

2. SWOT 分析模型

SWOT 分析模型也称 TOWS 分析法、道斯矩阵或态势分析法，常用于企业战略制定和竞争对手分析等场合。SWOT 分析模型包括企业的优势（Strengths）、劣势（Weaknesses）、机会（Opportunities）、威胁（Threats）。因此，SWOT 分析模型实际上是对企业内外部条件进行综合和概括，进而分析组织的优劣势、面临的机会和威胁的一种方法。

（1）SWOT 分析模型的四要素含义

建立 SWOT 分析模型前，应结合电商运营的实际情况考虑以下问题。

1）优势。即企业擅长的是什么？在店铺经营的各个环节，如采购、管理、运营、服务上有什么优势？是否拥有其他竞争对手不具备或做不到的优势？客户为什么会选择自己？

2）劣势。即企业不擅长的是什么？商品或服务是否不足以吸引客户？客服管理机制是否不够完善？竞争对手优势是否太明显？老客户是否流失严重？是否出现过失败的运营案例，是什么原因导致的失败？

3）机会。即企业有没有可能吸引新的客户？在商品或服务等方面能不能做到差异化？竞争对手的劣势是不是企业自身的机会？行业未来的发展机会对企业是否有利？

4）威胁。即竞争对手有没有明显的改变？竞争对手有没有强有力的运营计划？是否有潜在的竞争对手出现？

（2）SWOT 分析模型的分析方法

SWOT 分析模型的四要素中，优势与劣势属于内部能力，机会与风险属于外部因素，将这四要素进行组合即可建立 SWOT 分析模型，见表 3-2-1。根据不同的组合可以分别采用杠杆效应、抑制性、脆弱性和问题性 4 个概念进行分析。

表 3-2-1　　SWOT 分析模型

内部能力 / 外部因素	优势（Strengths）	劣势（Weaknesses）
机会（Opportunities）	SO（优势 + 机会）	WO（劣势 + 机会）
威胁（Threats）	ST（优势 + 威胁）	WT（劣势 + 威胁）

1）杠杆效应（优势 + 机会）。杠杆效应产生于内部优势与外部机会相互适应时，即企业在面对竞争对手时既具备明显的优势，又恰逢合适的机会。在这种情形下企业就可以用自身的内部优势“撬起”外部机会，使机会与优势充分结合。此时企业可以大胆制订运营计划，把握机会，抢占更多的市场份额。

2）抑制性（劣势 + 机会）。抑制性意味着妨碍、阻止、影响与控制。即企业虽然面临很好的机会，但由于自身具有明显的劣势，无法充分发挥外部机会的优势。此时企业首先要解决的就是将劣势转化为优势，抓住外部机会。如果是资金不足，就要想办法筹集更多的资金；如果是管理不完善，就要制定更好的管理制度；如果是商品或服务在同类型市场中毫无优势，就可以考虑向差异化方向发展等。

3）脆弱性（优势 + 威胁）。脆弱性意味着内部优势的程度或强度降低、减少。即企业虽然有自身优势，但市场环境尚存威胁，使内部优势得不到发挥。例如企业的品牌可靠，并有大量极具忠诚度的客户，但企业所占有的市场份额在不断缩小。此时需要解决的外部威胁就是市场不断缩小的情况，要么进一步占有市场份额，成为行业龙头，在有限的市场中占据主导地位；要么尝试进入其他行业，凭借自身优势以新的竞争者的身份开拓市场。

4）问题性（劣势 + 威胁）。当内部劣势与外部威胁结合时，企业就面临严峻的挑战，如果处理不当就可能导致企业无法生存。此时企业应找准自身劣势，通过一系列深入变革将劣势转化为优势，做好各种威胁的应对机制，在威胁中寻求机会，重新获得市场的信任。

任务实施

一、竞店分析

1. 使用生意参谋分析竞店

通过生意参谋，企业可以轻松地添加竞店并查看其数据，在生意参谋“竞争”板块“监控店铺”页面的右上角单击“竞争配置”超链接，即可进入竞店配置的页面。此时“监控店铺列表”区域显示的就是已经添加的竞争对手，单击相应的“更改”超链接可重新选择竞争对手，单击“取消”超链接可删除已添加的竞争对手。

步骤 1　要添加新的竞争对手，可单击“+”按钮，在弹出的下拉列表框中输入或粘贴店铺网址，选择自动出现的竞店选项，如图 3-2-1 所示。接着右侧将会出现“添加监控”按钮，单击该按钮即可完成竞店的添加操作。

图 3-2-1　添加竞店

步骤 2　在“竞争”板块中的“竞店识别”页面，可以通过四象限图的形式显示自己店铺的访客流入竞店的情况，如图 3-2-2 所示。在四象限图中，处于“高流失、高销量”的竞店对店铺是最具威胁性的。

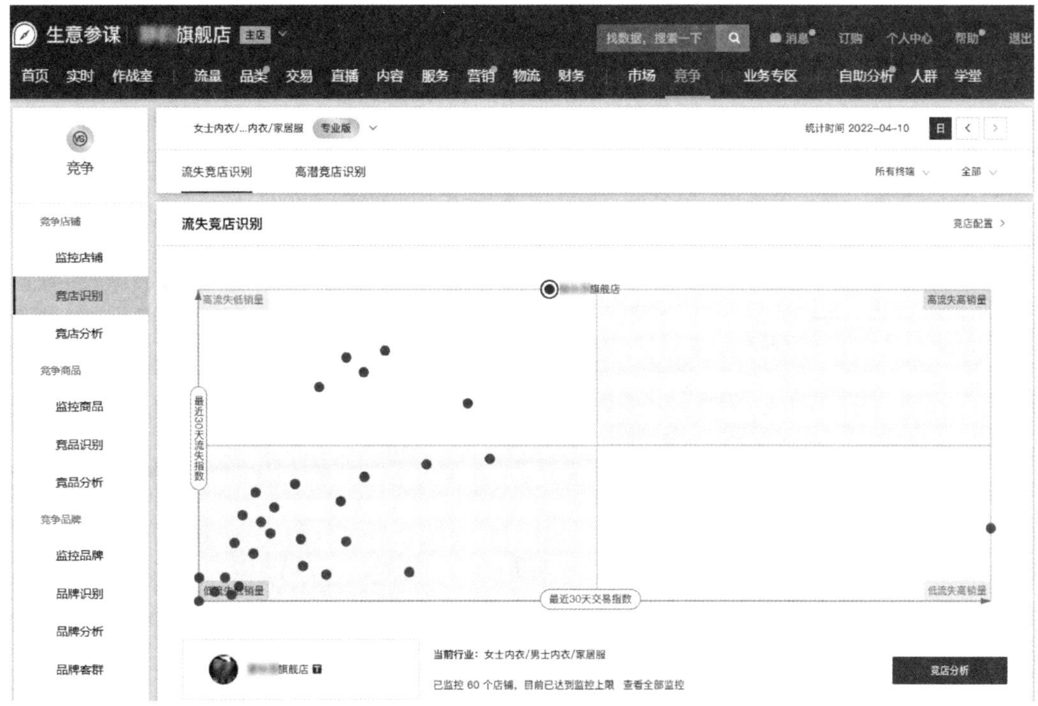

图 3-2-2 四象限图识别竞店

步骤 3 通过四象限图找到近期最具威胁的竞店后，可以回到“监控店铺”页面，如图 3-2-3 所示。

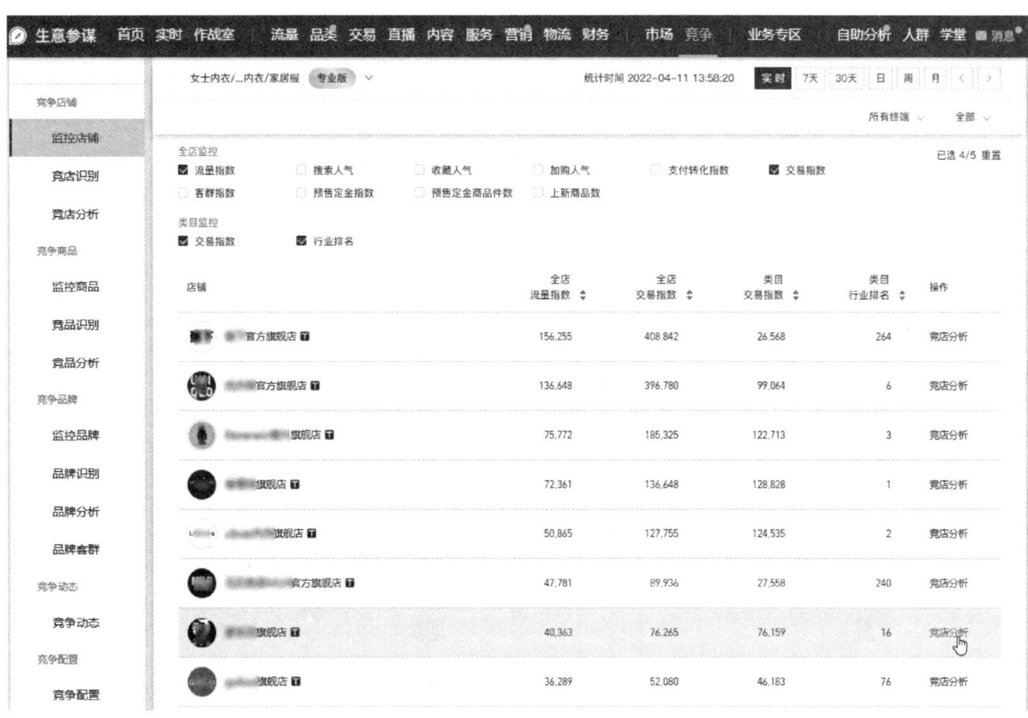

店铺	全店流量指数	全店交易指数	类目交易指数	类目行业排名	操作
官方旗舰店	156,255	408,842	26,568	264	竞店分析
官方旗舰店	136,648	396,780	99,064	6	竞店分析
旗舰店	75,772	185,325	122,713	3	竞店分析
旗舰店	72,361	136,648	128,828	1	竞店分析
旗舰店	50,865	127,755	124,535	2	竞店分析
官方旗舰店	47,781	89,936	27,558	240	竞店分析
旗舰店	40,363	76,265	76,159	16	竞店分析
旗舰店	36,289	52,080	46,183	76	竞店分析

图 3-2-3 “监控店铺”页面

步骤 4　单击该店铺右侧对应的“竞店分析”超链接，便可详细对比本店与竞店的各项数据指标。

（1）关键指标对比

在该区域可以对比本店与竞店的交易指数、流量指数、搜索人气、收藏人气、加购人气、预售定金交易指数、预售支付商品件数、上新商品件数等重点指标，如图 3-2-4 所示。

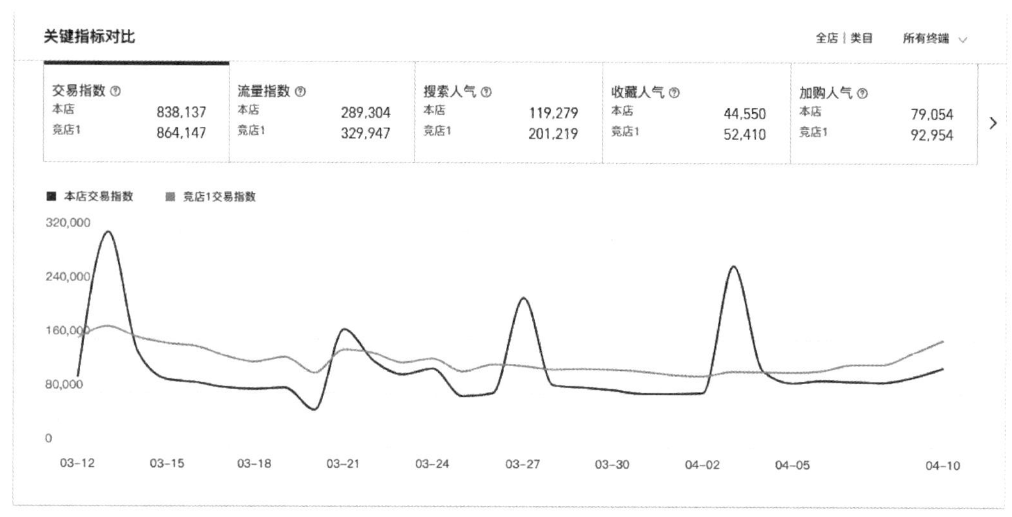

图 3-2-4　关键指标对比

（2）商品榜对比

在该区域可以对比本店与竞店的热销商品的具体数据，如图 3-2-5 所示。

TOP商品榜　热销　流量

本店 商品	交易指数	竞店1 商品
草莓熊睡衣情侣... 较前 30 日	319,066 -	春秋季纯棉长袖家居服... 较前 30 日
睡衣女春秋纯棉长袖情... 较前 30 日	260,284 -	冰丝短袖短裤丝绸家... 较前 30 日
草莓熊睡衣女春... 较前 30 日	197,278 -	女士春秋款秋季纯棉长... 较前 30 日
睡衣女2022年新款春秋... 较前 30 日	182,581 -27.71%	夏天长袖丝绸冰丝家居... 较前 30 日
纯棉情侣睡衣女士春... 较前 30 日	104,447 +44.79%	睡衣女士春秋款秋季纯棉长袖家... 较前 30 日
情侣睡衣女夏季... 较前 30 日	92,161 +74.66%	秋季纯棉长袖家居... 较前 30 日
草莓熊纯棉... 较前 30 日	87,354 -34.65%	2022年新款睡衣女士春秋款秋季... 较前 30 日
2022年新款情侣睡衣女... 较前 30 日	87,203 +133.86%	睡衣男士夏季丝绸冰丝短袖长裤... 较前 30 日
新婚情侣睡衣女... 较前 30 日	86,585 +3.15%	冬季珊瑚绒加绒加厚保... 较前 30 日
睡衣男士春秋款纯棉长... 较前 30 日	86,058 -11.88%	春秋丝绸冰丝春季夏季... 较前 30 日

图 3-2-5　TOP 商品榜对比

（3）交易构成对比

在该区域可以对比本店与竞店类目、价格带的交易占比，如图 3-2-6 所示。

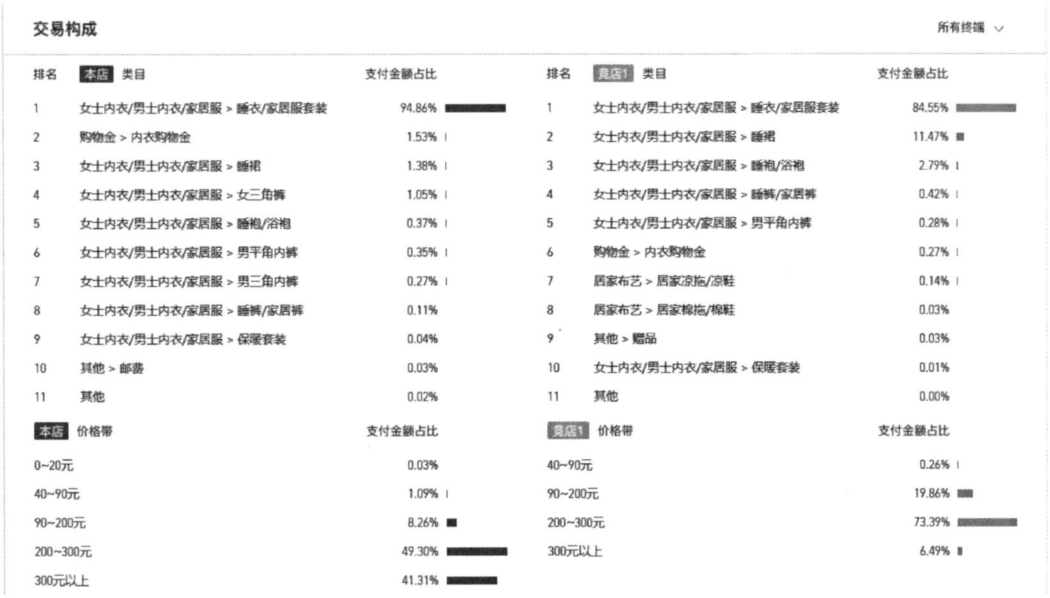

交易构成　　所有终端

排名	本店 类目	支付金额占比	排名	竞店1 类目	支付金额占比
1	女士内衣/男士内衣/家居服 > 睡衣/家居服套装	94.86%	1	女士内衣/男士内衣/家居服 > 睡衣/家居服套装	84.55%
2	购物金 > 内衣购物金	1.53%	2	女士内衣/男士内衣/家居服 > 睡裙	11.47%
3	女士内衣/男士内衣/家居服 > 睡裙	1.38%	3	女士内衣/男士内衣/家居服 > 睡袍/浴袍	2.79%
4	女士内衣/男士内衣/家居服 > 女三角裤	1.05%	4	女士内衣/男士内衣/家居服 > 睡裤/家居裤	0.42%
5	女士内衣/男士内衣/家居服 > 睡袍/浴袍	0.37%	5	女士内衣/男士内衣/家居服 > 男平角内裤	0.28%
6	女士内衣/男士内衣/家居服 > 男平角内裤	0.35%	6	购物金 > 内衣购物金	0.27%
7	女士内衣/男士内衣/家居服 > 男三角内裤	0.27%	7	居家布艺 > 居家凉拖/凉鞋	0.14%
8	女士内衣/男士内衣/家居服 > 睡裤/家居裤	0.11%	8	居家布艺 > 居家棉拖/棉鞋	0.03%
9	女士内衣/男士内衣/家居服 > 保暖套装	0.04%	9	其他 > 赠品	0.03%
10	其他 > 邮费	0.03%	10	女士内衣/男士内衣/家居服 > 保暖套装	0.01%
11	其他	0.02%	11	其他	0.00%

本店 价格带	支付金额占比	竞店1 价格带	支付金额占比
0~20元	0.03%	40~90元	0.26%
40~90元	1.09%	90~200元	19.86%
90~200元	8.26%	200~300元	73.39%
200~300元	49.30%	300元以上	6.49%
300元以上	41.31%		

图 3-2-6　交易构成对比

（4）店铺流量来源对比

在该区域可以对比本店与竞店淘内免费、自主访问、付费流量等多个流量来源的具体数据，如图 3-2-7 所示。

入店来源　　无线端

对比指标　◉ 流量指数　○ 客群指数　○ 支付转化指数　○ 交易指数

流量来源	本店 流量指数	竞店1 流量指数	本店访客数	操作
淘内免费	266,851	261,257	2,287,663	
付费流量	113,773	187,372	498,211	
自主访问	79,308	127,852	262,540	
淘外网站	3,977	5,816	1,489	
淘外媒体	3,236	3,485	1,055	
大促会场	1,267	3,139	226	
其他来源	107	182	5	
淘外APP	0	0	0	

图 3-2-7　店铺流量来源对比

2. 竞店经营类目分析

下面以某竞店商品的数据为例，介绍竞店经营类目的分析方法，具体操作步骤如下。

步骤 1　打开“竞店经营类目分析 .xlsx”文件，主要涉及的项目包括序号、商品（宝贝）标题、各级类目、客单价、销售额和销量，如图 3-2-8 所示。

竞店经营类目分析

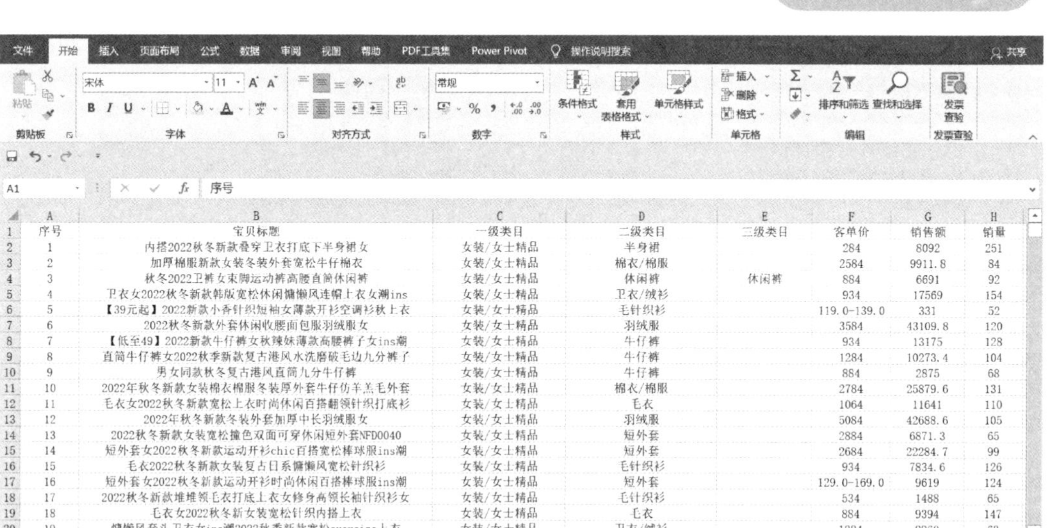

序号	宝贝标题	一级类目	二级类目	三级类目	客单价	销售额	销量
1	内搭2022秋冬新款叠穿卫衣打底下半身裙女	女装/女士精品	半身裙		284	8092	251
2	加厚棉服新款女装冬装外套宽松牛仔棉衣	女装/女士精品	棉衣/棉服		2584	9911.8	84
3	秋冬2022卫裤女束脚运动裤高腰直筒休闲裤	女装/女士精品	休闲裤	休闲裤	884	6691	92
4	卫衣女2022秋冬新款韩版宽松休闲慵懒风连帽上衣女潮ins	女装/女士精品	卫衣/绒衫		934	17569	154
5	【39元起】2022新款小香针织短袖女薄款开衫空调衫秋上衣	女装/女士精品	毛针织衫		119.0-139.0	331	52
6	2022秋冬新款外套休闲收腰面包服羽绒服女	女装/女士精品	羽绒服		3584	43109.8	120
7	【低至49】2022新款牛仔裤女秋辣妹薄款高腰裤子女ins潮	女装/女士精品	牛仔裤		934	13175	128
8	直筒牛仔裤女2022秋季新款复古港风水洗磨破毛边九分裤子	女装/女士精品	牛仔裤		1284	10273.4	104
9	男女同款秋冬复古港风直筒九分牛仔裤	女装/女士精品	牛仔裤		884	2875	68
10	2022年秋冬新款女装棉衣棉服冬装厚外套牛仔仿羊羔毛外套	女装/女士精品	棉衣/棉服		2784	25879.6	131
11	毛衣女2022秋冬新款宽松上衣时尚休闲百搭翻领针织打底衫	女装/女士精品	毛衣		1064	11641	110
12	2022年秋冬新款冬装外套加厚中长羽绒服女	女装/女士精品	羽绒服		5084	42688.6	105
13	2022秋冬新款女装宽松撞色双面可穿休闲短外套NFD0040	女装/女士精品	短外套		2884	6871.3	65
14	短外套女2022秋冬新款运动开衫chic百搭宽松棒球服ins潮	女装/女士精品	短外套		2684	22284.7	99
15	毛衣2022秋冬新款女装复古日系慵懒风宽松针织衫	女装/女士精品	毛针织衫		934	7834.6	126
16	短外套女2022秋冬新款运动开衫时尚休闲百搭棒球服ins潮	女装/女士精品	短外套		129.0-169.0	9619	124
17	2022秋冬新款堆堆领毛衣打底上衣女修身高领长袖针织衫女	女装/女士精品	毛针织衫		534	1488	65
18	毛衣女2022秋冬新女装宽松针织内搭上衣	女装/女士精品	毛衣		884	9394	147
19	慵懒风套头卫衣女ins潮2022秋季新款宽松oversize上衣	女装/女士精品	卫衣/绒衫		1284	2960	63

图 3-2-8　导出并整理后的某竞店数据

步骤 2　选择菜单栏中的“插入”选项卡，单击“数据透视表”按钮，如图 3-2-9 所示，创建数据透视表。

序号	宝贝标题	一级类目	二级类目	三级类目	客单价	销售额	销量
1	内搭2022秋冬新款叠穿卫衣打底下半身裙女	女装/女士精品	半身裙		284	8092	251
2	加厚棉服新款女装冬装外套宽松牛仔棉衣	女装/女士精品	棉衣/棉服		2584	9911.8	84
3	秋冬2022卫裤女束脚运动裤高腰直筒休闲裤	女装/女士精品	休闲裤	休闲裤	884	6691	92
4	卫衣女2022秋冬新款韩版宽松休闲慵懒风连帽上衣女潮ins	女装/女士精品	卫衣/绒衫		934	17569	154
5	【39元起】2022新款小香针织短袖女薄款开衫空调衫秋上衣	女装/女士精品	毛针织衫		119.0-139.0	331	52
6	2022秋冬新款外套休闲收腰面包服羽绒服女	女装/女士精品	羽绒服		3584	43109.8	120
7	【低至49】2022新款牛仔裤女秋辣妹薄款高腰裤子女ins潮	女装/女士精品	牛仔裤		934	13175	128
8	直筒牛仔裤女2022秋季新款复古港风水洗磨破毛边九分裤子	女装/女士精品	牛仔裤		1284	10273.4	104
9	男女同款秋冬复古港风直筒九分牛仔裤	女装/女士精品	牛仔裤		884	2875	68
10	2022年秋冬新款女装棉衣棉服冬装厚外套牛仔仿羊羔毛外套	女装/女士精品	棉衣/棉服		2784	25879.6	131
11	毛衣女2022秋冬新款宽松上衣时尚休闲百搭翻领针织打底衫	女装/女士精品	毛衣		1064	11641	110
12	2022年秋冬新款冬装外套加厚中长羽绒服女	女装/女士精品	羽绒服		5084	42688.6	105
13	2022秋冬新款女装宽松撞色双面可穿休闲短外套NFD0040	女装/女士精品	短外套		2884	6871.3	65
14	短外套女2022秋冬新款运动开衫chic百搭宽松棒球服ins潮	女装/女士精品	短外套		2684	22284.7	99
15	毛衣2022秋冬新款女装复古日系慵懒风宽松针织衫	女装/女士精品	毛针织衫		934	7834.6	126
16	短外套女2022秋冬新款运动开衫时尚休闲百搭棒球服ins潮	女装/女士精品	短外套		129.0-169.0	9619	124
17	2022秋冬新款堆堆领毛衣打底上衣女修身高领长袖针织衫女	女装/女士精品	毛针织衫		534	1488	65
18	毛衣女2022秋冬新女装宽松针织内搭上衣	女装/女士精品	毛衣		884	9394	147
19	慵懒风套头卫衣女ins潮2022秋季新款宽松oversize上衣	女装/女士精品	卫衣/绒衫		1284	2960	63

图 3-2-9　创建数据透视表

步骤 3　将“二级类目”字段拖曳到“行”对话框，将“序号”字段拖曳到“值”对话框中，单击“值”对话框中“序号”字段，在弹出的列表框中选择“值字段设置”按钮，如图 3-2-10 所示。

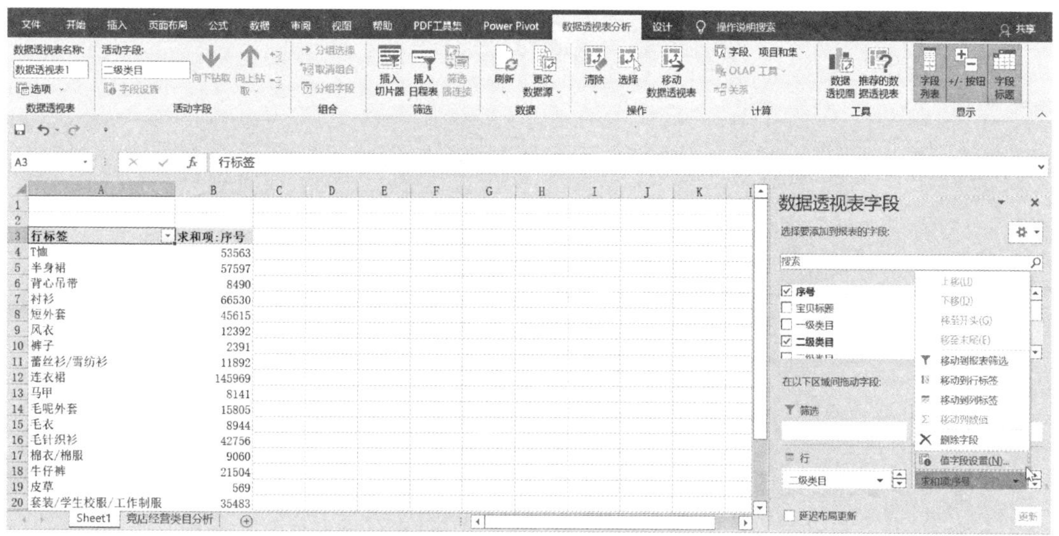

图 3-2-10　添加字段

步骤 4　弹出“值字段设置”对话框，在“计算类型”列表框中选择“计数”选项，如图 3-2-11 所示，单击“确定”按钮即可。

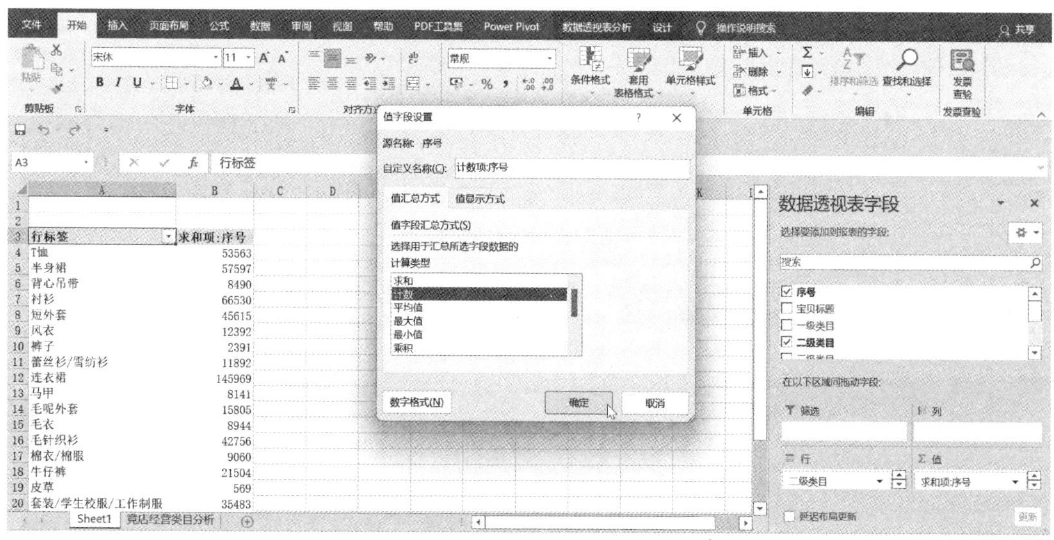

图 3-2-11　值字段设置

步骤 5　选择数据透视表中的任意数据，选择工作表菜单栏中的“数据透视表分析”，单击“数据透视图”按钮，在弹出的“插入图表”对话框中，选择左侧的“饼图”选项，然后选择上方第一种饼图类型，如图 3-2-12 所示，单击“确定”按钮。

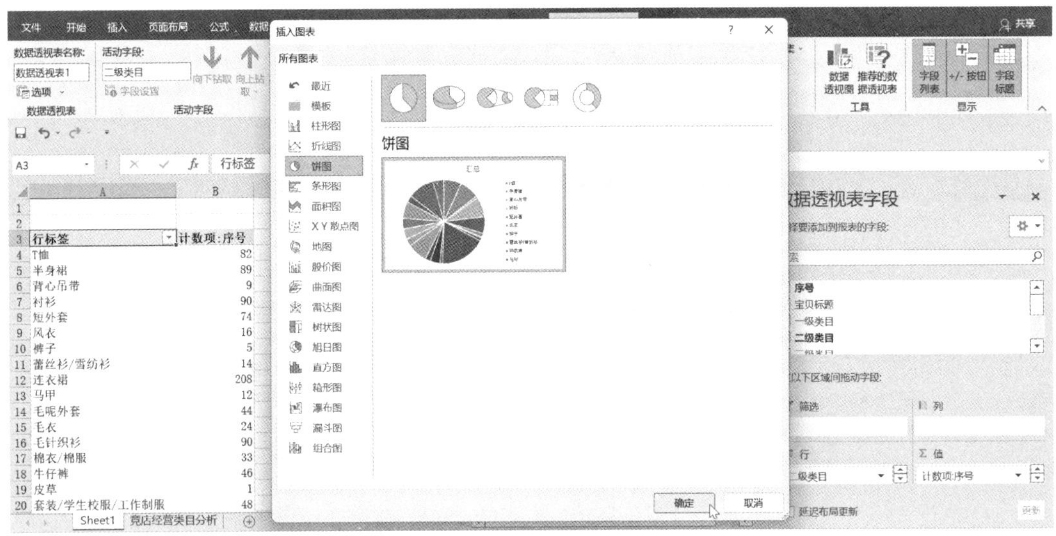

图 3-2-12　创建数据透视图

步骤 6　单击数据透视图，在工作表菜单栏中选择“设计”，单击“快速布局”按钮，选择饼图“布局 4”的布局样式，完成后适当增加图表的宽度和高度，如图 3-2-13 所示。

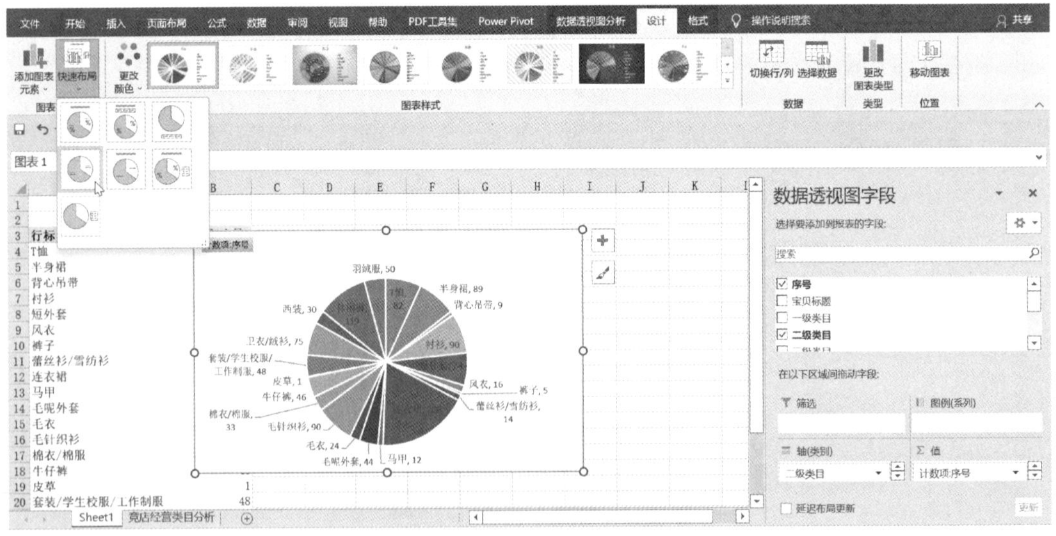

图 3-2-13　设置布局样式

步骤 7　双击数据透视图上任意一个数据标签，选择工作表右侧“标签选项”，单击“标签选项”弹出下拉列表框。在“标签包括”栏下方依次单击选中“类别名称”“值”“百分比”“显示引导线”复选框，在“分隔符”下拉列表框中选择“(新文本行)”选项，再单击“标签位置”栏下方“数据标签外”单选框即可，如图 3-2-14 所示。

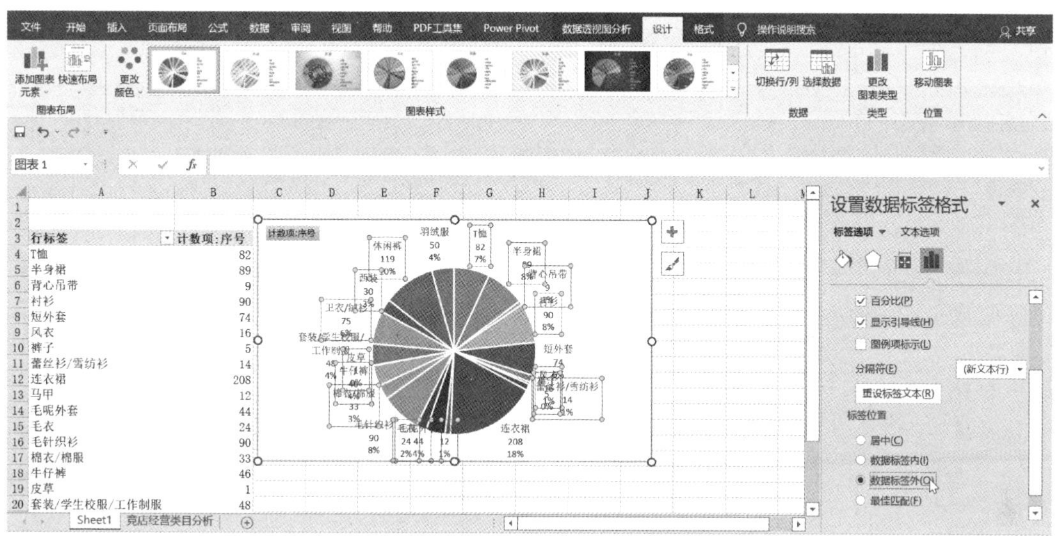

图 3-2-14 设置数据标签

步骤 8 单独调整各数据标签的位置，使内容清晰地显示出来，如图 3-2-15 所示。从图 3-2-15 中可知，该竞店经营的类目较多，包括连衣裙、休闲裤、毛针织衫、衬衫等。如果自身实力低于该竞店，则应该考虑避开该竞店的主营商品，而在其他类目上与其展开竞争。

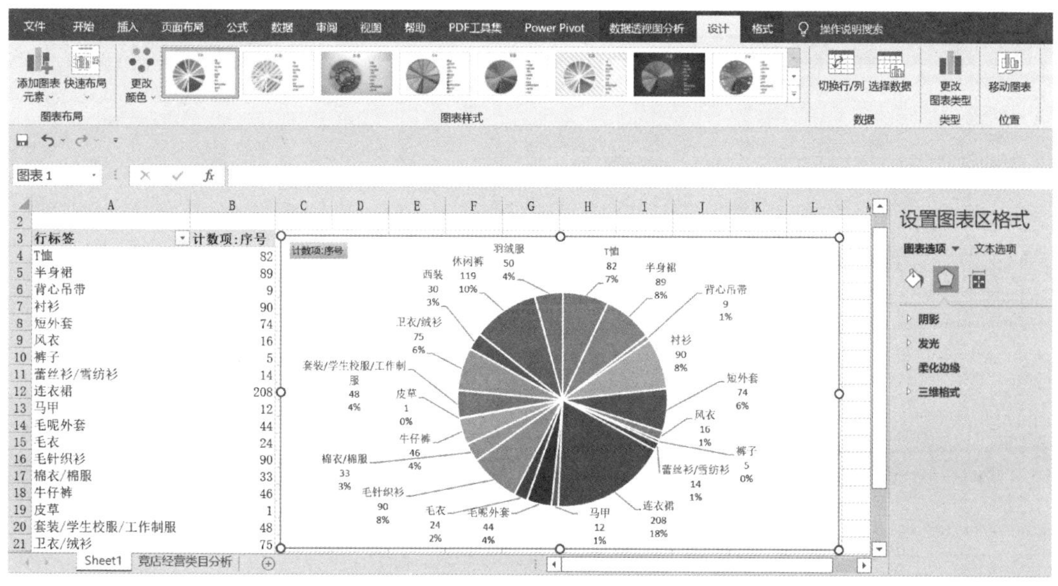

图 3-2-15 调整各数据标签

3. 竞店类目销量分析

步骤 1 打开“竞店类目销量分析.xlsx”文件，创建数据透视表，将“二级类目”字段拖曳到“行”对话框，将“销

量”字段拖曳到“值”对话框中，如图 3-2-16 所示。

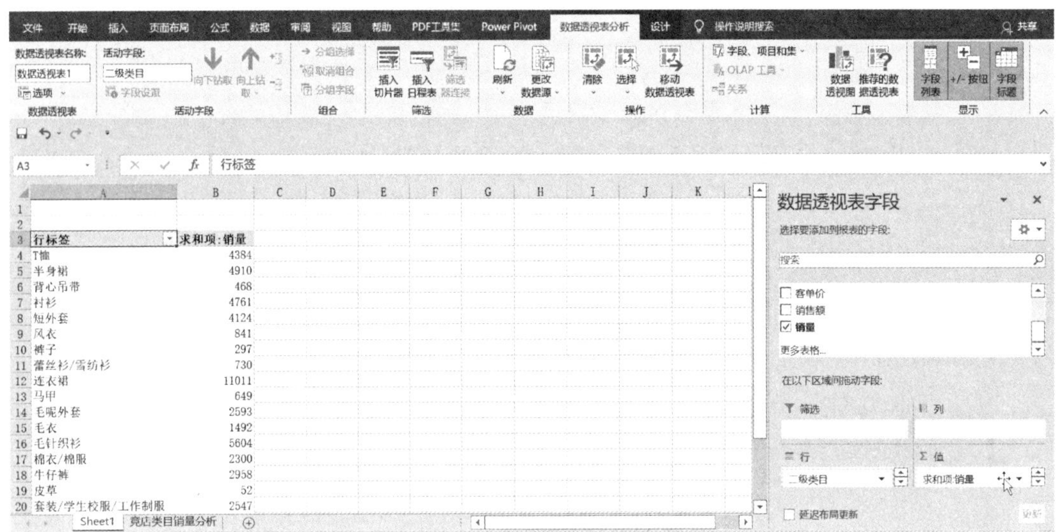

图 3-2-16　数据透视表字段设置

步骤 2　选择数据透视表中的任意数据，选择工作表菜单栏中的“数据透视图分析”，单击“数据透视图”按钮，弹出“插入图表”对话框，选择左侧的“条形图”选项，然后选择上方第一种簇状条形图类型，如图 3-2-17 所示，单击“确定”按钮。

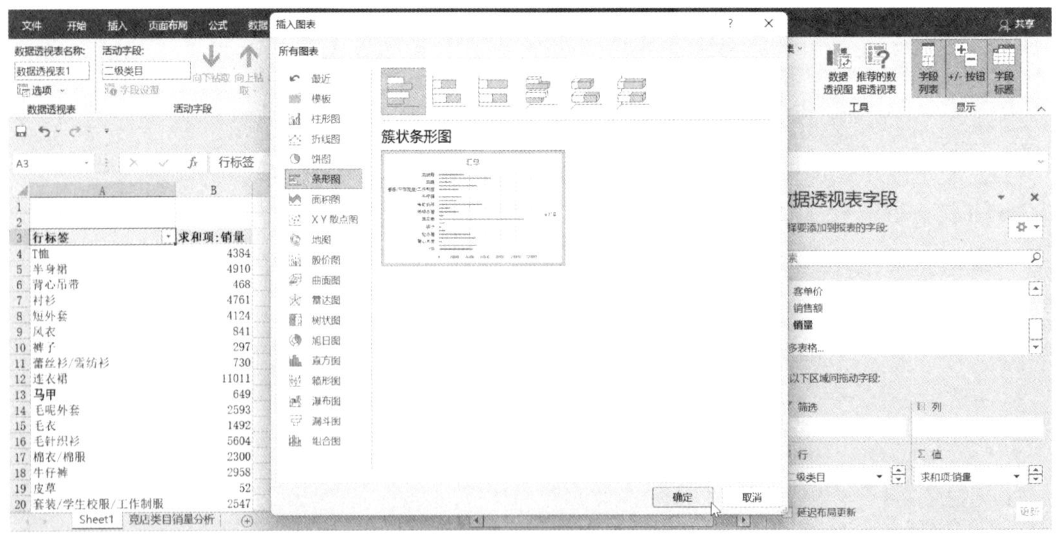

图 3-2-17　创建数据透视图

步骤 3　单击数据透视图，在工作表菜单栏中选择“设计”选项卡，单击“图表样式”按钮，在下拉列表框中选择“样式 9”，如图 3-2-18 所示。

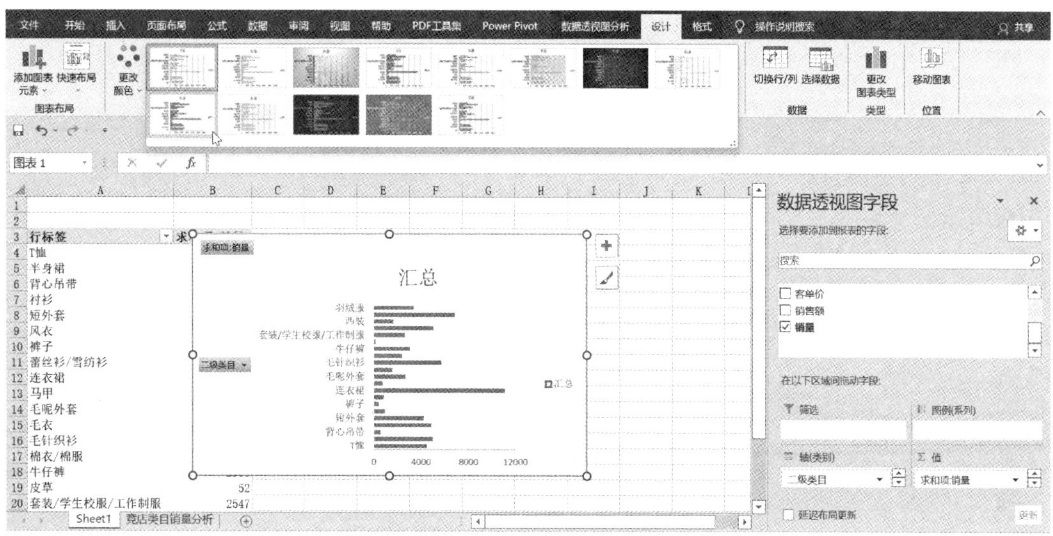

图 3-2-18　设置图表样式

步骤 4　单击数据透视图，在工作表菜单栏中选择“设计”选项卡，单击“添加图表元素”按钮，在下拉列表框中选择“数据标签”选项，单击“数据标签外”按钮，如图 3-2-19 所示。

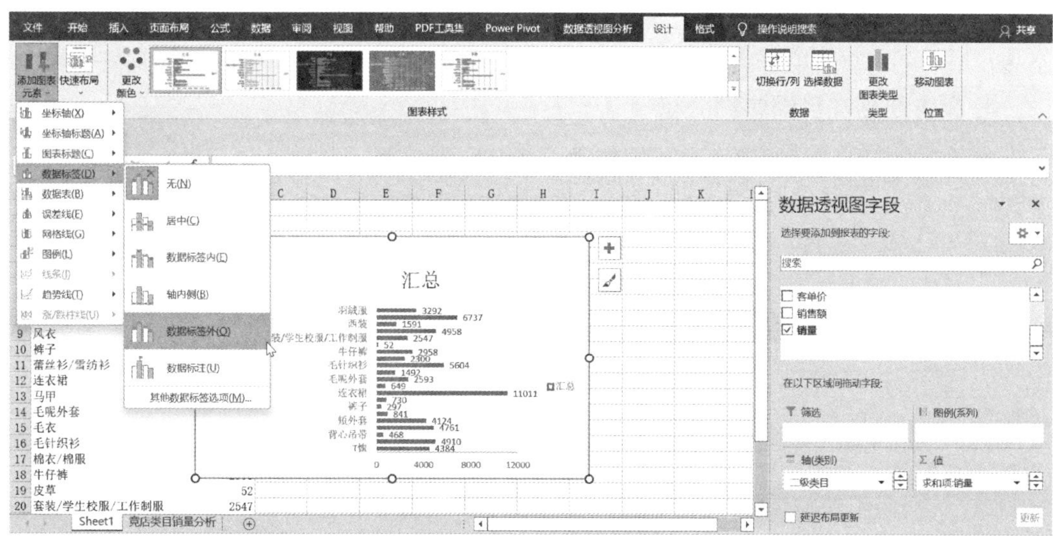

图 3-2-19　设置数据标签

步骤 5　选择工作表菜单栏中的“开始”选项卡，单击数据标签，在“字体”组中单击“加粗”按钮；然后单击“字体颜色”按钮右侧的下拉按钮，在弹出的下拉列表框中选择“红色”选项；删除图表标题和图例，适当增加图表宽度和高度。条形图效果如图 3-2-20 所示。

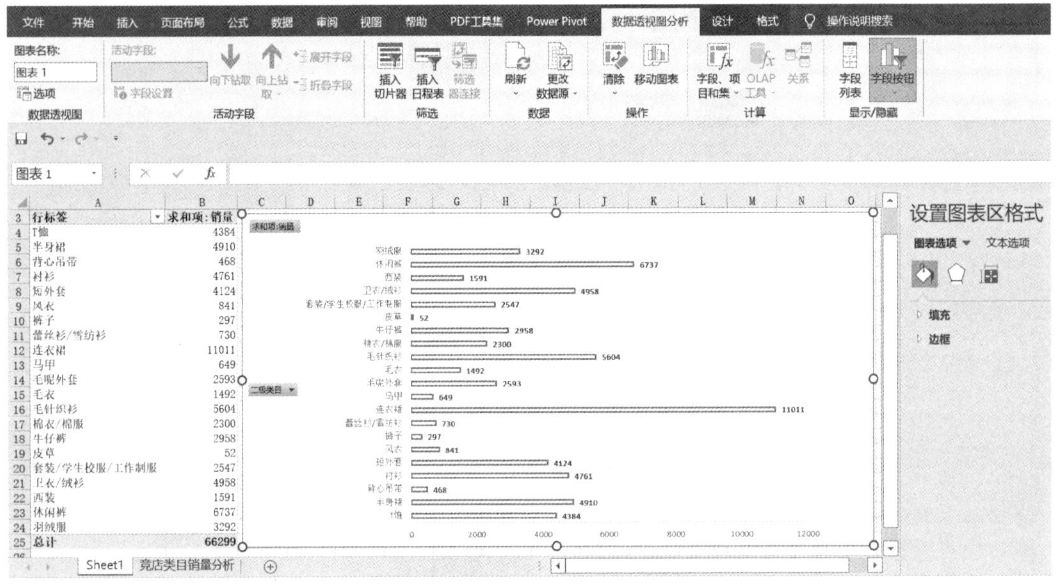

图 3-2-20　条形图效果

从图 3-2-20 中可知，该竞店近期销量较好的商品类目为连衣裙、休闲裤、毛针织衫等，销量都超过了 5 000 件。鉴于数据采集时段为 11 月上旬，针对连衣裙的销量较高这一情况，应进一步考察该竞店是否进行了换季促销活动。若自己店铺也有类似清仓需求，可以参照该竞店的运营思路。

4. 竞店商品类目销售额分析

步骤 1　打开“竞店商品类目销售额分析 .xlsx”文件，创建数据透视表，将“二级类目”字段拖曳到“行”对话框，将“销售额”字段拖曳到“值”对话框中，如图 3-2-21 所示。

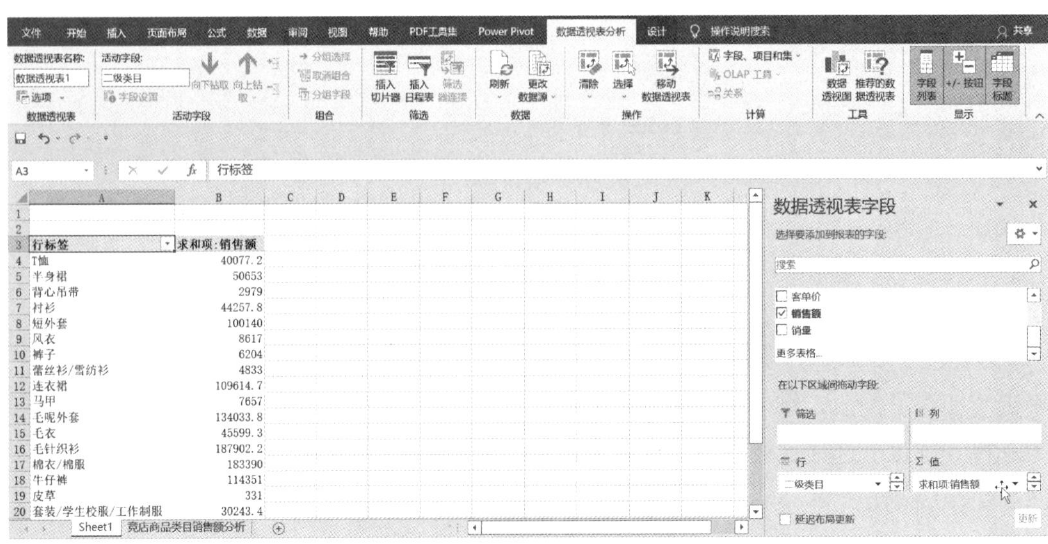

图 3-2-21　数据透视表字段设置

步骤 2 单击“值”对话框中“销售额”字段，在弹出的列表框中选择“值字段设置”按钮，打开“值字段设置”对话框，单击左下角“数字格式”按钮，弹出“设置单元格格式”对话框，在“分类”列表框中选择“数值”选项，如图 3-2-22 所示，然后单击“确定”按钮即可。

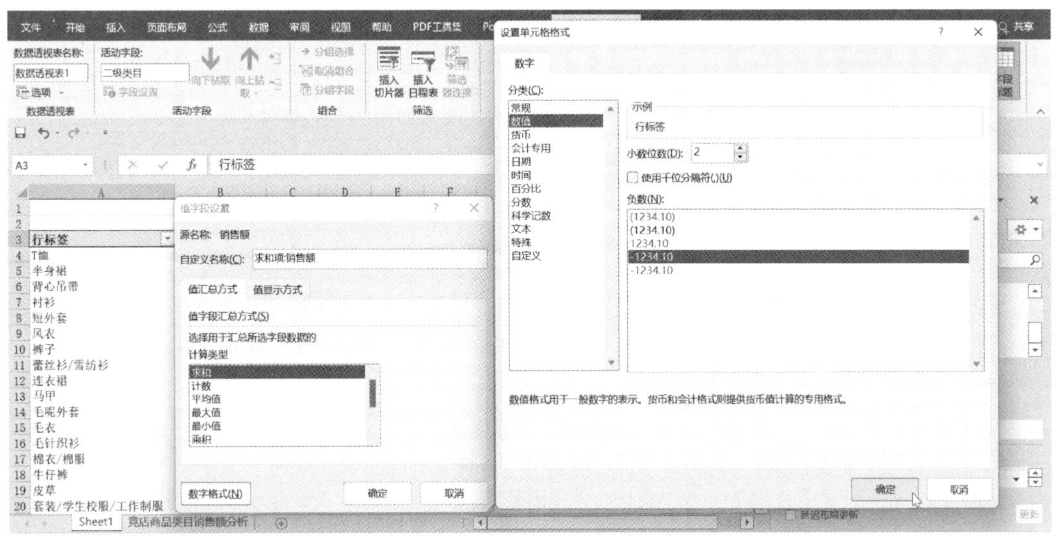

图 3-2-22 值字段设置

步骤 3 选择数据透视表中的任意数据，选择工作表菜单栏中的“数据透视表分析”选项卡，单击“数据透视图”按钮，打开“插入图表”对话框，选择左侧的“条形图”选项，然后选择左上方第一种簇状条形图类型，如图 3-2-23 所示，单击“确定”按钮。

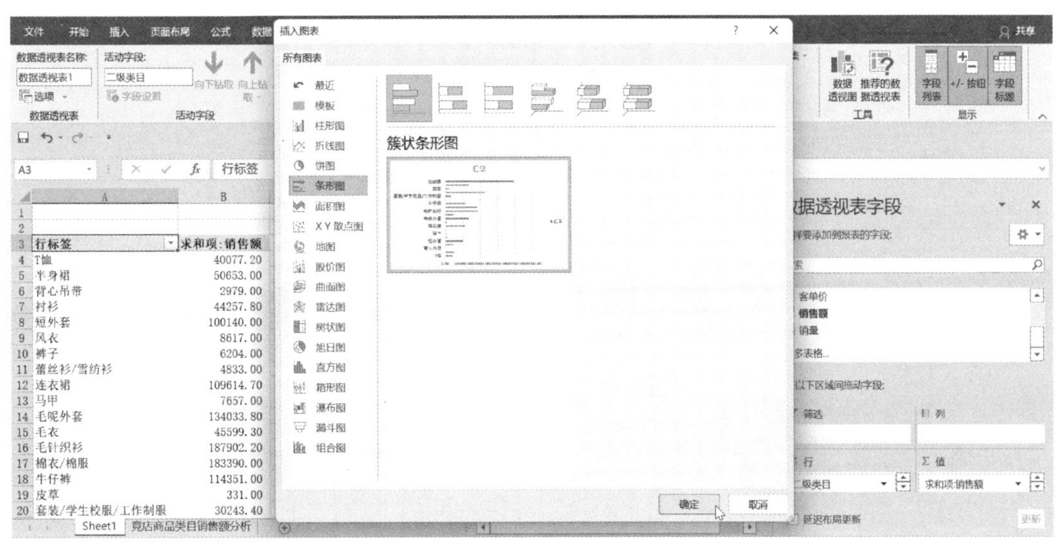

图 3-2-23 创建数据透视图

步骤 4 单击数据透视图，在工作表菜单栏中选择“设计”选项卡，单击“图表样式”按钮，在下拉列表框中选择“样式 9”，如图 3-2-24 所示。

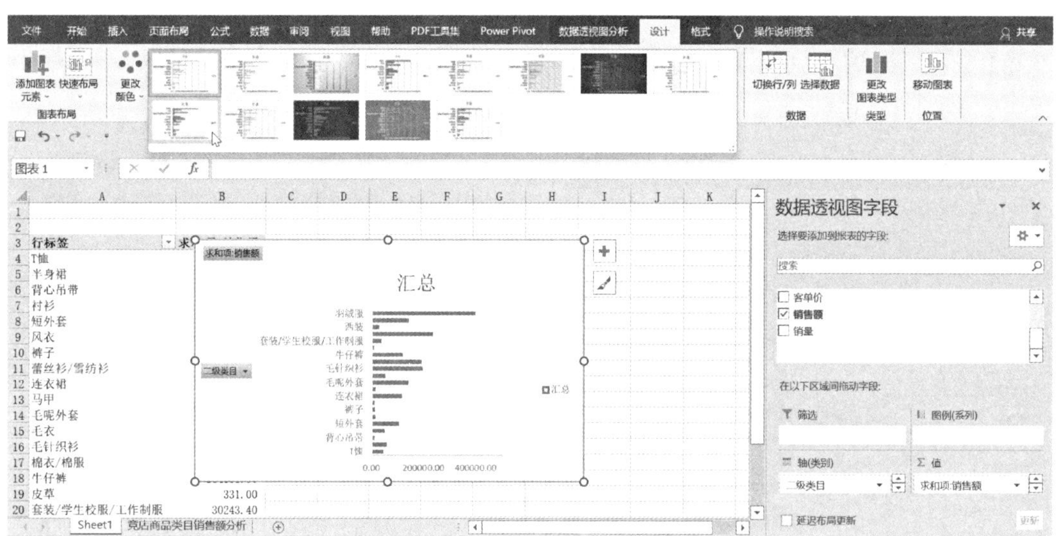

图 3-2-24　设置图表样式

步骤 5　单击数据透视图，单击“添加图表元素”按钮，在下拉列表框中选择“数据标签”选项，单击“数据标签外”按钮，如图 3-2-25 所示。

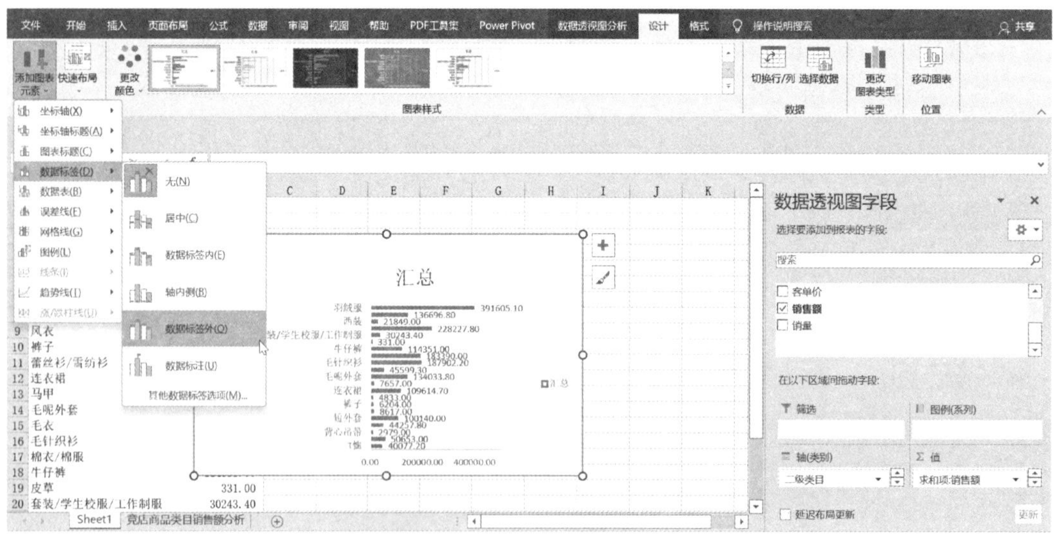

图 3-2-25　设置数据标签

步骤 6　选择工作表菜单栏中的“开始”选项卡，单击数据标签，在“字体”组中单击“加粗”按钮；然后单击“字体颜色”按钮右侧的下拉按钮，在弹出的下拉列表框中选择“红色”选项；删除图表标题和图例，适当增加图表宽度和高度。条形图效果如图 3-2-26 所示。

从图 3-2-26 中可知，羽绒服、卫衣 / 绒衫和毛针织衫是该竞店销售额前 3 名的商品类目。商家可以借鉴竞店热销商品类目促销活动的做法促进自身商品销售。

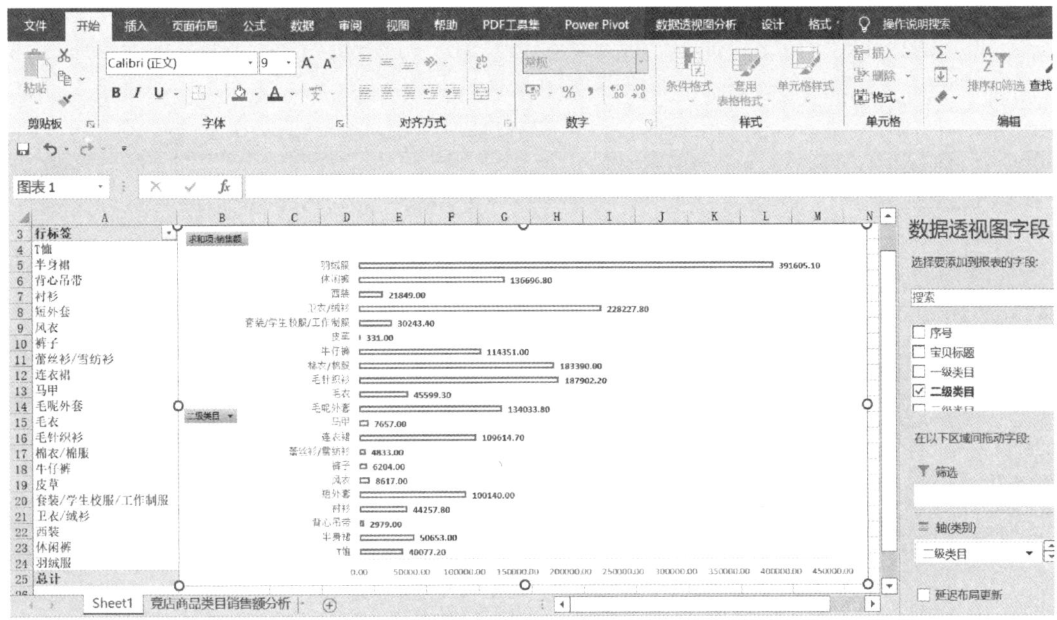

图 3-2-26　条形图效果

5. 竞店各类目商品平均客单价分析

步骤 1　打开“竞店各类目商品平均客单价分析 .xlsx”文件，创建数据透视表，将“二级类目”字段拖曳到“行”对话框，将“客单价”字段拖曳到“值”对话框中，如图 3-2-27 所示。

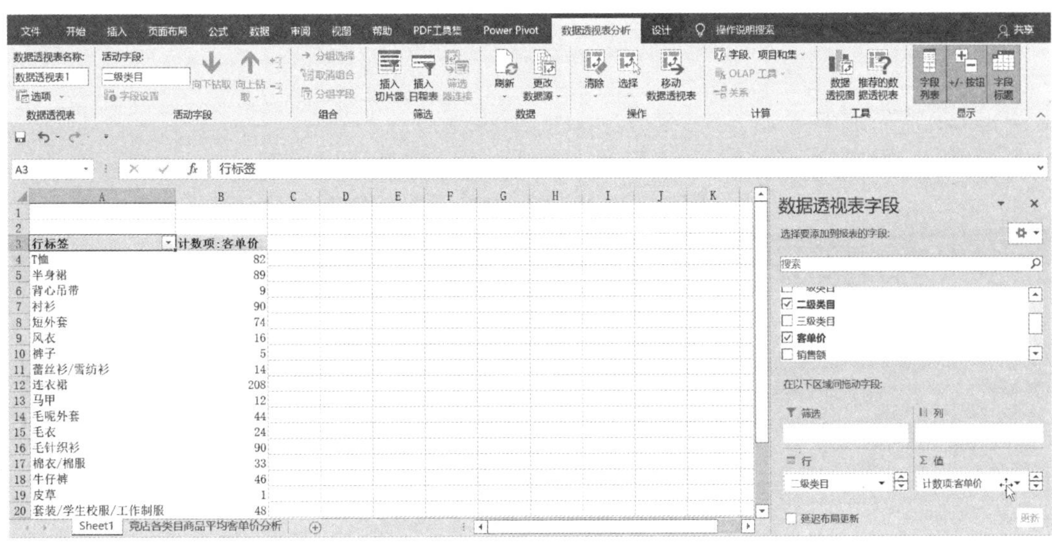

图 3-2-27　数据透视表字段设置

步骤 2　单击“值”对话框中“客单价”字段，在弹出的列表框中选择“值字段设置”按钮，打开“值字段设置”对话框，将该字段的汇总方式设置为“平均值”，单击左下角“数字格式”按钮，弹出“设置单元格格式”对话框，在“分类”列表框中选择“数值”选项，如图 3-2-28 所示。

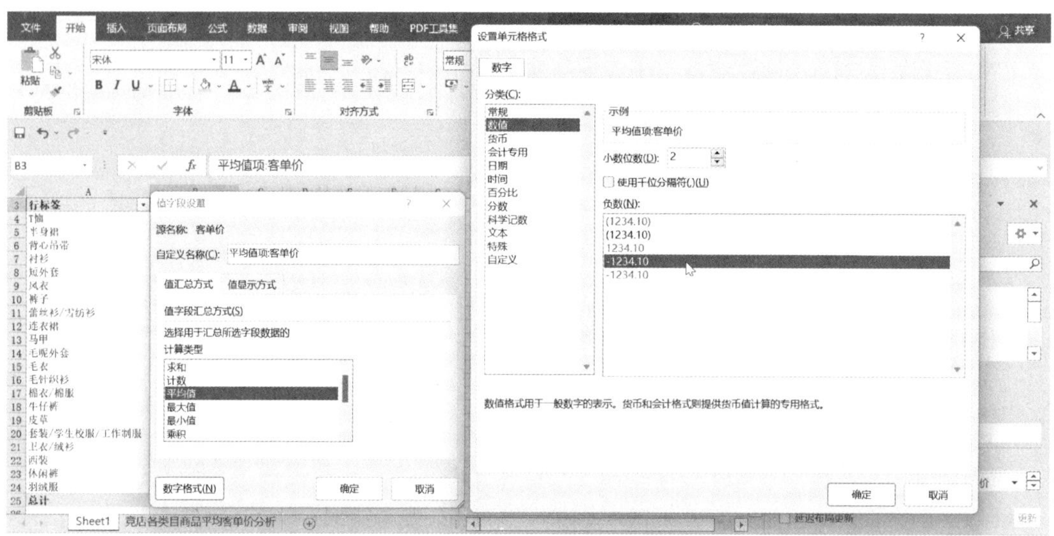

图 3-2-28　值字段设置

步骤 3　单击“确定”按钮，返回“值字段设置”对话框，再单击“确定”按钮即可。竞店商品客单价分析表如图 3-2-29 所示。

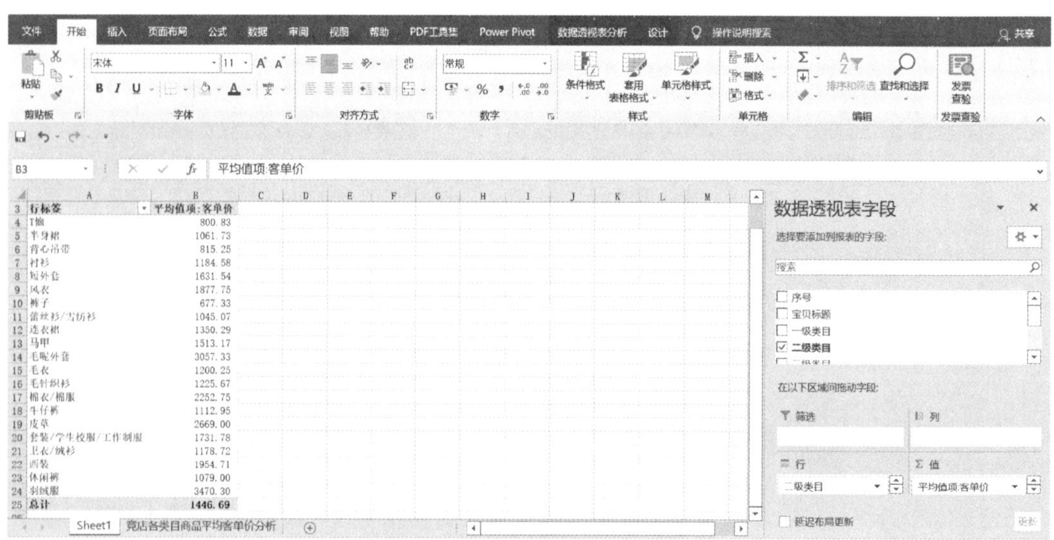

图 3-2-29　竞店商品客单价分析表

步骤 4　创建条形图，按“竞店商品类目销售额分析”步骤 3～步骤 6 的方法添加并美化数据标签。条形图效果如图 3-2-30 所示。

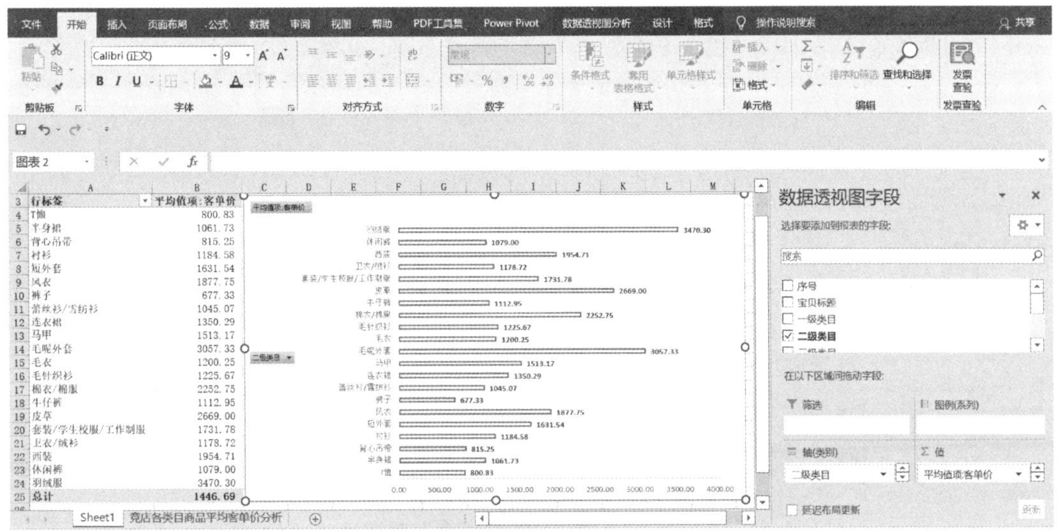

图 3-2-30 条形图效果

从图 3-2-30 中可知，该竞店各类目商品的平均客单价，从而推测出该竞店的目标人群。以此为参照，如果所运营店铺目标人群的消费水平更高，则可将售价设置高于竞店；反之可设置较低的售价以取得价格优势。

二、竞品分析

竞品分析主要是指针对竞争对手的商品进行全方位分析。商家可以通过搜索关键词的方法来寻找竞品，查看其人气、销量、价格、转化率、主图、详情页、评价等。虽然这种方法简单，但不够精确。为提高竞品分析的精确度，商家可以借助生意参谋、八爪鱼采集器和 Excel 等工具进行竞品分析。

1. 使用生意参谋分析竞品

使用生意参谋分析竞品

步骤 1　在生意参谋“竞争”板块“监控商品”页面的右上角，单击“竞争配置”超链接，如图 3-2-31 所示。

步骤 2　进入竞品配置的页面，单击“+”按钮，在弹出的下拉列表框中输入或粘贴竞品的网址，选择自动出现的竞品选项，如图 3-2-32 所示。单击右侧的“添加监控”按钮即可完成竞品的添加。

步骤 3　添加竞品后，在生意参谋左侧导航栏中选择“竞品识别”选项，在打开的页面中设置时期和指标，可以查看指定时期内店铺商品的流失情况。如图 3-2-33 所示，商品流失金额排名第一的为 9 861.16 元，流失人数、流失率、收藏后流失人数以及加购后流失人数都较高，因此有必要对该竞品做进一步分析。

图 3-2-31　单击“竞争配置”超链接

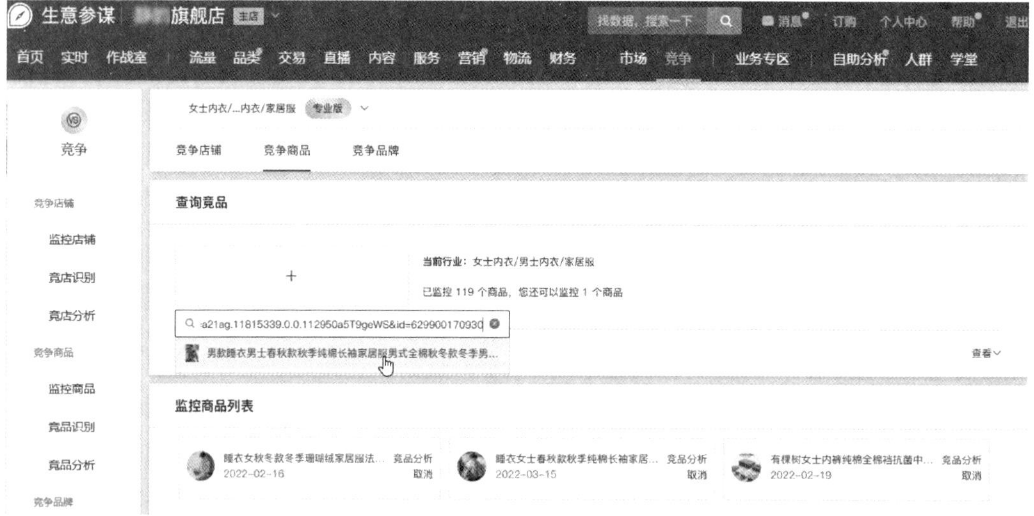

图 3-2-32　添加竞品

顾客流失竞品推荐

排名	商品名称	流失金额	流失人数	流失率	收藏后流失人数	加购后流失人数	操作
1	…新婚情侣睡衣女夏纯棉家居…	9,861.16	52	1.90%	5	17	趋势 顾客流失详情
2	…睡衣女2022年新款春秋纯棉情侣…	7,685.49	40	0.59%	0	2	趋势 顾客流失详情
3	…2022年新款情侣睡衣女夏纯棉薄款…	4,300.43	26	0.63%	0	2	趋势 顾客流失详情

图 3-2-33　查看商品流失数据

步骤 4　单击该商品右侧对应的“顾客流失详情”超链接，此时可以看到客户流向了哪些竞品和竞店，如图 3-2-34 所示。重点分析这些竞品的流失指标、流失人气、交易指数等指标数据，还可以直接访问这些竞品，查看其主图拍摄效果、详情页文案、图片设计效果与客户购买后的评论等，综合分析，找到自己店铺商品的不足，并加以优化。

顾客流失竞品推荐　搜索流失竞品推荐

顾客流失竞品推荐

☑ 流失金额　☑ 流失人数　☑ 流失率　☑ 收藏后流失人数　☑ 加购后流失人数　☐ 收藏后跳失人数　选择 5/5 重置
☐ 加购后跳失人数　☐ 直接跳失人数　☐ 引起流失的商品数　☐ 引起流失的店铺数

排名	商品名称	流失金额	流失人数	流失率	收藏后流失人数	加购后流失人数	操作
1	新婚情侣睡衣女夏纯棉家居...	9,861.16	52	1.90%	5	17	趋势 顾客流失详情

排名	商品名称	所属店铺	流失指数	流失人气	交易指数	流量指数	操作
1	新婚情侣睡衣女夏季纯棉红色睡衣结婚本命年迪士...	馆	5,431	224	8,835	1,992	趋势分析
2	情侣睡衣夏季纯棉甜美可爱短袖套装休闲男...	旗舰店	3,173	92	38,347	17,381	竞品分析
3	情侣睡衣女春秋冰丝长袖红色新婚结婚本...	旗舰店	2,223	58	5,352	1,480	趋势分析
4	红色情侣睡衣女夏季纯棉短袖一男一女新婚薄款结...	服饰旗舰店	2,189	92	10,179	4,821	趋势分析

图 3-2-34　查看客户流向的竞品和竞店

步骤 5　单击某个竞品右侧对应的“趋势分析”超链接，可对该竞品在指定时期的流量、支付转化、交易和客群等方面的指数变化趋势进行考察，如图 3-2-35 所示。从图 3-2-35 中可知，最近 30 天该竞品的各项指数都呈上升的态势。

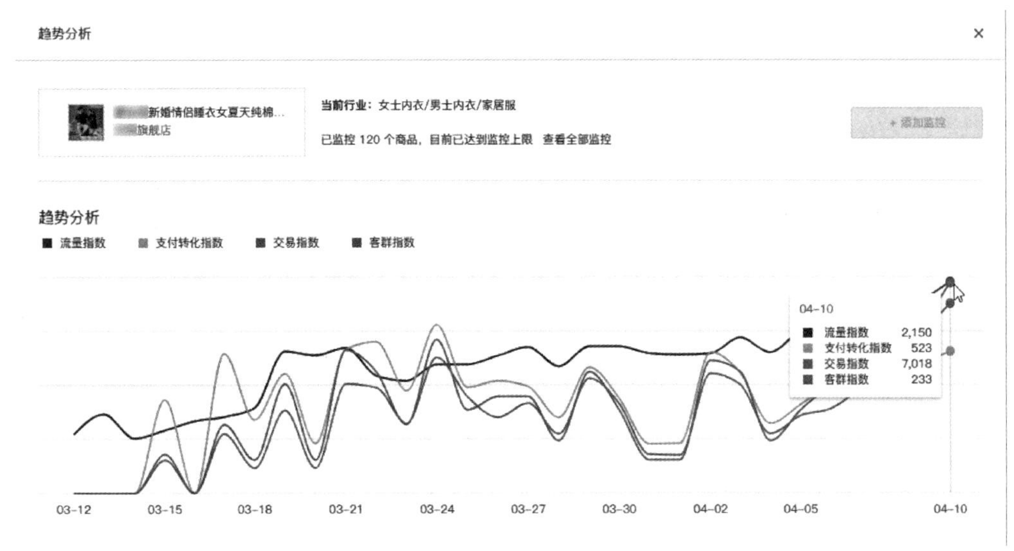

图 3-2-35　竞品趋势分析

步骤 6　在生意参谋左侧导航栏中选择“竞品分析”选项，单击第一个对象框中的“+”按钮选择本店的商品，单击第二个对象框中的“+”按钮选择竞品后，便可对比分析本店商品与竞品的实时关键指标数据，如图 3-2-36 所示。从图 3-2-36 中可知，截止到当日 14：00 时，竞品的流量指数、交易指数、搜索人气、收藏人气、加购人气等指标数据，都远远低于本店商品各指标数据。

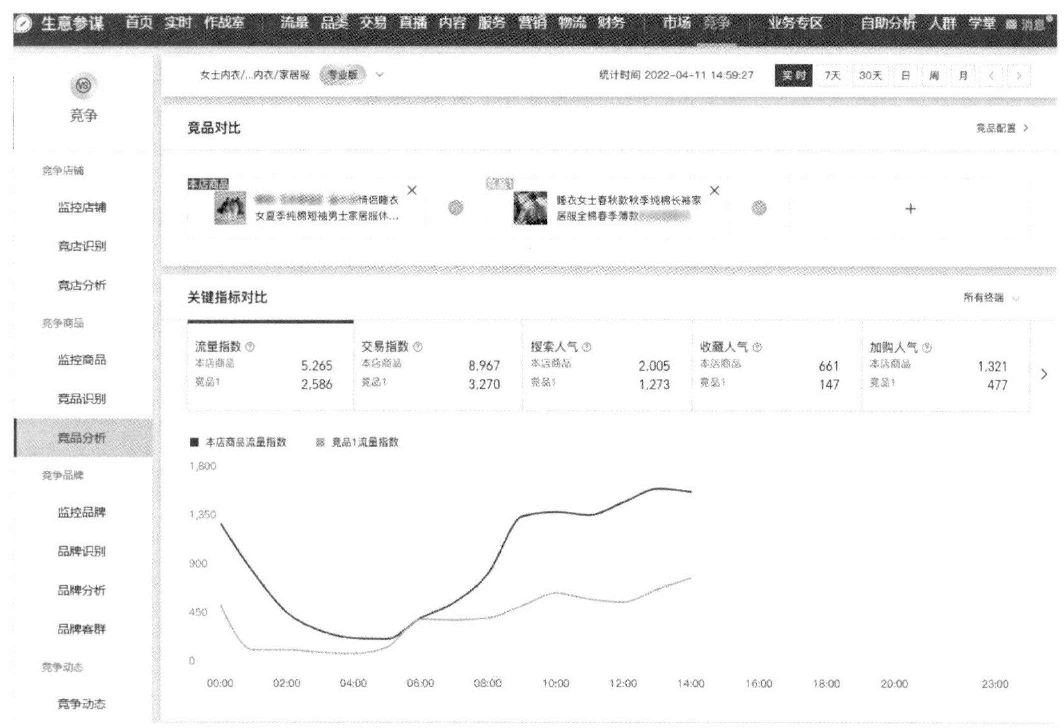

图 3-2-36　本店商品与竞品指标对比分析

2. 分析竞品每天的销售情况

步骤 1　打开“竞品每日销售情况分析 .xlsx”文件，表中数据反映的是某竞品近 30 日的销售情况。在 B 列列表上单击鼠标右键，在弹出的快捷菜单中选择“插入”命令，如图 3-2-37 所示，然后在插入的 B1 单元格中输入“星期”。

步骤 2　单击 B2 单元格区域，在编辑栏中输入“=TEXT(A2,"AAAA")”公式，单击“Enter”键返回计算结果，并快速填充公式，如图 3-2-38 所示。

步骤 3　选中任意单元格，选择菜单栏中的“插入”，单击“数据透视表”按钮，将“星期”字段拖曳到“行”对话框，将“销量”与“销售额”字段拖曳到“值”对话框中，选中数据透视表中的第 4 行行号，当鼠标变成 按钮拖曳至“总计”行上方，调整行标签的显示顺序，如图 3-2-39 所示。

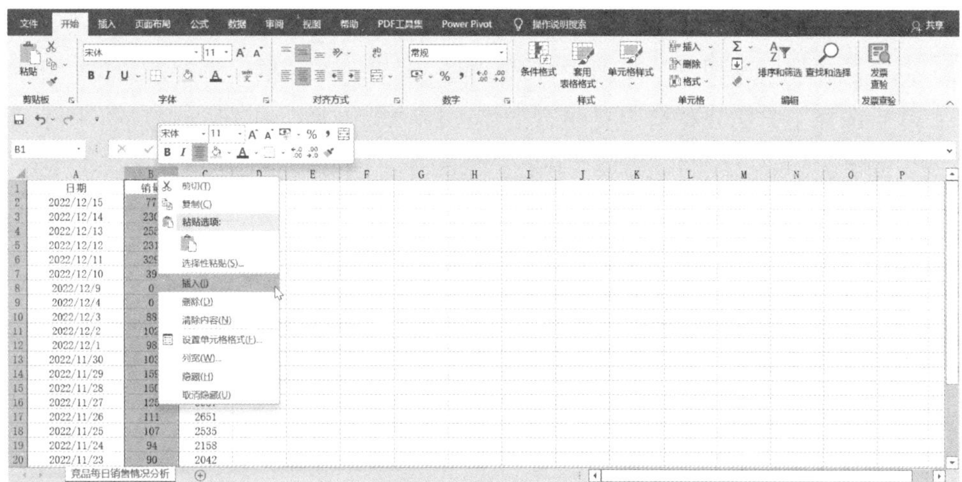

图 3-2-37　插入列并输入项目名称

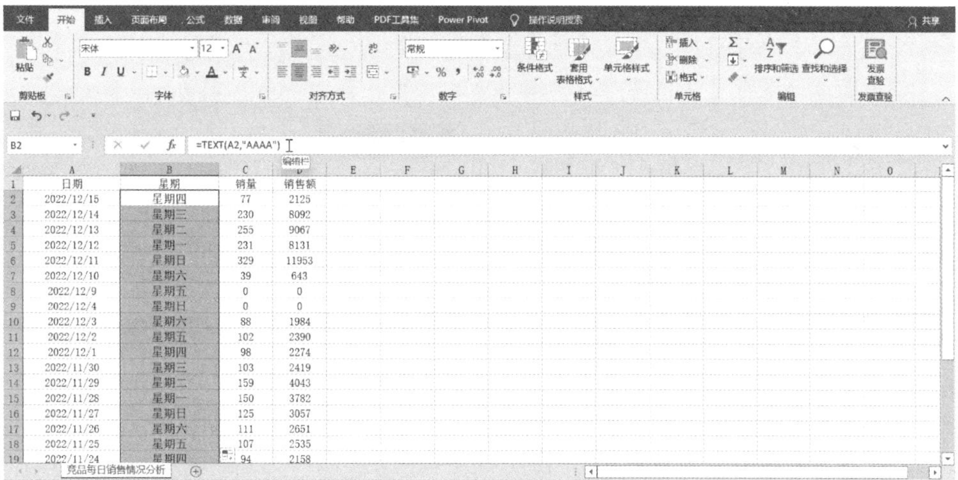

图 3-2-38　将日期转换为星期

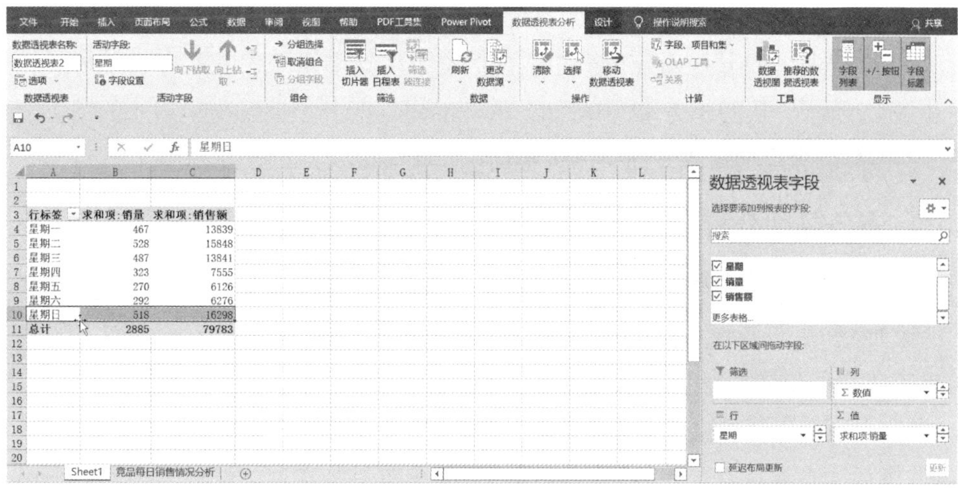

图 3-2-39　创建数据透视表

步骤 4　选择数据透视表中的任意数据，选择工作表菜单栏中的“数据透视表分析”选项卡，单击“数据透视图”按钮，打开“插入图表”对话框，选择左侧的“组合图”选项；然后选择上方第 4 种自定义组合类型，在“求和项：销量”对应的“图表类型”下拉列表框中选择“折线图”选项，再在“求和项：销售额”对应的“图表类型”下拉列表框中选择“簇状柱形图”选项；然后仅单击选择“次坐标轴”栏下“求和项：销量”对应的复选框，如图 3-2-40 所示，单击“确定”按钮。

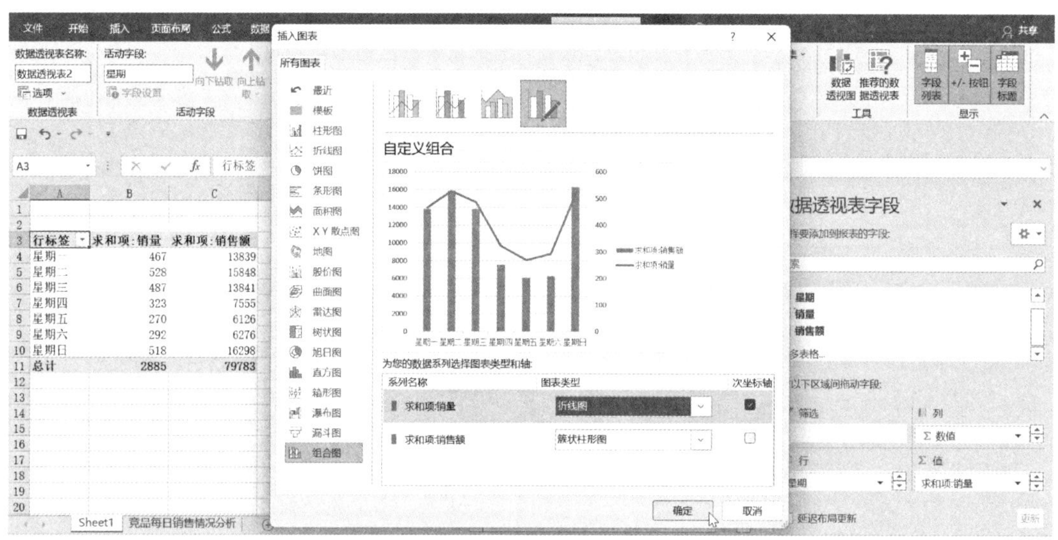

图 3-2-40　创建组合图表

步骤 5　单击数据透视图，在工作表菜单栏中选择“设计”选项卡，单击“添加图表元素”按钮，在下拉列表框中选择“数据标签”选项，单击“数据标签外”按钮；再选择工作表菜单栏中的“设计”选项卡，单击“图表样式”按钮，在下拉列表框中选择“样式 7”，选择“销售额”对应的一组数据标签，将其字体格式设置为“12 号、加粗、红色”，效果如图 3-2-41 所示。

步骤 6　选择“销量”对应的一组数据标签，将其字体格式设置为“12 号、加粗”，如图 3-2-42 所示。从图 3-2-42 中可知，该竞品星期四、星期五与星期六的销售情况不理想，销售高峰为星期日，一周整体销售情况起伏较大。

三、竞争品牌分析

生意参谋的“竞争品牌”功能可以用于分析竞争品牌数据。

步骤 1　在生意参谋“竞争”板块“监控品牌”页面的右上角单击“竞争配置”超链接，进入竞品配置的页面。单击“+”按钮，在弹出的下拉列表的文本框中输入品牌名称，按“Enter”键后生意参谋会显示与输入内容相符的所有品牌选项，选择需要的选项后，如图 3-2-43 所示，单击右侧的“添加监控”按钮即可完成竞争品牌的添加。

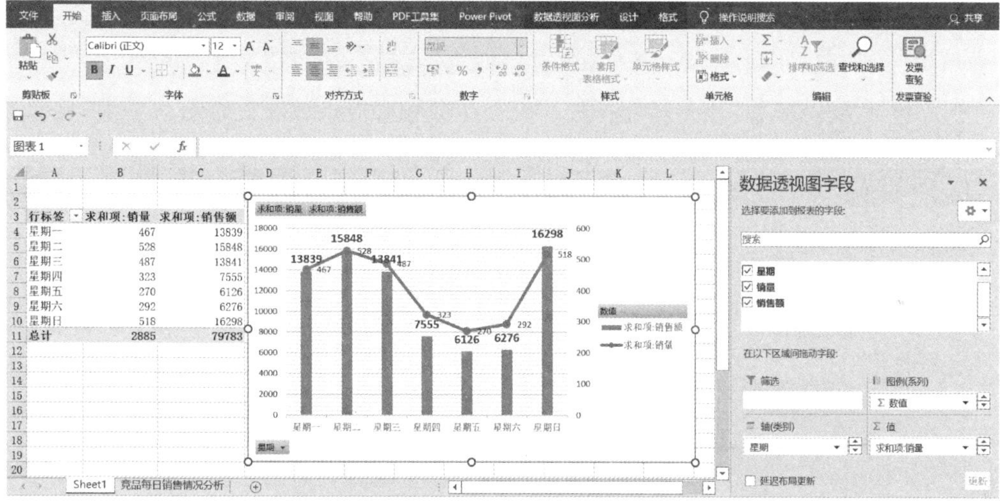

图 3-2-41 “销售额”数据标签设计效果

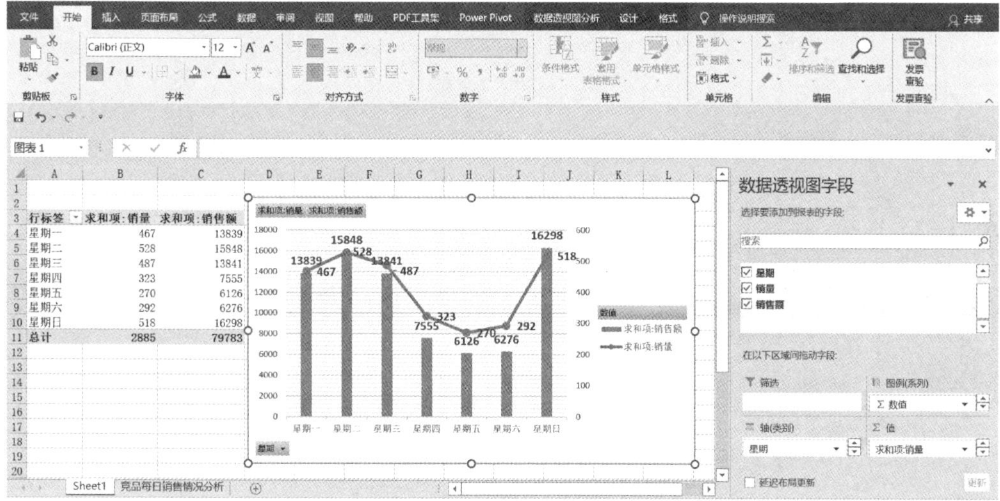

图 3-2-42 “销量”数据标签设计效果

图 3-2-43 添加竞争品牌

步骤 2　选择左侧导航栏中的“品牌识别”选项，可在显示的四象限图中查看有潜力的品牌，如图 3-2-44 所示。选中某个品牌数据点后，还可以在下方查看该品牌的趋势分析，包括流量指数、支付转化指数、交易指数和客群指数等，如图 3-2-45 所示。

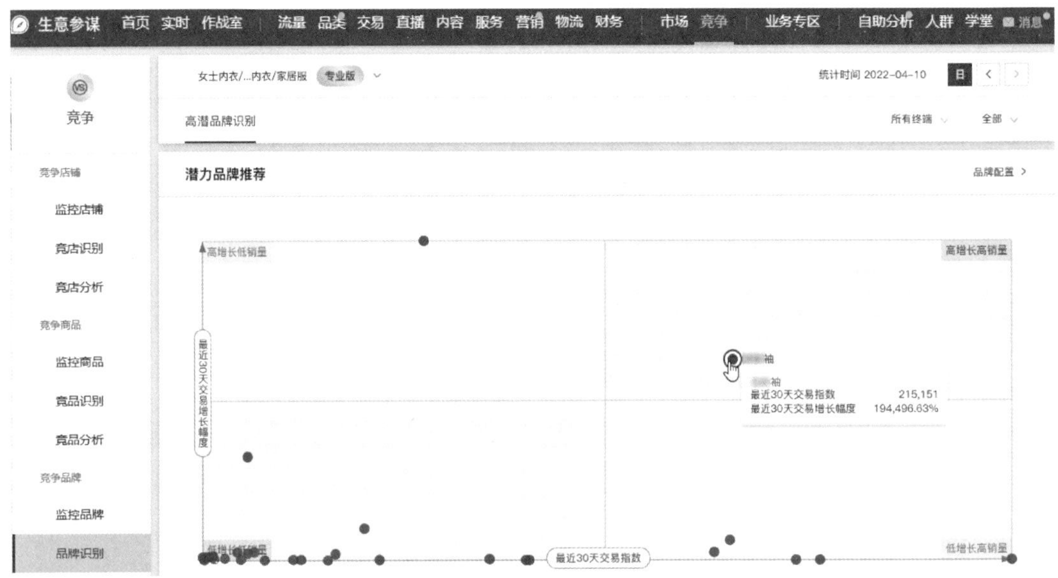

图 3-2-44　四象限图查看有潜力的品牌

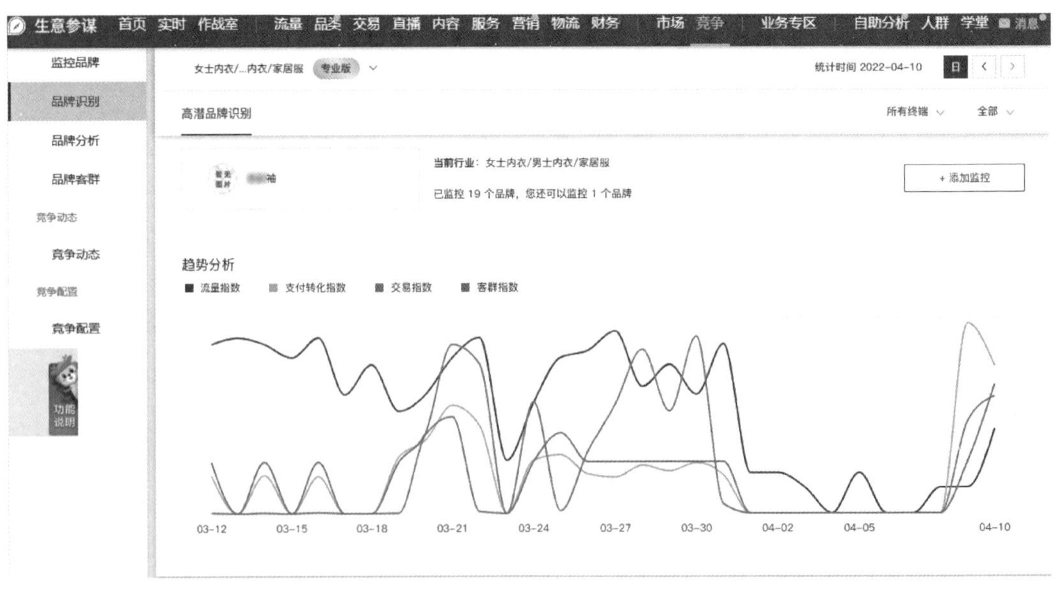

图 3-2-45　品牌趋势分析

无论是竞店识别中的四象限图，还是品牌识别中的四象限图，都可以在图中选中某个竞争对手对应的数据点，然后单击右下方的“添加监控”按钮，快速将选中的竞店或竞争品牌添加为监控对象。

竞争品牌分析功能还可以用于进一步分析或对比品牌的热销商品、热门店铺、热门成交类目和价格带等数据，如图 3-2-46 分别显示的某竞争品牌的热门成交类目数据和价格带数据。从图 3-2-46 中可知该竞争品牌在指定时期内“睡衣 / 家居服套装”类目的访客数占比为 58.03%，支付金额占比为 69.55%，说明该类目人气与转化率都较高。另外，该品牌较受欢迎商品的价格在 175.0～255.0 元，占比为 43.51%，说明该品牌目标人群的购买能力中等偏上。

排名	品牌1 子类目	支付金额占比	访客数占比	支付商品数占比	有支付卖家数占比	操作
1	睡衣/家居服套装	69.55%	58.03%	51.26%	26.76%	查看趋势
2	睡裙	10.95%	16.81%	10.98%	11.27%	查看趋势
3	女士内裤（不含男士）	9.86%	10.85%	13.50%	9.86%	查看趋势
4	文胸	1.78%	3.96%	4.81%	9.86%	查看趋势
5	男士内裤	4.15%	2.81%	4.58%	8.45%	查看趋势
6	吊带/背心/T恤	0.98%	1.84%	1.37%	2.82%	查看趋势
7	睡裤/家居裤	0.30%	1.42%	2.52%	4.23%	查看趋势
8	短袜/打底袜/丝袜/美腿袜（新）	0.83%	1.21%	3.66%	1.41%	查看趋势
9	保暖套装	0.85%	1.00%	2.52%	2.82%	查看趋势
10	塑身美体裤	0.11%	0.53%	0.23%	1.41%	查看趋势

每页显示 10 条 〈上一页 1 2 下一页〉

品牌1 价格带	支付商品数	支付金额占比
0-20.0	9	0.12%
20.0-35.0	20	0.46%
35.0-50.0	37	1.60%
50.0-60.0	23	1.42%
60.0-85.0	84	9.69%
85.0-125.0	97	8.91%
125.0-175.0	73	33.35%
175.0-255.0	89	43.51%
255.0-505.0	5	0.93%

图 3-2-46　某竞争品牌的热门成交类目数据与价格带数据

步骤 3　选择生意参谋左侧导航栏中的“品牌客群”选项，再选择需要分析的竞争品牌，便可查看该品牌的客群分析，如图 3-2-47 所示。从图 3-2-47 中可知，该品牌的购买人群年龄覆盖范围较大，喜爱该品牌的客户以成年女性为主，该品牌客群喜欢购买的类目包括 T 恤、睡衣、连衣裙等，该品牌的客户主要分布在广东、北京、浙江和江苏等地区。另外，通过“品牌偏好”属性还可以发现与该品牌有竞争关系的其他品牌，将这些品牌作为自家品牌的潜在竞争对手。

性别分析

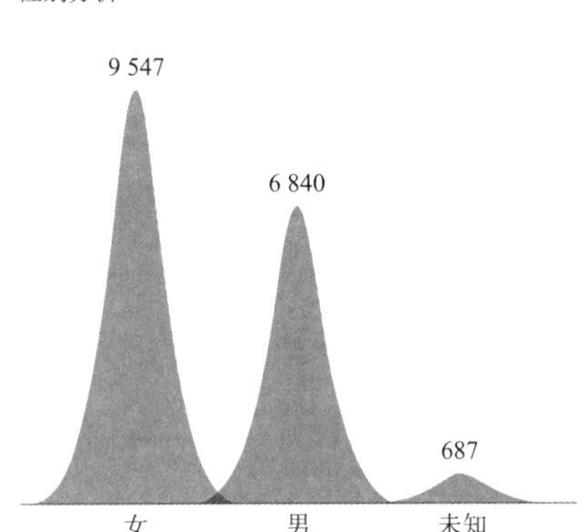

年龄分析

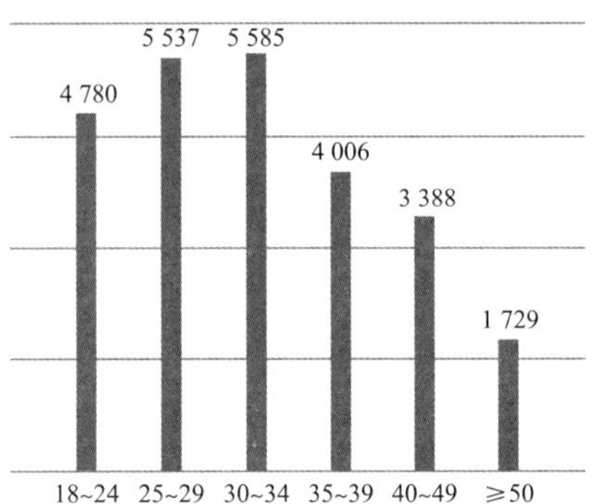

TOP省份

排名	省份	客群指数
1	广东省	4 482
2	北京市	3 384
3	浙江省	3 249
4	江苏省	2 886
5	湖北省	2 293
6	山东省	2 123
7	河南省	1 987
8	四川省	1 888
9	福建省	1 757
10	安徽省	1 678

TOP城市

排名	城市	客群指数
1	北京市	3 384
2	深圳市	2 311
3	杭州市	2 169
4	广州市	2 101
5	武汉市	1 933
6	南京市	1 740
7	成都市	1 587
8	天津市	1 348
9	郑州市	1 287
10	西安市	1 232

品牌偏好

品牌名称	偏好人数
[illegible]	623
[illegible]	90
[illegible]	87
[illegible]	81
[illegible]	75
[illegible]	74

类目偏好

类目名称	偏好人数
T恤	812
睡衣	797
连衣裙	681
衬衫	566
裤子	531
休闲裤	509
手机配件	467

支付金额分布

支付金额	客群占比
0~20.0	0.31%
20.0~40.0	7.94%
40.0~60.0	11.43%
60.0~90.0	21.40%
90.0~160.0	30.94%
160.0以上	27.98%

支付频次分布

支付频次	客群占比
1次	65.36%
2次	22.35%
3次	7.36%
4次	2.71%
5次	1.17%
5次以上	1.05%

图 3-2-47　竞争品牌客群分析

项目四 网店运营数据分析

任务 1 网店流量分析

任务目标

知识目标

1. 了解免费流量的入口
2. 了解流量的主要来源渠道
3. 了解站外流量的获取渠道

能力目标

1. 能分析网店的流量结构
2. 能分析不同流量渠道的成交转化率

网店流量是指网店的访客数量，访客访问店铺的次数越多，代表该店铺的流量越大，反之则越小。网店流量是电商企业生存的根本。企业前端流量的质量、规模、性质直接影响着后端的业务模式和运营策略，是衡量网店运营成功与否的重要指标之一。根据网店流量来源渠道的不同，流量可分为免费流量、付费流量、站内流量和站外流量。

一、免费流量

免费流量是指访客主动访问店铺时所产生的流量。它的流量入口主要包括直接访问、店铺收藏、宝贝收藏、购物车及已买到的商品等，如图 4-1-1 所示。访客主动访问流量的成交转化率通常较高，具有很强的稳定性，能够直观地辨别访客的性质和质量。

利用好免费流量，商家可以有效提高店铺的人气，增加店铺的访问深度和成交转化率。

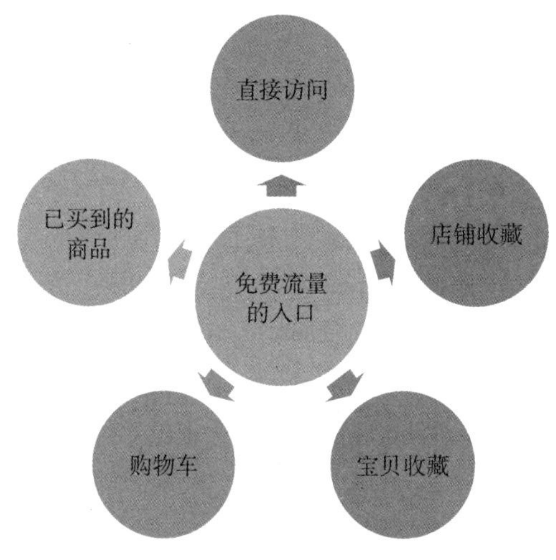

图 4-1-1　免费流量的入口

1. 直接访问

直接访问是指访客通过直接搜索店铺名称或商品名称等方式进入店铺访问。例如，直接在京东首页的搜索栏中输入店铺名称或商品名称，即可搜索到相关的店铺或商品，如图 4-1-2 所示。

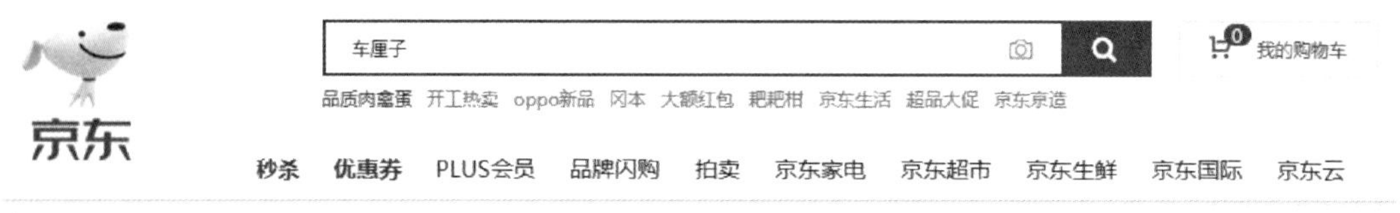

图 4-1-2　直接访问

直接访问的流量对商品的成交转化率具有较大影响。通过直接访问方式进入店铺的访客一般都具有很强的购物意愿和明确的购物目的，但这类访客也容易受到商品价格、主图、效果等因素的影响而放弃购买。所以，针对这类访客流量，商家应该尽量从商品的价格、主图和标题等方面提高商品的吸引力，引起更多目标客户的注意，增加店铺的访问量。图 4-1-3 所示为某商品的搜索结果页面。那些主图有吸引力、价格有竞争优势、标题能契合访客需求的商品才能从众多搜索展示的商品中脱颖而出，使访客进一步访问商品页面。

2. 店铺收藏

店铺收藏是指访客对心仪的店铺进行收藏。以淘宝网为例，在需要访问收藏的店铺时，通过淘宝首页收藏夹中的“收藏的店铺”链接进入淘宝收藏夹页面，然后点击收藏的店铺即可进入，如图 4-1-4 所示。

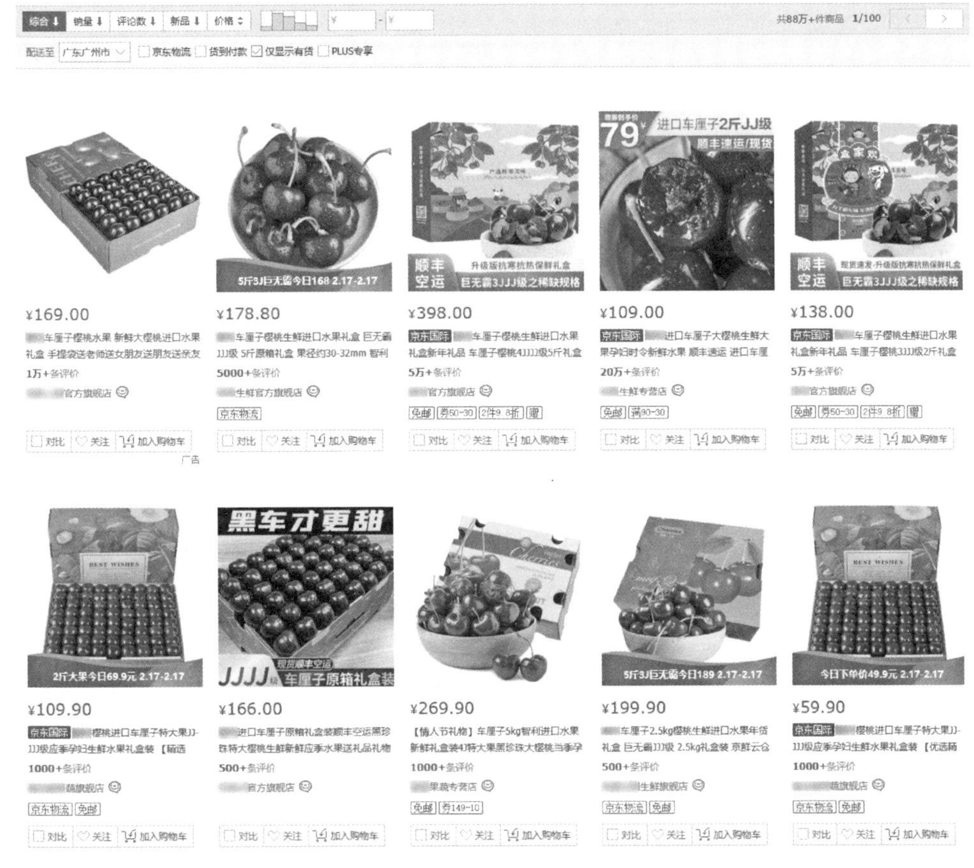

图 4-1-3　某商品的搜索结果页面

图 4-1-4　收藏的店铺

3. 宝贝收藏

宝贝收藏是指客户对某款商品进行收藏的行为。商品收藏量高，说明客户对该商品感兴趣。商品被收藏后，客户可以直接点击收藏夹中收藏的宝贝进入店铺。图 4-1-5 所示为淘宝网的收藏夹。

图 4-1-5 淘宝网的收藏夹

商品的收藏人气是商品收藏人数和关注热度的综合评分，收藏人气对于商品和店铺的综合评分均有影响，收藏人气越高，越有利于商品的综合排名。通过商品详情页面可以查看商品收藏人气或收藏商品，如图 4-1-6 所示。

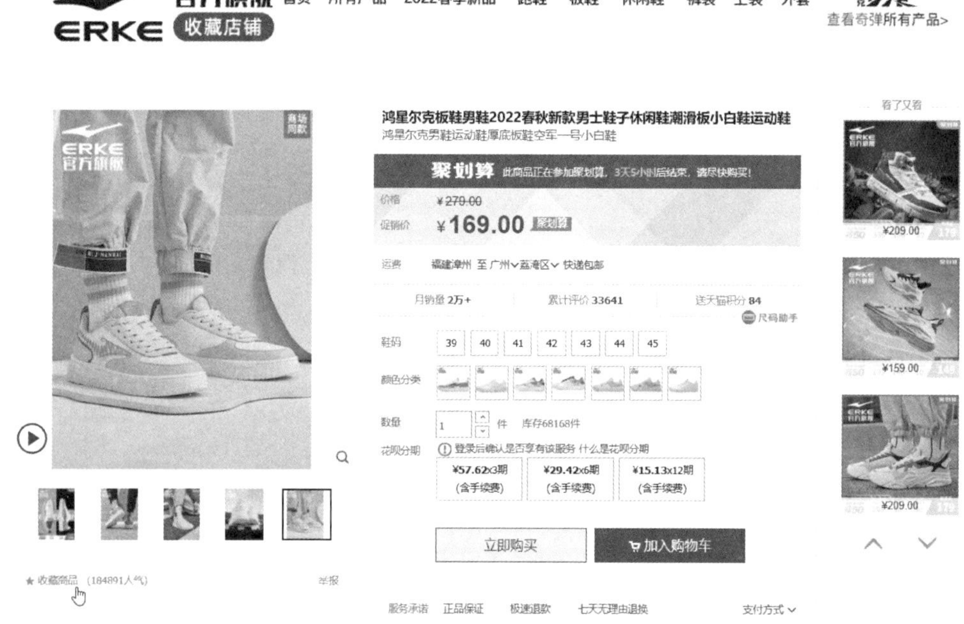

图 4-1-6 通过商品详情页面查看商品收藏人气或收藏商品

4. 购物车

购物车是电商平台为客户提供的一种快捷购物工具，客户可以将多种商品加入购物车，然后批量下单，并一次性完成付款。直接访问购物车是指访客通过自己账号下的购物车进入店铺或直接在购物车中下单付款。图 4-1-7 所示为淘宝网的购物车页面。

5. 已买到的商品

已买到的商品是指访客通过“已买到的宝贝”页面进入店铺进行访问。客户可以直接单击购买过的商品，通过这种方式访问店铺；同时客户还可以直接在“已买到的宝贝”页面单击旺旺小图标与商家进行交流，如图 4-1-8 所示。

二、付费流量

付费流量是指通过付费推广的方式获取的流量，也就是通过一些付费推广工具或付

图 4-1-7　淘宝网的购物车页面

图 4-1-8　“已买到的宝贝”页面

费活动帮助店铺获取流量。以淘宝、天猫为例，在该平台上比较受欢迎、使用频率较高的付费推广方式主要有直通车、淘宝客、超级推荐等，如图 4-1-9 所示。

付费流量的特点是获取的流量数量较大、精准度较高，但相对成本的投入也会增加。对于一家网店来说，完全没有付费流量是不合理的，但是付费流量在整个店铺的流量结构中的占比不宜过高，一般中小商家或新店铺选择通过付费推广方式获取流量的较多。获取付费流量的关键在于找到最适合自身店铺的付费推广方式，商家应该在店铺运

图 4-1-9 淘系付费推广方式

营过程中多学习、多实践，从而找到最合适、推广效果最好的一种付费推广方式。

三、站内流量

站内流量是指在电商平台内部获取的流量。站内流量对于一家网店而言，在其流量构成中占据着非常大的比重。以淘宝网为例，每天都有几千万甚至几亿的流量基数，如果商家能够尽可能多地获取这些站内流量，就能最大限度地提高店铺的销量。站内流量分为免费流量和付费流量两种，商家可以从平台提供的站内免费流量渠道获取流量，如淘宝直播。

四、站外流量

站外流量是指在除店铺所在电商平台以外的渠道所获取的流量。商家要想取得好的销售业绩，就必须获取大量的优质流量。但仅仅依靠站内流量是远远不够的，还需要通过一些站外渠道引流。

随着各大社交平台的兴起，商家越来越重视站外流量，抖音、快手、微博、微信、QQ、论坛及贴吧等平台逐渐成为商家营销的新阵地。一些热门的微信公众号推文可达10 万次以上的阅读量，可见其吸引的流量之大。而像快手和抖音这类短视频 App，可以添加淘宝、京东等店铺商品链接，直接将流量引导到店铺中。图 4-1-10 所示为抖音中的商品推广链接。

任务实施

为了提高客户的访问量和成交量，商家会在不同的流量渠道进行商品的推广。因此，商家需要针对不同流量访问渠道的访问数据、成交数据及成交转化率进行数据统计和分析，以便更好地制定营销方案，有效提高店铺的销量。下面将以某天猫店铺的流量访问渠道为例，在 Excel 中对商品的成交转化率进行统计和分析。

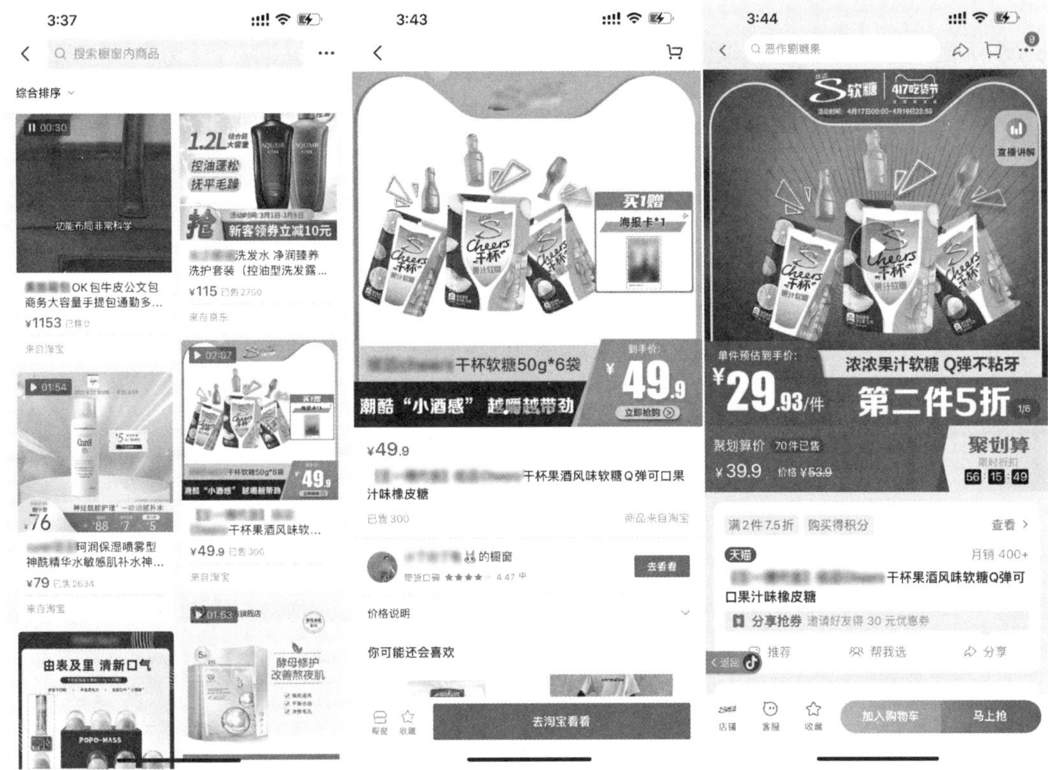

图 4-1-10　抖音中的商品推广链接

一、创建成交转化率统计表

成交转化率统计表主要包含访问渠道、访问数量、成交数量和成交转化率等内容，创建成交转化率统计表的具体步骤如下。

步骤 1　打开“成交转化率统计表 .xlsx”文件，计算所有流量访问渠道的总访问数量，选中 B7 单元格，输入公式“=SUM(B3:B6)”，按“Enter”键得出计算结果，如图 4-1-11 所示。

步骤 2　将鼠标放在 B7 单元格的右下角，当鼠标变成“+”形状时拖到 C7 单元格，单元格就会快速填充相似的求和公式，如图 4-1-12 所示。

步骤 3　选中 D3 单元格，输入公式“=C3/B3”，按“Enter”键，即可计算出免费流量的成交转化率，如图 4-1-13 所示。

步骤 4　将鼠标放在 D3 单元格的右下角，当鼠标变成“+”形状时双击，下面单元格就会快速填充公式，如图 4-1-14 所示。

步骤 5　选中 D3:D7 单元格，单击鼠标右键，弹出快捷菜单栏，选中“设置单元格格式”选项，如图 4-1-15 所示。

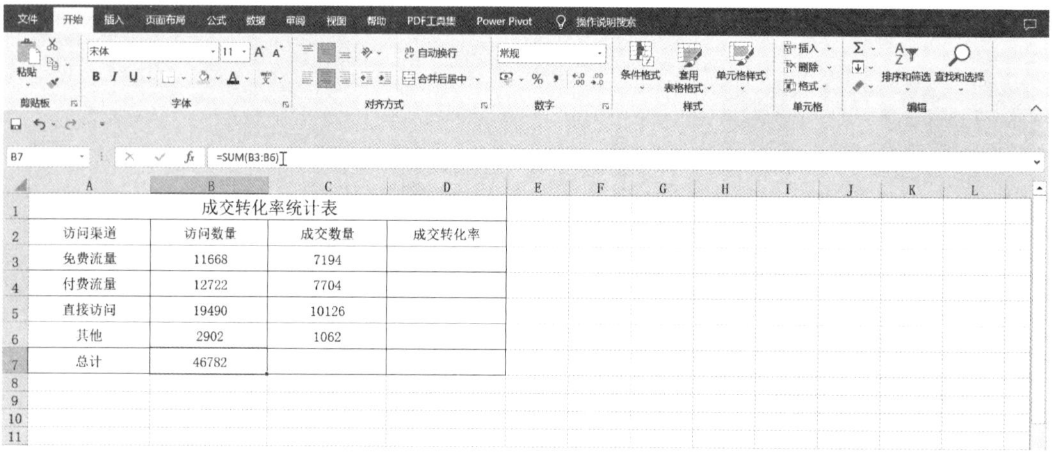

B7 =SUM(B3:B6)

成交转化率统计表			
访问渠道	访问数量	成交数量	成交转化率
免费流量	11668	7194	
付费流量	12722	7704	
直接访问	19490	10126	
其他	2902	1062	
总计	46782		

图 4-1-11　计算总访问数量

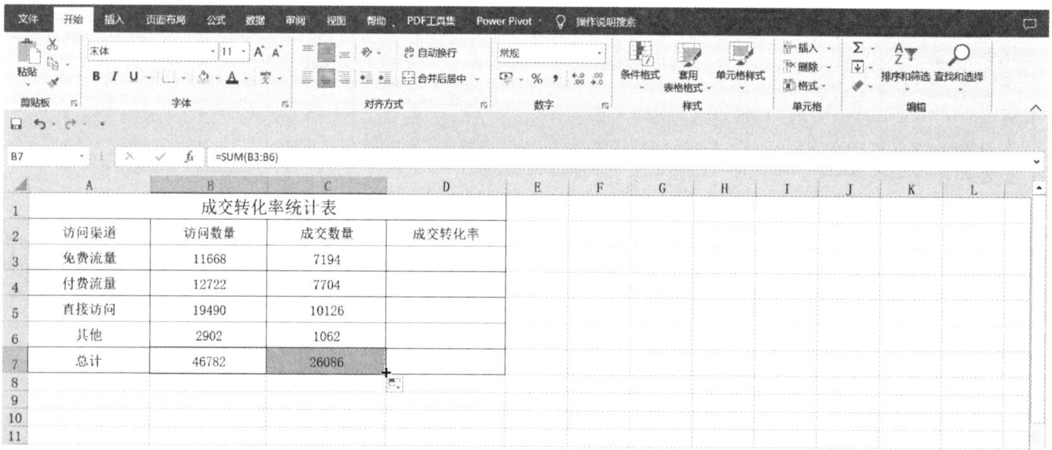

B7 =SUM(B3:B6)

成交转化率统计表			
访问渠道	访问数量	成交数量	成交转化率
免费流量	11668	7194	
付费流量	12722	7704	
直接访问	19490	10126	
其他	2902	1062	
总计	46782	26086	

图 4-1-12　快速填充求和公式

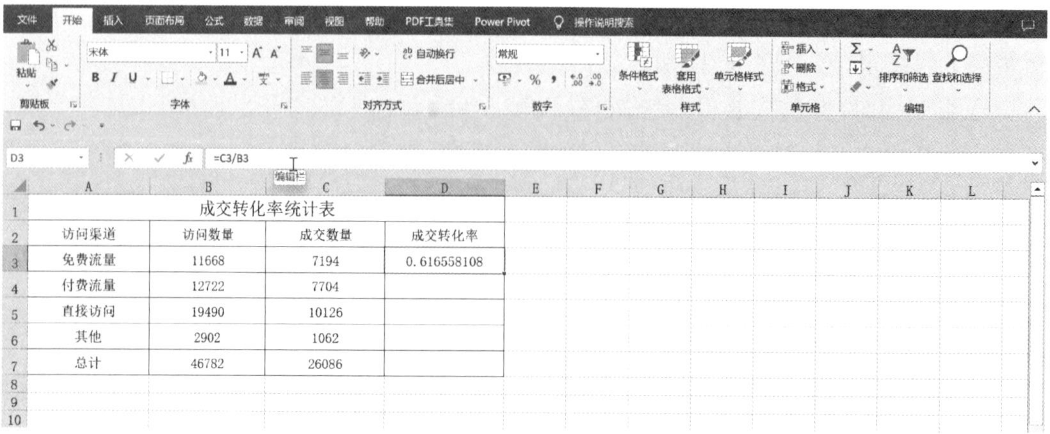

D3 =C3/B3

成交转化率统计表			
访问渠道	访问数量	成交数量	成交转化率
免费流量	11668	7194	0.616558108
付费流量	12722	7704	
直接访问	19490	10126	
其他	2902	1062	
总计	46782	26086	

图 4-1-13　计算成交转化率

成交转化率统计表			
访问渠道	访问数量	成交数量	成交转化率
免费流量	11668	7194	0.616558108
付费流量	12722	7704	0.605565163
直接访问	19490	10126	0.519548486
其他	2902	1062	0.365954514
总计	46782	26086	0.557607627

图 4-1-14　快速填充成交转化率公式

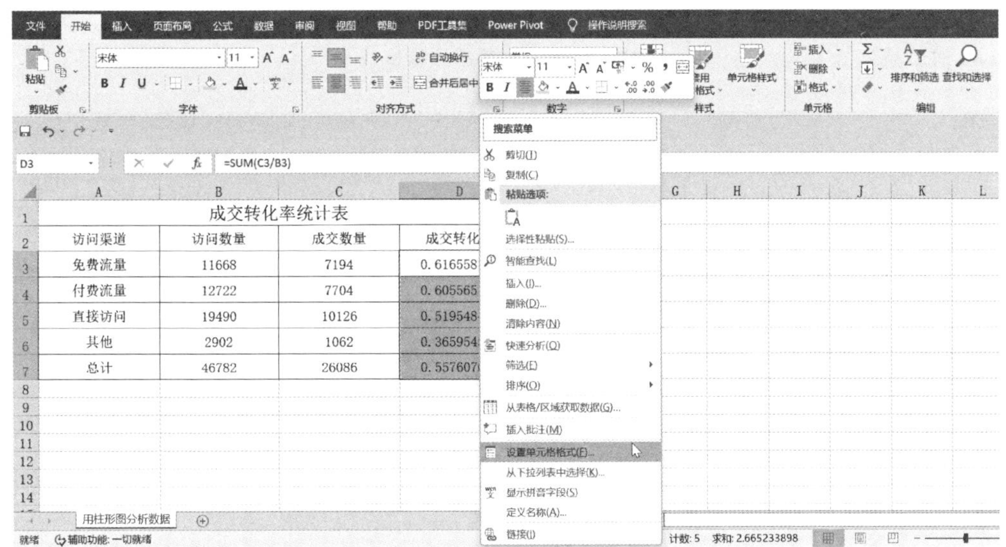

图 4-1-15　选中“设置单元格格式”选项

步骤 6　弹出“设置单元格格式”对话框，选择“分类”栏中“百分比”选项，如图 4-1-16 所示，单击“确定”按钮。

成交转化率统计表的最终效果如图 4-1-17 所示。

二、用柱形图分析数据

用柱形图分析数据

为了清楚、直观地分析数据之间的差异，可以在 Excel 中用柱形图分析不同渠道的成交转化率数据，具体步骤如下。

步骤 1　打开“用柱形图分析数据.xlsx”文件，选中 A2:D6 单元格区域，单击“插入”中“插入柱形图或条形图”按钮，弹出快捷菜单栏，选择“簇状柱形图”选项，如图 4-1-18 所示。

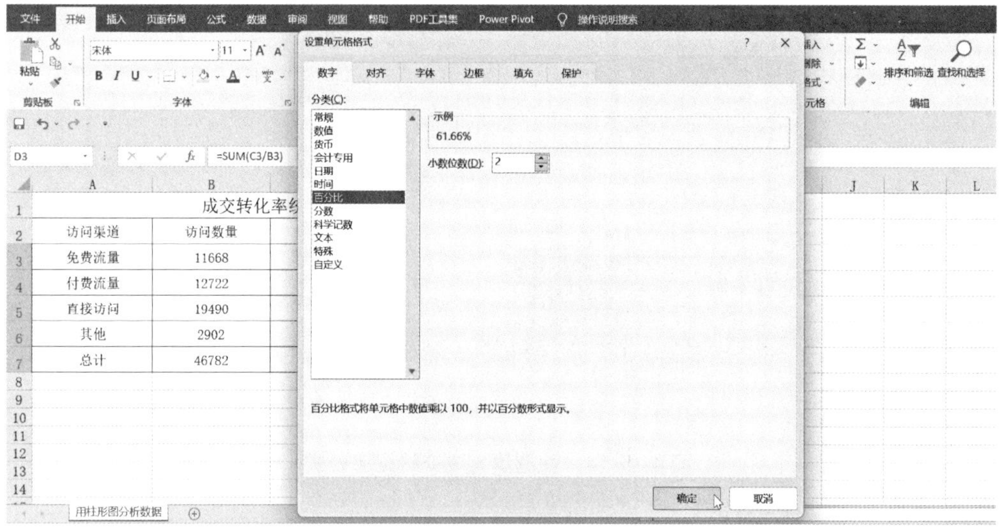

图 4-1-16 设置单元格格式

成交转化率统计表

访问渠道	访问数量	成交数量	成交转化率
免费流量	11668	7194	61.66%
付费流量	12722	7704	60.56%
直接访问	19490	10126	51.95%
其他	2902	1062	36.60%
总计	46782	26086	55.76%

图 4-1-17 成交转化率统计表的最终效果

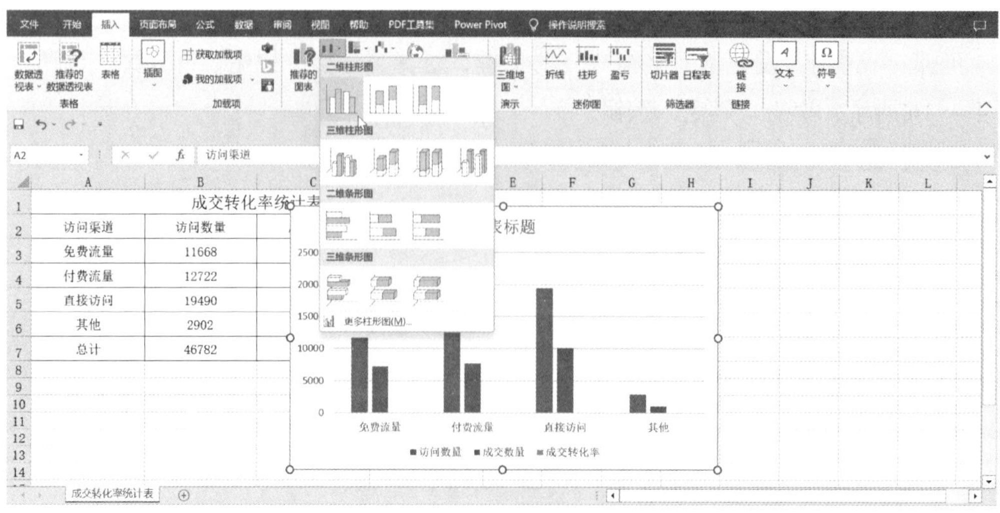

图 4-1-18 插入簇状柱形图

步骤 2　选中蓝色柱形条右击鼠标，弹出快捷菜单栏，单击“添加数据标签”按钮，即可添加柱形条数据标签，如图 4-1-19 所示。

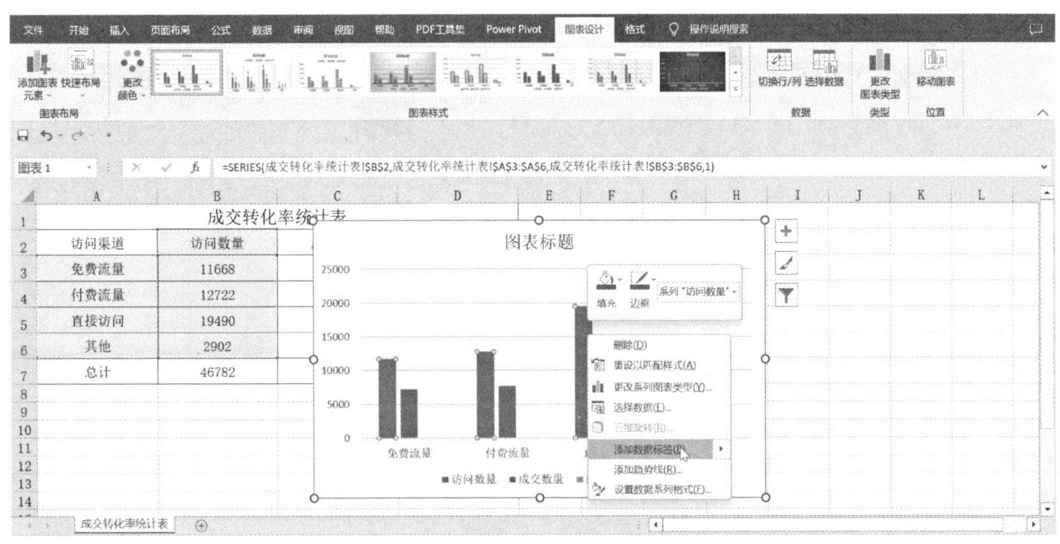

图 4-1-19　添加数据标签

步骤 3　按照操作步骤 2 对红色柱形条添加数据标签，调整图表大小，删除图表标题。最终效果如图 4-1-20 所示。

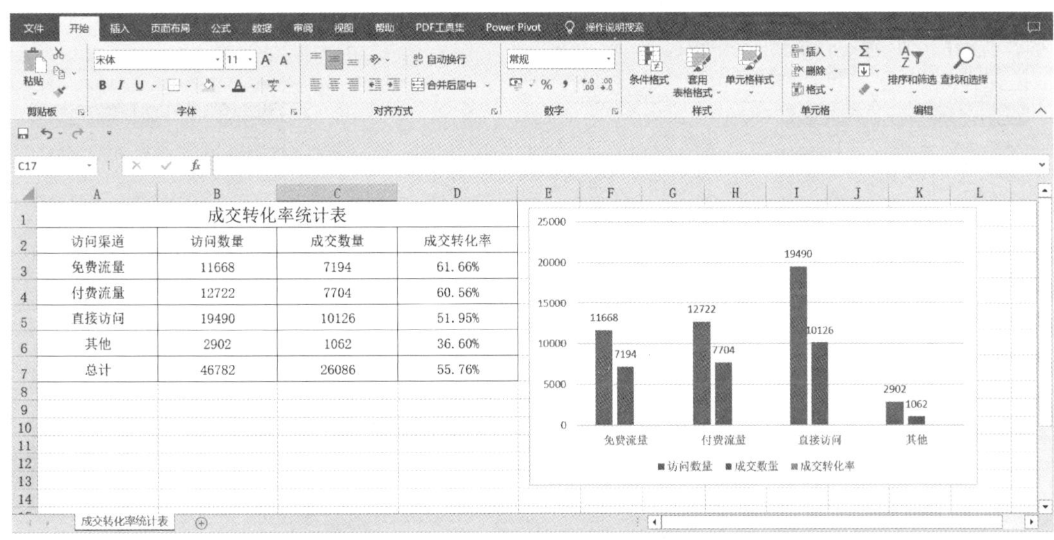

图 4-1-20　柱形图分析数据的最终效果

三、分析各渠道的成交转化率

为了更清晰地分析店铺各渠道的成交转化率，下面将以双坐标图和折线图的方式来突出显示店铺各渠道的成交转化率数

据，具体步骤如下。

步骤 1　打开“分析各渠道的成交转化率 .xlsx”文件，选中图表，单击“图表设计”中的“更改图表类型”按钮，如图 4-1-21 所示。

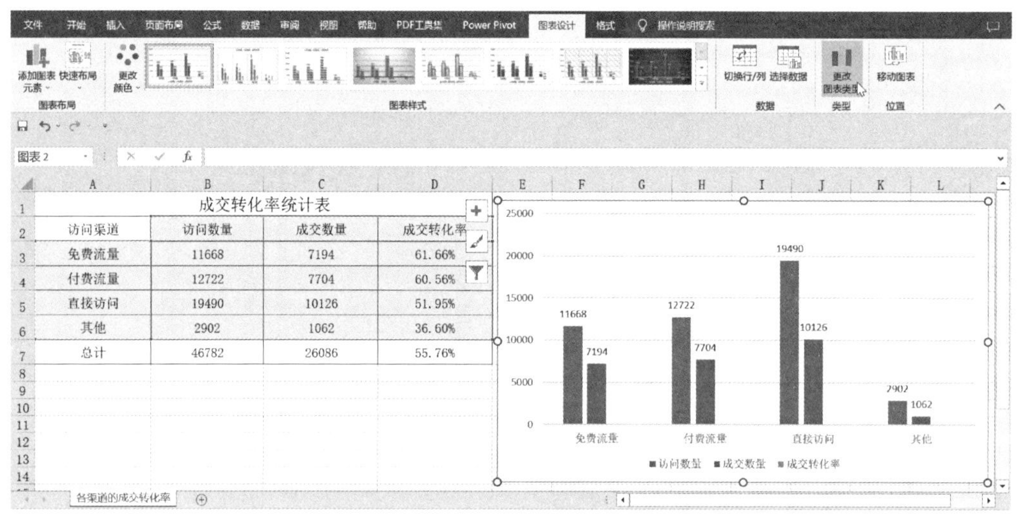

成交转化率统计表			
访问渠道	访问数量	成交数量	成交转化率
免费流量	11668	7194	61.66%
付费流量	12722	7704	60.56%
直接访问	19490	10126	51.95%
其他	2902	1062	36.60%
总计	46782	26086	55.76%

图 4-1-21　单击“更改图表类型”按钮

步骤 2　弹出“更改图表类型”对话框，选择左侧的“组合图”选项，将“成交转化率”的“图表类型”设置为“折线图”，并勾选“次坐标轴”单选框，如图 4-1-22 所示，单击“确定”按钮即可完成。

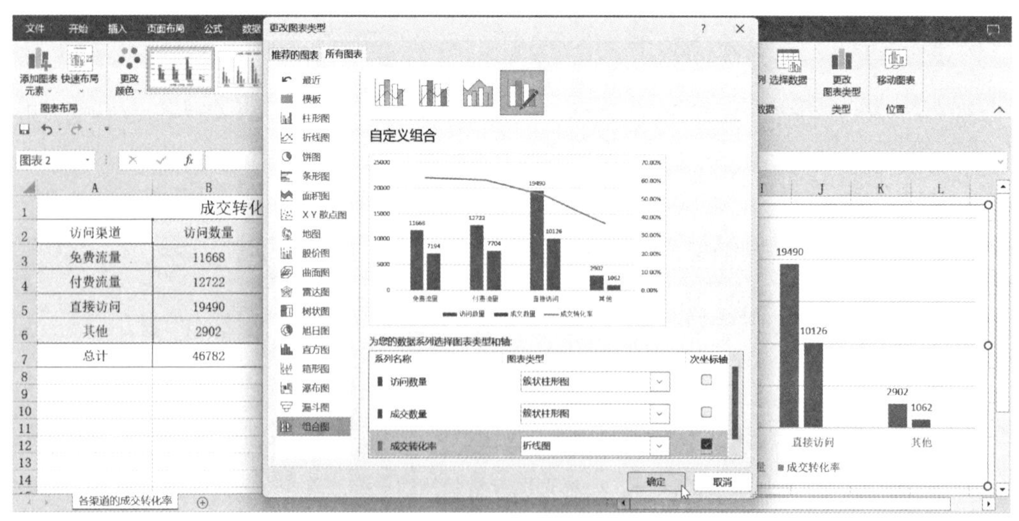

图 4-1-22　更改图表类型

从图 4-1-23 中可以很直观地看到，免费流量和付费流量的成交转化率较高。说明这两个流量渠道获取的流量较为精准，商家可以将营销推广的重点放在通过这两个渠道进入店铺的访客身上，以实现更多的成交转化。

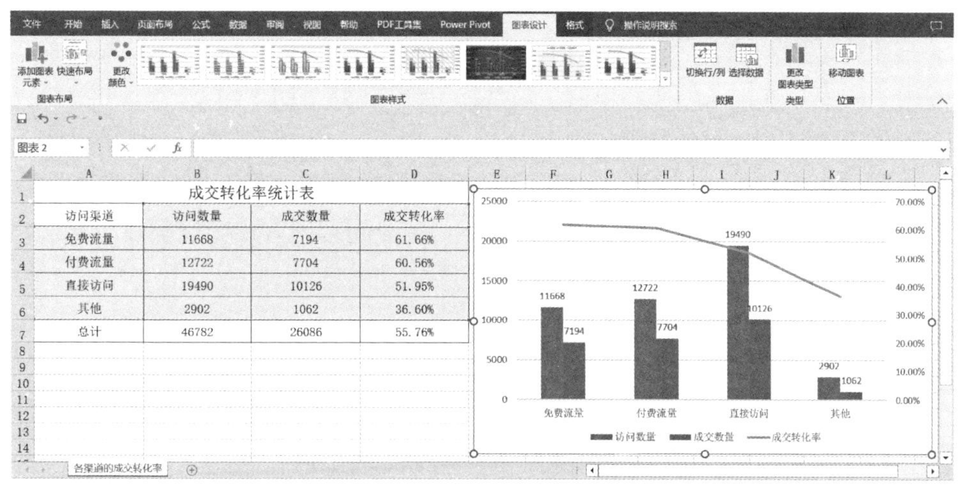

成交转化率统计表			
访问渠道	访问数量	成交数量	成交转化率
免费流量	11668	7194	61.66%
付费流量	12722	7704	60.56%
直接访问	19490	10126	51.95%
其他	2902	1062	36.60%
总计	46782	26086	55.76%

图 4-1-23　各渠道成交转化率分析

任务 2　客户数据分析

任务目标

知识目标

1. 理解客户画像的作用
2. 掌握访客人群画像分析的方法
3. 掌握会员生命周期
4. 掌握会员潜在价值分析的方法

能力目标

1. 能通过客户关系管理工具采集相关的客户数据
2. 能对客户消费行为进行分析

在大数据驱动决策的时代，掌握客户对店铺的贡献与价值，做好客户数据分析，充分挖掘客户的潜在价值，是经营好线上店铺的必要技能。店铺中客户的人群画像是基于大数据运算而得到的结果，能够很直观地反映出店铺主力消费群体的典型特征，对于商家维护店铺客户有着非常重要的指导性作用。

一、客户画像的概念和作用

在各种服务行业中，从业人员会用一些比较模糊或相对清晰的形容词来描述自家店铺的客户群体，也就是对客户进行画像。电商企业虽然不能像实体店那样通过面对面的交易得到形象的客户画像信息，但商家能比较容易地获得客户消费数据和属性特征数据。也就是说，在拥有各种画像素材的基础上，完全可以把客户画像准确而形象地勾勒出来。

1. 客户画像的概念

客户画像就是商家从多个维度对本店客户群体的特征进行描述，然后总结出共同点的客户全貌。通过客户不同维度的各种特征描述，区分出店铺的受众群体与其他群体的不同，寻找并明确客户需求，完成客户营销。客户画像是由大量客户标签组成的。就像对一个人而言，女性、28 岁、黄皮肤、长发、身高 165 cm 左右、喜好音乐等都是标签。这些所有给客户贴的标签综合在一起，就形成了一个画像，也可以说客户画像就是判断一群人是什么样的人（性别、年龄、兴趣爱好、家庭状况等）的工具。

2. 客户画像的作用

客户画像的目的是了解客户。客户画像在店铺营销的不同阶段会有不同的作用。在前期规划中，商家要把商品卖给正确的人，就要明确自己的市场定位，找到目标人群的共同点，如商品喜恶、行为模式、平均消费客单价等，进而帮助店铺确定整体运营节奏和选择有效的推广手段，确保店铺在发展方向上没有太大的偏差。

在运营中期，商家要完善优化商品及运营，都应建立在精准客户画像的基础上。例如找出商品的核心卖点去优化商品，完善店铺首页、详情页等；在提升客户满意度方面，客服售前、售后要完善沟通方式，首先要深入了解分析客户咨询的问题；在精细化营销方面，参照前期的访客量，总结出人群画像，才能进行精细化投放，提升经营效益。

此外，还可以通过访客数和下单买家数的高低峰来判断客户群体的活跃时间，如图 4-2-1 所示。根据评论和售后反馈的问题来优化商品结构。

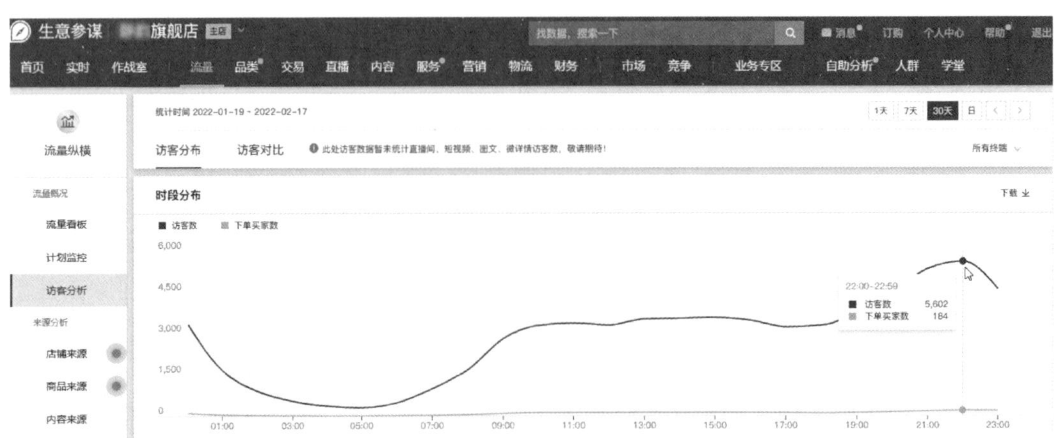

图 4-2-1　访客数和下单买家数的高低峰

在运营后期，商家可结合老商品推断出新商品不可或缺的卖点，了解换新商品后老客户的反应、接受时间，以及新商品的访客量。基于这些数据分析，商家制定的商品迭代策略才是科学有效的，更具有一定的保障性。

二、访客人群画像分析

访客的人群画像是基于大数据运算得到的，能够直观反映店铺主力消费群体的典型特征，这对商家维护客户关系具有指导性作用。下面以某 3C 数码店铺为例，从访客的性别、年龄段、爱好、会员等级和终端偏好层面出发，多维度地对访客人群画像进行分析。

1. 访客性别占比分析

客户的性别占比是指从性别维度出发划分店铺的主力消费群体。图 4-2-2 所示为某 3C 数码店铺的客户性别占比情况。

图 4-2-2　某 3C 数码店铺的客户性别占比情况

其中，男性客户占比为 66.8%，女性客户占比为 31.2%，该数据直观地说明该网店的主力消费群体是男性。

2. 访客年龄段占比分析

店铺的性质不同，其消费群体也会有所不同，需要通过对店铺客户的年龄段占比进行分析，进一步确定店铺的主力消费群体。该 3C 数码店铺的客户年龄段占比情况如图 4-2-3 所示。

从图 4-2-3 中可知，占比最多的是小年轻，其次是青年。由此可知，小年轻群体是该 3C 数码店铺的主力消费群体，为店铺贡献了大量的流量，也是店铺提高转化率应重点维护的消费群体。

3. 访客爱好占比分析

分析客户的爱好，目的是更加精准地定位客户的细分群体。该 3C 数码店铺的客户爱好分布情况如图 4-2-4 所示。

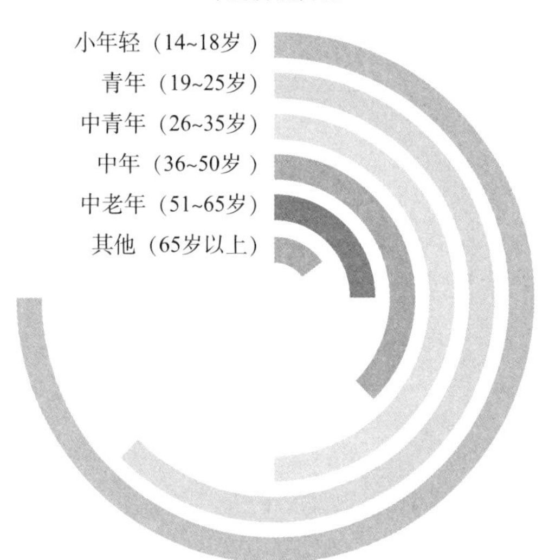

图 4-2-3　某 3C 数码店铺的客户年龄段占比情况

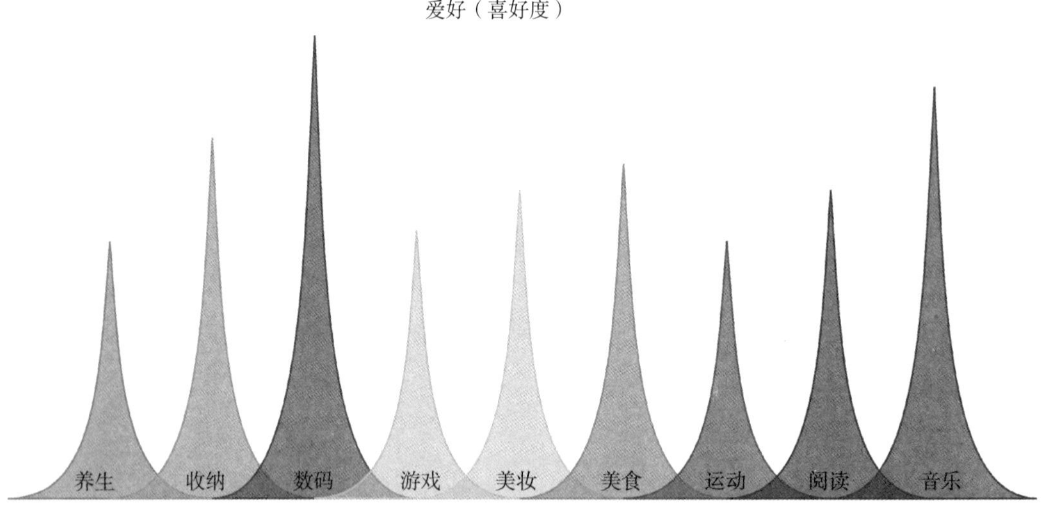

图 4-2-4　某 3C 数码店铺的客户爱好分布情况

其中，爱好数码的客户占比最高，这也比较符合该店铺 3C 数码及周边商品的主营类目的定位；其次，爱好音乐、收纳、美食、阅读及美妆的客户也是店铺的主力消费群体。

4. 访客会员等级占比分析

对客户的会员等级进行分析，主要目的是降低店铺的客户拓展成本和客户维护成本。该 3C 数码店铺的客户会员等级占比情况如图 4-2-5 所示。

从图 4-2-5 中可知，初级会员（V0）的占比最高，说明店铺的主要客户群体是初级会员。把初级客户拓展成中高级客户（V1、V2）的可能性较大，但流失率也较高，这会给店铺的客户拓展和维护带来较大的压力。因此，商家应重点维护店铺的中高级客户。

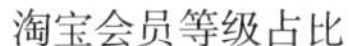

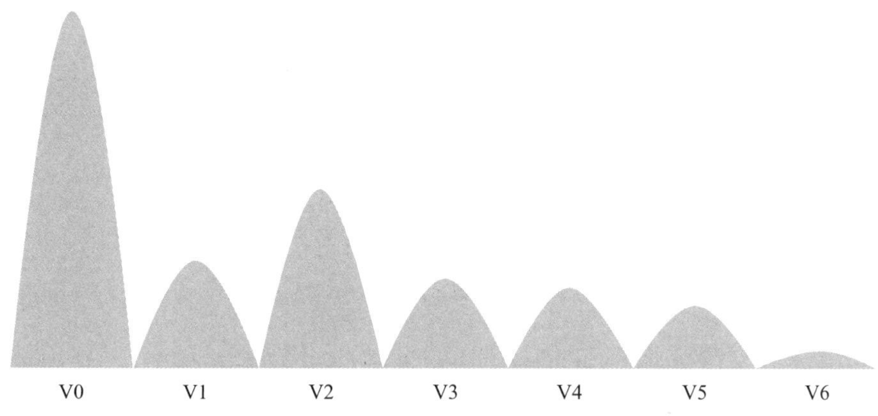

图 4-2-5　某 3C 数码店铺的客户会员等级占比情况

5. 访客终端偏好占比分析

随着移动互联网时代的到来、移动支付的普及，越来越多的 PC 端流量正向移动端倾斜。该 3C 数码店铺的客户购物终端偏好占比情况如图 4-2-6 所示。其中，移动端客户的占比约为 97%，远远超过了 PC 端的客户占比。所以，商家在店铺运营过程中，应重点布局移动端，维护好移动端的新老客户。

终端偏好占比

图 4-2-6　某 3C 数码店铺的客户购物终端偏好占比情况

综上所述，人群画像分析的最终目的是弄清楚店铺客户的特征，然后针对主力消费群体进行有效的营销，包括新客户的拓展、老客户的维护及睡眠客户的挖掘。在当前市场竞争激烈，“价格战”愈演愈烈的情况下，尽管价格是影响成交的重要因素，但是这一战略却不能成为长久的运营方案。商家应做好访客分析，掌握访客的核心诉求，这才是店铺运营的重中之重。

三、会员数据分析

客户关系的管理在电商运营过程中起着非常重要的作用，通过对店铺的会员数据分析，商家可以准确地掌握会员的人群属性特征，然后根据这些信息有针对性地进行商品优化和精准营销。

1. 会员生命周期

任何一个会员都是有生命周期的。会员生命周期是指消费者成为会员前后，在不同时期表现出来的不同特征。分析会员的生命周期，就能针对这些不同的特征采取最适合的营销策略。一般来说，会员的生命周期依次为：普通客户、新会员、活跃会员、睡眠会员和流失会员。

（1）普通客户

普通客户是指所有的潜在客户，他们并没有在店铺产生过交易行为，但访问过店铺或商品页面。对于这类潜在客户，可以通过新客户的折扣优惠活动来引导其在店铺产生第一次交易行为，进而转化为店铺会员。

（2）新会员

新会员是指已在店铺产生过至少一次交易行为，且已激活成为店铺会员的客户。为了将新会员转化为活跃会员，提高其复购率，一方面可以有针对性地向其推广商品和优惠活动，尽可能符合该类会员的购物习惯与偏好；另一方面，可以通过“二次消费”活动来推广，如给新会员发送优惠券或给予折扣，但限定只能在第二次消费时使用。

（3）活跃会员

活跃会员是指已成为店铺会员且在最近一段时间（如 3 个月）在店铺有过交易行为的客户。对于店铺活跃会员，商家可以通过“二八定律”找出为店铺带来 80% 价值的核心会员，给予他们更好的服务。

商家可以通过向上营销和交叉营销的方式向活跃会员进行推广。向上营销，即根据客户以往的消费喜好，提供更高价值或其他用以加强其原有功能和用途的商品及服务。交叉营销，则是从客户的购买行为中发现客户的多种需求，向其推销相关的商品及服务，有针对性地进行定向精准营销。

（4）睡眠会员

睡眠会员是指最后一次在店铺产生交易行为的时间距今已有很长一段时间（如 6 个月）的客户。对于这类会员，商家可以向睡眠会员实施唤醒策略，通过短信、邮件、微信、电话等渠道推送最新优惠活动，以期唤醒部分睡眠会员。

（5）流失会员

流失会员是指最后一次在店铺产生交易行为的时间距今至少 1 年的会员。对于这部分流失会员，首先要分析导致流失的原因，如商品、客服、物流等因素，然后进一步细化问题。对流失会员，除执行唤醒策略外，还需要采取更加有吸引力的营销手段才能将其成功召回。该类会员的召回成本往往较高，效果通常并不明显，因此店铺应根据实际情况制定营销策略。

会员生命周期是有限的，并且是一个单向流程，没有形成闭环。所以，面对店铺的客户流失，商家需要在维护老客户的同时，不断地开发新客户，不断为店铺输送流量，进行第二轮客户开发和挖掘。

2. 会员潜在价值分析

每一位会员的忠诚度、购买力和价格接受度都是不同的，将这 3 个方面划分为 6 个指标，用以分析每一位会员的潜在价值。其中，忠诚度可以用最近一次消费时间和消费频率来衡量，购买力可以用消费金额和最大单笔消费金额来衡量，价格接受度可以用特价商品消费占比和最高单价商品消费占比来衡量。

（1）最近一次消费时间

最近一次消费时间的衡量指标是将会员最近一次消费时间与现在时间的间隔时长转化而成的对应指数。如最近 1 个月有消费，对应指数为“5”；最近 3 个月有消费，对应指数为“4”等，以此类推。间隔时长越长，指数越低，最低为“1”。

（2）消费频率

要想提高店铺销售额，提高会员的消费频率是一个非常有效的策略。根据会员重复购买的频率不同，将其转化为对应的指数，从高到低依次为 5、4、3、2、1。

（3）消费金额

根据“二八定律”，80% 的利润由 20% 的客户产生，这 20% 的客户就是核心价值客户，应为其提供更多的营销资源。根据消费金额的不同，将其转换为对应的指数，金额越高，指数越高。

（4）最大单笔消费金额

最大单笔消费金额体现的是会员的购买力，同样将其转换为对应的指数，单笔消费金额越高，指数就越高。

（5）特价商品消费占比

特价商品消费占比从侧面反映会员对商品价格的在意程度。该占比越高，转换为对应的指数越低，两者呈负相关性。

（6）最高单价商品消费占比

最高单价商品消费占比为最大单笔消费金额的拓展指标，可以体现会员的价格接受度，具体值和价格接受度呈正相关性，占比越高，指数越高。

采集每位会员的指标和对应的指数，整理到 Excel 中，建立雷达图，即可展现每位会员的潜在价值。图 4-2-7 所示为 3 位会员的潜在价值展示情况。

由图 4-2-7 可知，A 会员对店铺的忠诚度很高，购买力很低。虽然这类会员消费金额不高，但即使不做营销活动，他们也会持续消费。因此这类会员是店铺持续获利的基础，商家可以有针对性地向其推送一些特价促销信息。B 会员消费能力强，价格容忍度也较高，但会员忠诚度不足。针对这一类会员，商家可以分析其消费记录，做到商品精准推荐，提高其复购率。C 会员的忠诚度和消费能力都比较差，且价格容忍度较低。这类会员以学生群体为典型代表，可以向他们推荐一些价格低廉但彰显个性的商品。

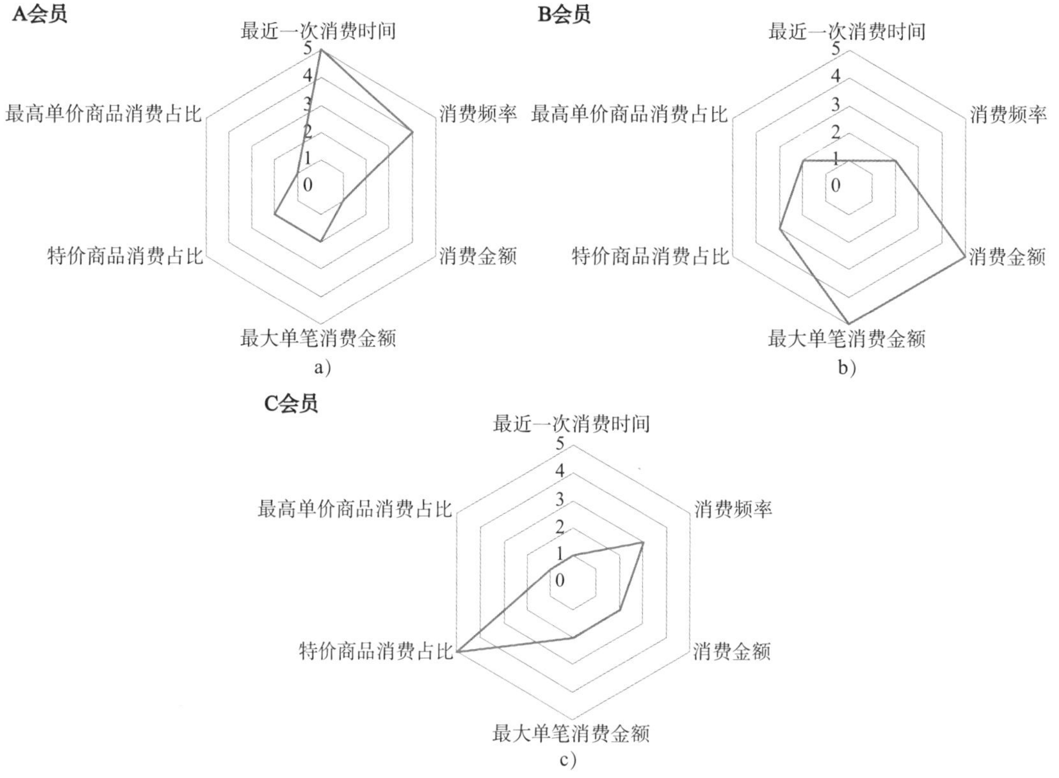

图 4-2-7　3 位会员的潜在价值展示情况

任务实施

一、客户数据的获取

要对客户进行分析，首先需要采集客户数据。为了便于后面进行 RFM 模型数据分析，这里需要获取订单付款时间、购买次数和实际支付金额 3 个会员数据。以淘宝网为例，可以通过淘宝平台提供的客户关系管理工具采集相关的客户数据，具体步骤如下。

步骤 1　登录淘宝账号，进入“千牛商家工作台”页面，选择左侧导航栏“交易”中“已卖出的宝贝”选项，单击“批量导出”按钮，如图 4-2-8 所示。

步骤 2　在弹出的提示框中，单击“生成报表”按钮，打开“批量导出”页面，单击“下载订单报表”与“下载宝贝报表”按钮即可，如图 4-2-9 所示。

步骤 3　打开下载的“订单报表 .xlsx”文件，如图 4-2-10 所示。由于下载的表格数据较多，根据数据分析需要只保留“买家会员昵称”“买家实际支付金额”“订单付款时间”这 3 列数据即可。

步骤 4　将需要的 3 列数据整理到一个新的 Excel 表格中，如图 4-2-11 所示。在整理数据时，不要直接在下载的 Excel 表格中操作。因为下载的表格格式为 CSV 格式，这

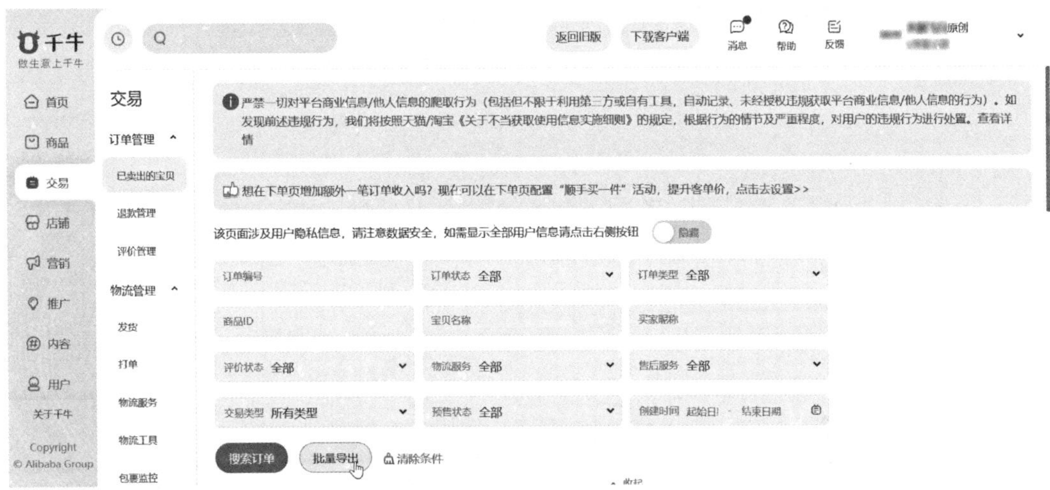

图 4-2-8　单击“批量导出”按钮

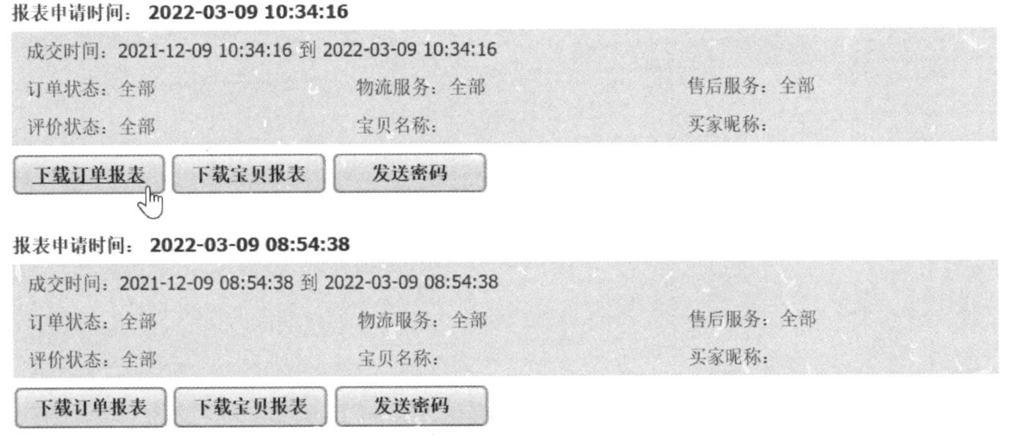

图 4-2-9　批量导出数据

种格式对于 Excel 部分功能具有限制性，所以在整理数据时一定要将数据复制粘贴到新的 Excel 表格中。如果是分多次下载的原始数据，也需要汇总到一个 Excel 表格中。

二、RFM 模型数据分析

RFM 模型是一个会员消费行为分析模型，可以对海量的会员细分，通过建立一套科学的数据分析模型，对会员进行有效的管理，提升会员管理效率。RFM 模型的 3 个字母分别代表不同的会员行为要素，其中 R（Recency）代表客户最近一次成交时间的间隔，F（Frequency）代表客户最近一段时间的交易频率，M（Monetary）代表客户最近成交的金额。

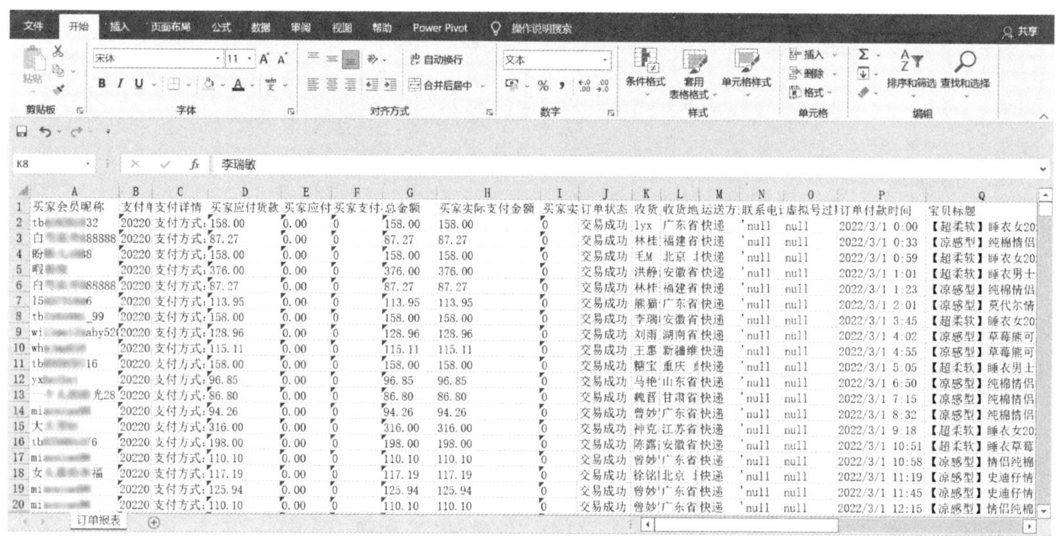

图 4-2-10　下载的订单报表数据

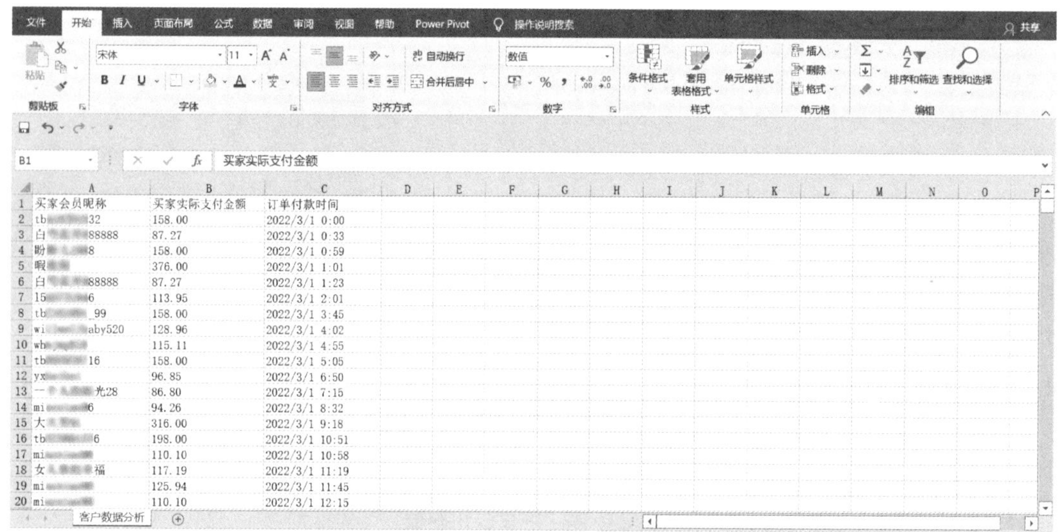

图 4-2-11　整理后的数据表

利用 RFM 模型对会员数据进行分析的具体操作如下。

步骤 1　打开“客户数据分析 .xlsx”文件，选择“插入”中的“数据透视表”选项，在弹出的快捷菜单栏中单击“表格和区域”按钮，弹出“来自表格或区域的数据透视表”对话框，如图 4-2-12 所示，单击“确定”按钮。

步骤 2　在“数据透视表字段”对话框中，设置“行”为“买家会员昵称”，设置“值”为“买家实际支付金额”，单击“▼”按钮，弹出快捷菜单栏，选择“值字段设置”选项，如图 4-2-13 所示。

步骤 3　弹出“值字段设置”对话框，设置“值字段汇总方式”为“求和”，如图 4-2-14 所示，单击“确定”按钮。

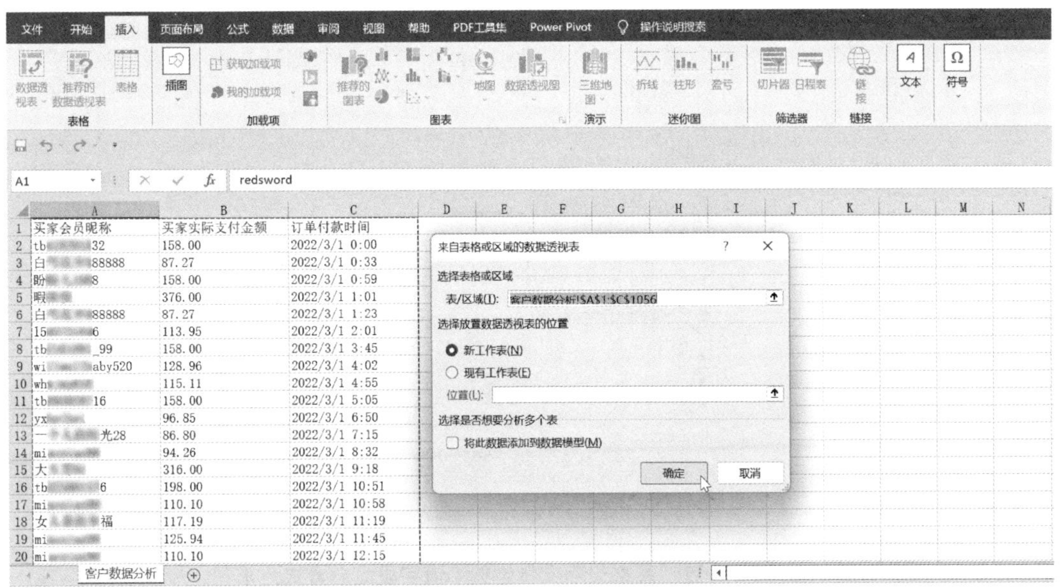

图 4-2-12　插入数据透视表

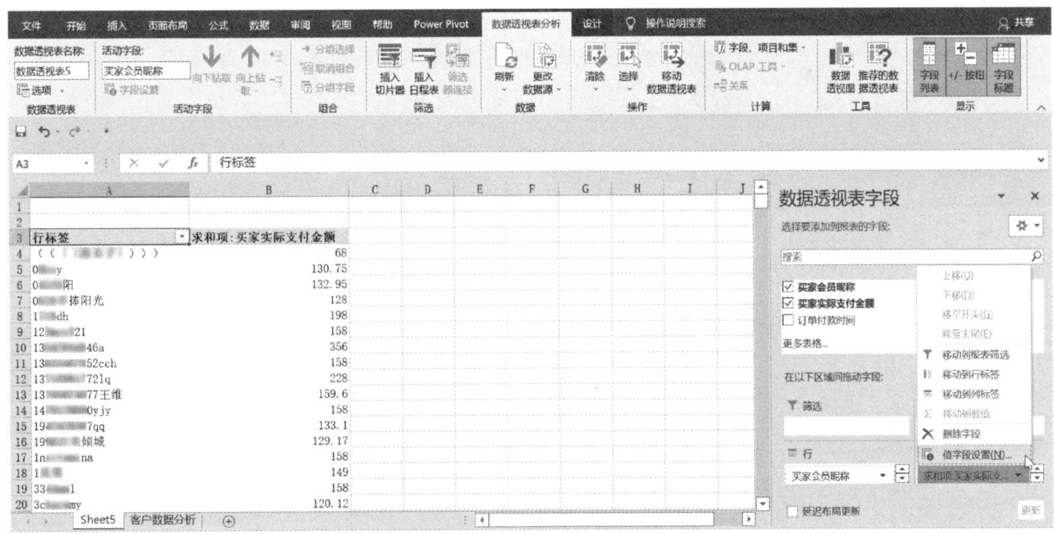

图 4-2-13　设置字段

步骤 4　按照上述操作步骤，再把“买家会员昵称”拖曳入“值”中，设置“值字段汇总方式”为“计数”；将“订单付款时间”拖曳入“值”中，设置“值字段汇总方式”为“最大值”，最终效果如图 4-2-15 所示。

步骤 5　选中 C 列，单击鼠标右键，弹出快捷菜单栏，选择“设置单元格格式”选项，如图 4-2-16 所示。

步骤 6　弹出“设置单元格格式”对话框，选择“分类”栏中“日期”选项，选择“类型”中“*2012/3/14”选项，如图 4-2-17 所示，单击“确定”按钮。

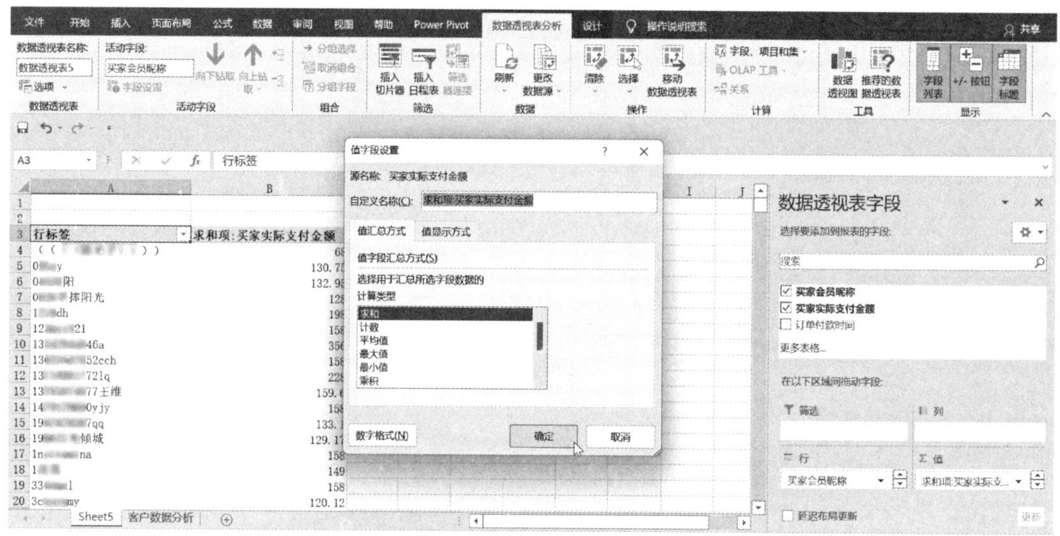

图 4-2-14　设置“买家实际支付金额”值字段汇总方式为求和

图 4-2-15　设置完成“买家会员昵称”和“订单付款时间”值字段最终效果

步骤 7　单击“行标签”右侧“筛选”按钮，弹出快捷菜单栏，选中“其他排序选项”按钮，如图 4-2-18 所示。

步骤 8　弹出“排序（买家会员昵称）”对话框，单击“降序排序（Z 到 A）依据（D）”单选框，设置为“计数项：买家会员昵称”，如图 4-2-19 所示，单击“确定”按钮即可完成。

会员数据表的最终效果如图 4-2-20 所示。

在会员数据表中，R 代表客户最近付款的时间。客户成交日期越久远，说明客户流失的可能性越大；反之，客户成交日期越近，说明客户流失的可能性越小。例如，本案例中订单付款时间为 2022 年 3 月 30 日，假设今天为 2022 年 10 月，那么该客户已经超

图 4-2-16　选择“设置单元格格式”选项

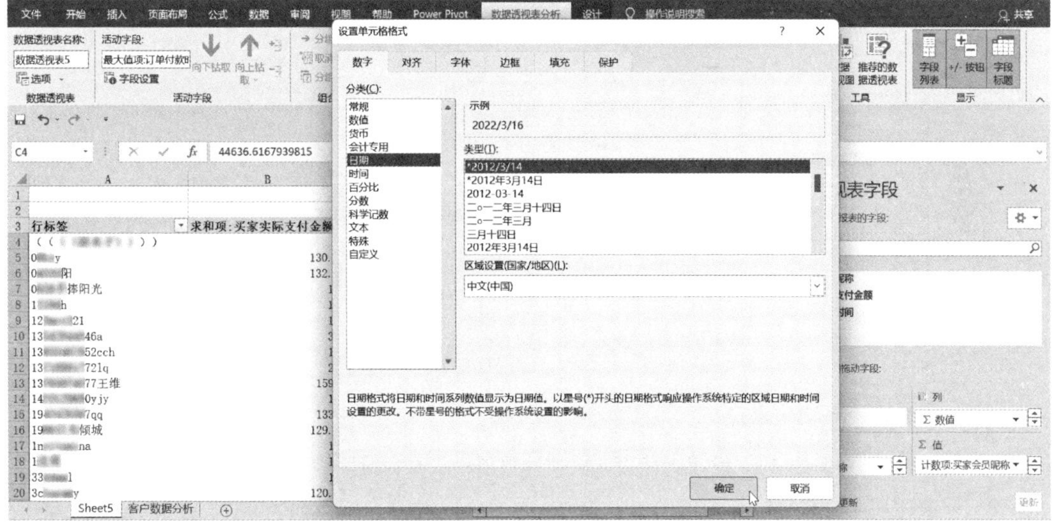

图 4-2-17　设置单元格格式

过半年没有在店内购买商品，说明客户有流失的风险。如果该客户之前的购买频次（F）较高，商家就要想办法激活他，以避免该优质客户流失。

F 代表客户最近的交易频率，F 值越大，表示客户交易越频繁，反之则表示客户交易不够活跃。例如，本例中 F 值最大为 5，说明该客户在这段时间内共在店内交易过 5 次。

M 代表客户消费金额，M 值越大，表示客户价值越高，反之则表示客户价值越低。M 值可以灵活统计，既可以统计总成交金额，也可以统计平均金额。例如，本案例买家实际支付最高金额为 655.5 元，其平均金额 =655.5 ÷ 5=131.1（元）。

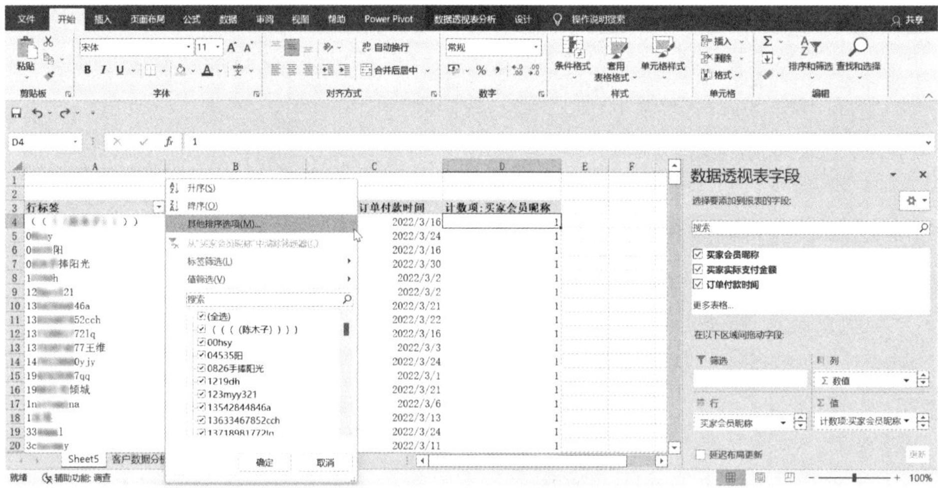

图 4-2-18　选中“其他排序选项”按钮

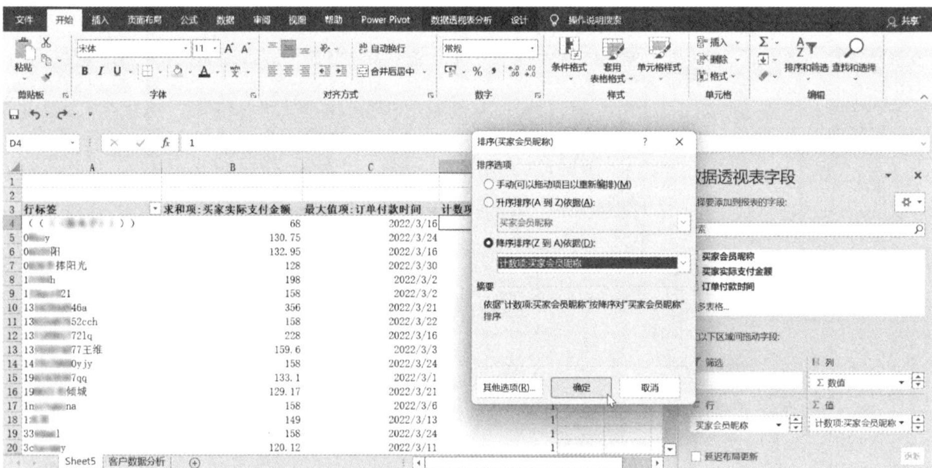

图 4-2-19　设置行标签，按“计数项：买家会员昵称”降序排列

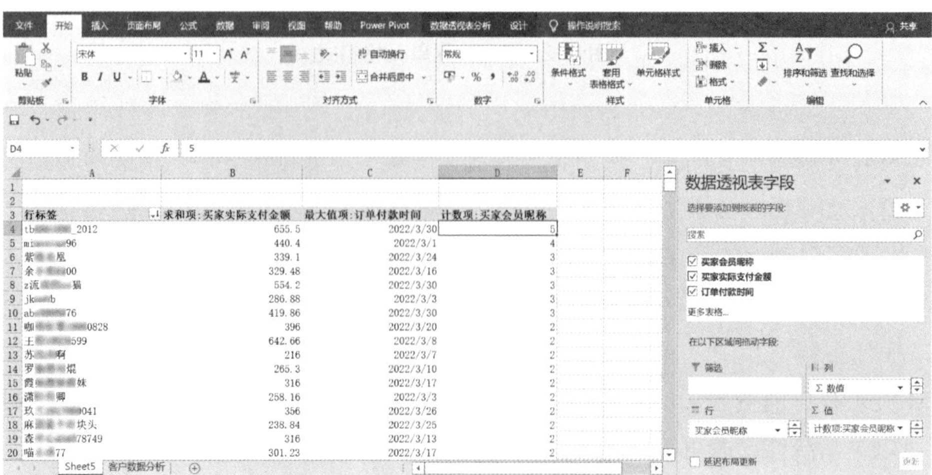

图 4-2-20　会员数据表的最终效果

如果想更直观地分析 RFM，还可以对 RFM 每项因素给予具体的权重计分，见表 4-2-1。当 R≤10 天时，给予该客户 5 分权重；10 天 <R≤45 天时，给予 4 分的权重；当 45 天 <R≤90 天时，给予 3 分的权重，以此类推，计算出客户距离上次购物天数 R 的权重分。消费次数 F 和实际支付金额 M，同样可以根据实际情况自行设置权重区间。

表 4-2-1　　　　RFM 每项因素的权重计分

距离上次购物天数 R/ 天	消费次数 F/ 次	实际支付金额 M/ 元	权重分
R≤10	F≥12	M≥400	5
10<R≤45	9≤F<12	300≤M<400	4
45<R≤90	6≤F<9	200≤M<300	3
90<R≤120	3≤F<6	100≤M<200	2
R>120	F<3	M<100	1

在计算出每项因素得分后，相加得到一个 RFM 总得分。在客户管理中，对 RFM 得分较高的重要客户应给予特殊服务，如 VIP 会员、专属客服、折扣优惠等；对于 RFM 得分较低的客户，应具体分析所存在的问题，并积极解决。

任务 3　客服数据分析

任务目标

知识目标

1. 了解电商客服数据分析的相关指标
2. 熟悉客服 KPI 数据分析的方法

能力目标

1. 能设计电商客服 KPI 考核方案
2. 能通过分析客服数据，及时优化与解决客服工作中存在的问题
3. 能使用第三方软件监控客服数据

对于电商企业来讲，一名合格的客服人员除能够耐心解答客户提出的各种疑问，读懂客户的需求外，更重要的是将服务转化为店铺的实际利润。而这些利润主要是通过各种销售数据表现出来的。为了更好地评估客服人员的工作能力，需要对客服人员工作中

的客服数据进行分析，在此基础上及时优化和解决客服工作中存在的问题，提升店铺的服务质量。

一、客服数据分析

客服工作是店铺经营中很重要的一项工作，贯穿于商品售前、售中和售后。客服数据主要包括接待数据、订单数据和售后数据，这些关键数据能够直接反映店铺在客服运营方面存在的各种问题。

1. 接待数据

客服人员在接待访客的时候会产生一系列的数据指标，如接待人数、首次响应时间、平均接待时长及回复率等。为了更好地服务客户，客服人员需要熟练掌握销售话术，做好随时回复的准备，设计好欢迎词，快速地响应客户，争取不丢失任何一个潜在客户。

2. 订单数据

客服人员在与客户交流过程中，会产生各种订单数据，如接待人数、销售量、客单价、询单转化率等。订单数据通常是客服岗位的重要考核指标之一。

3. 售后数据

客服人员在售后环节中的作用尤为重要，特别是在处理纠纷订单过程中，客服人员发挥着重要作用。售后数据主要有纠纷率、退货率、退款率等。一名优秀的售后客服能够周到地应对各种售后问题，提升店铺的好评率，降低店铺的损失，维护店铺的良好形象。

二、电商客服岗位关键绩效考核

关键绩效考核即 Key Performance Indicator，简称 KPI 考核。建立科学合理的电商客服 KPI 考核是做好客服岗位管理的关键。对于商家而言，店铺通过对客服人员进行目标式的量化考核，使店铺总体运营目标可以分解为操作性强、分工明确的个体目标。同时电商客服 KPI 考核明确规定了客服人员的主要任务，明确了每个客服人员的业绩衡量指标。通过对客服人员的 KPI 考核与评价，能及时发现客服工作中存在的问题，弥补工作中的不足，提升客服服务水平。

店铺由于经营类目和经营理念的不同，在建立客服 KPI 考核系统时会有所不同。表 4-3-1 为某店铺的客服 KPI 考核系统。

表 4-3-1　　某店铺的客服 KPI 考核系统

指标		权重	计算公式
响应时间	首次响应时间	10%	—
	平均响应时间	5%	—

续表

指标	权重	计算公式
月退货率	10%	月退货率 = 月退货量 ÷ 月成交量
成交客单价率	20%	成交客单价率 = 客服落实客单价 ÷ 店铺客单价
询单转化率	30%	询单转化率 = 咨询后成交人数 ÷ 咨询总人数
订单支付率	25%	订单支付率 = 成交总数量 ÷ 下单总数量

1. 响应时间

响应时间是指当客户咨询后客服回复客户的时间间隔。响应时间又分为首次响应时间和平均响应时间。首次响应时间是指在客服接待的过程中，从客户咨询到客服人员回应第一句话的时间差；平均响应时间是指客服对客户每次回复用时的平均值。表 4–3–2 为该店铺对客服人员首次响应时间和平均响应时间的考核表。

表 4–3–2　　　　响应时间考核表

KPI 考核指标	权重	评分标准（单位：秒）	分值 / 分
首次响应时间（ST）	10%	ST≤10	100
		10<ST≤15	90
		15 <ST≤20	80
		20<ST≤25	70
		25<ST≤30	60
		ST>30	0
平均响应时间（PT）	5%	PT≤20	100
		20<PT≤25	90
		25<PT≤30	80
		30<PT≤35	70
		35<PT≤40	60
		PT>40	0

2. 月退货率

月退货率可以反映客服人员在售后环节的沟通水平，在商品并未出现严重质量问题的前提下，月退货率越低，表明客服人员的工作能力越强。该店铺根据自身的实际情况建立的月退货率评分标准见表 4–3–3。

表 4-3-3　　　　　　　　　　月退货率评分标准

指标	权重	评分标准	分值/分
月退货率（RG）	10%	RG<2%	100
		2%<RG≤3%	80
		3%<RG≤4%	60
		4%<RG≤5%	40
		5%<RG≤6%	20
		RG>6%	0

3. 成交客单价率

成交客单价率反映了客服人员与客户“讨价还价”的水平。一般来说，店铺会设定店铺最低客单价，客服人员接受的客单价不能低于这个标准。表 4-3-4 为该店铺根据自身实际情况建立的成交客单价率评分标准。

表 4-3-4　　　　　　　　　　成交客单价率评分标准

指标	权重	评分标准	分值/分
成交客单价率（DP）	20%	DP≥1.5%	100
		1.4%≤DP<1.5%	80
		1.3%≤DP<1.4%	60
		1.2%≤DP<1.3%	40
		1.1%≤DP<1.2%	20
		DP<1.1%	0

4. 询单转化率

询单转化率又称咨询转化率，是指所有咨询客服并产生购买行为的人数与所有咨询客服总人数的比值，其直接反映客服人员与客户沟通的效果。询单转化率的评分标准见表 4-3-5。

表 4-3-5　　　　　　　　　　询单转化率评分标准

指标	权重	评分标准	分值/分
询单转化率（CC）	30%	CC≥50%	100
		45%≤CC<50%	80
		40%≤CC<45%	60
		35%≤CC<40%	40
		30%≤CC<35%	20
		CC<30%	0

5. 订单支付率

订单支付率是指成交总数量与下单总数量的比值。订单支付率不仅直接影响店铺的利润，而且店铺支付率在一定程度上也会影响店铺的排名。表 4-3-6 为订单支付率的评分标准。

表 4-3-6　订单支付率评分标准

指标	权重	评分标准	分值 / 分
订单支付率（CP）	25%	CP≥90%	100
		85%≤CP<90%	80
		80%≤CP<85%	60
		75%≤CP<80%	40
		70%≤CP<75%	20
		CP<70%	0

任务实施

使用“赤兔名品”绩效软件监控

一、使用“赤兔名品”绩效软件监控

“赤兔名品”可以全面掌握客服的销售额及销量、转化成功率、客单价 / 客件数、服务评价以及接待压力和值班情况等数据，并帮助分析客户流失原因，是一个用于客服绩效管理的淘宝工具软件。由于该软件不是千牛自带软件，所以需要先订购再使用。订购赤兔名品与查看数据的具体步骤如下。

步骤 1　登录“千牛商家工作台”页面，选择左侧“服务”选项卡，如图 4-3-1 所示。

图 4-3-1　选择“服务”选项卡

步骤 2　打开“服务市场”页面，在页面顶端的搜索框中输入软件名称“赤兔名品”，如图 4-3-2 所示，单击“搜索”按钮。

图 4-3-2　在“服务市场”首页搜索“赤兔名品”软件

步骤 3　在显示的搜索结果列表中单击“赤兔名品”软件，在打开的页面中选择该软件的服务版本和使用周期，最后单击“立即购买”按钮，如图 4-3-3 所示，根据提示成功付款后便可以使用。

图 4-3-3　“赤兔名品”软件订购页面

步骤 4　进入“赤兔名品”软件的首页，导航栏包括“一目了然”“店铺绩效”“客服绩效”“绩效明细”等多个功能模块，单击任意一个功能模块，便可查看该功能模块的详细信息，如图 4-3-4 所示。

图 4-3-4　“赤兔名品”首页

二、退款情况分析

客服退款情况分析是指对客户提出的申请退款笔数、申请退款金额、完成退款笔数、完成退款金额等项目的统计，如图 4-3-5 所示。具体操作步骤是：单击“客服绩效”，在左侧导航栏“专项分析”中选择“退款情况分析”选项，即可进入“退款情况分析”页面分析有关数据。

如果某店铺客服退款笔数过高，可以从两个方面来分析，一是客服人员对商品的属性不熟悉，造成客户下错单。出现这种情况，客服主管可以加强客服人员的商品培训。二是由于商品详情页中商品属性描述不清。出现这种情况，客服人员可以与美工设计人员沟通，在详情页面上提供具体的商品细节和商品参数，运用高分辨率的照片、视频和增强现实（AR）技术等交互式可视化工具，帮助客户做出决定。这种方法应用于服装类目尤为奏效，能有效降低退款率。

三、客服响应时间分析

客服响应时间的长短是体现客服是否在线、是否以最佳状态迎接客户的最有力证据。通常把客服响应时间分为客服首次响应时间和客服平均响应时间。

图 4-3-6 所示为某店铺客服响应时间数据。其统计数据显示个别客服人员的响应时间过长，这可能是由于该客服人员没有掌握有效的回复技巧、对快速短语的设置不熟悉、打字速度慢、对产品不熟悉等。针对这一情况，客服管理人员应加强客服人员回复技巧的培训、商品信息的定期短训，提升客服服务质量。

旺旺	申请退款笔数	申请退款件数	申请退款人数	申请退款金额	完成退款笔数	完成退款件数	完成退款人数	完成退款金额
	30	30	24	¥4,650.24	28	29	24	¥4,074.47
	24	25	19	¥4,034.74	25	27	21	¥4,257.57
	20	20	16	¥2,626.08	15	15	13	¥2,027.53
	18	18	15	¥2,665.47	21	21	17	¥3,181.55
	12	12	11	¥1,887.59	13	13	11	¥2,038.80
	7	7	6	¥995.00	5	5	5	¥804.50
	4	4	3	¥662.00	3	3	2	¥534.00
	3	3	3	¥414.00	5	5	5	¥717.37
	3	3	2	¥524.00	4	4	4	¥612.57
	2	2	2	¥321.00	2	2	2	¥312.00
汇总	124	125	102	¥18,939.12	130	133	112	¥19,801.94
均值	6.20	6.25	5.10	¥946.96	6.50	6.65	5.60	¥990.10

图 4-3-5　某店铺客服退款情况分析

旺旺		最大同时接待数	未回复人数	最后消息非客服发出人数	回复率	慢接待人数	长接待人数	首次响应(秒)	平均响应(秒)	平均接待时长
	75	2	0	0	100.00%	0	0	5.00	33.86	19分14秒
	40	12	0	0	100.00%	0	10	15.29	19.84	9分59秒
	32	15	0	0	100.00%	0	9	20.63	24.95	8分20秒
	09	17	0	0	100.00%	0	2	8.43	12.94	7分35秒
	40	14	0	0	100.00%	0	1	6.59	15.28	6分20秒
	81	13	0	0	100.00%	0	10	16.90	24.64	5分34秒
	21	4	0	1	100.00%	0	0	10.06	10.67	5分10秒
	87	39	0	1	100.00%	0	1	3.96	11.14	4分31秒
	83	14	0	0	100.00%	0	0	2.00	10.82	4分23秒
	68	30	0	0	100.00%	0	5	11.67	27.68	4分20秒
汇总	42		0	2		0	55			
均值	10	14.25	0	0.10	100.00%	0	2.75	10.58	18.68	4分55秒

图 4-3-6　某店铺客服响应时间数据

四、客单价与客件数分析

客单价是指通过客服服务成交的客户平均每次购买商品的金额，而客件数则是指通过客服服务成交的客户平均每次购买商品的件数。图 4-3-7 所示为某店铺客单价和客件数统计数据。其中某位客服的客单价和客件数都偏少，这可能是由客服人员的服务积极性差、对于关联推荐和搭配套餐的推广技巧不熟悉等因素造成的。客服管理人员应加强客服人员商品关联销售的专业培训，加强客服人员的服务意识，加强销售技巧的培训与考核。

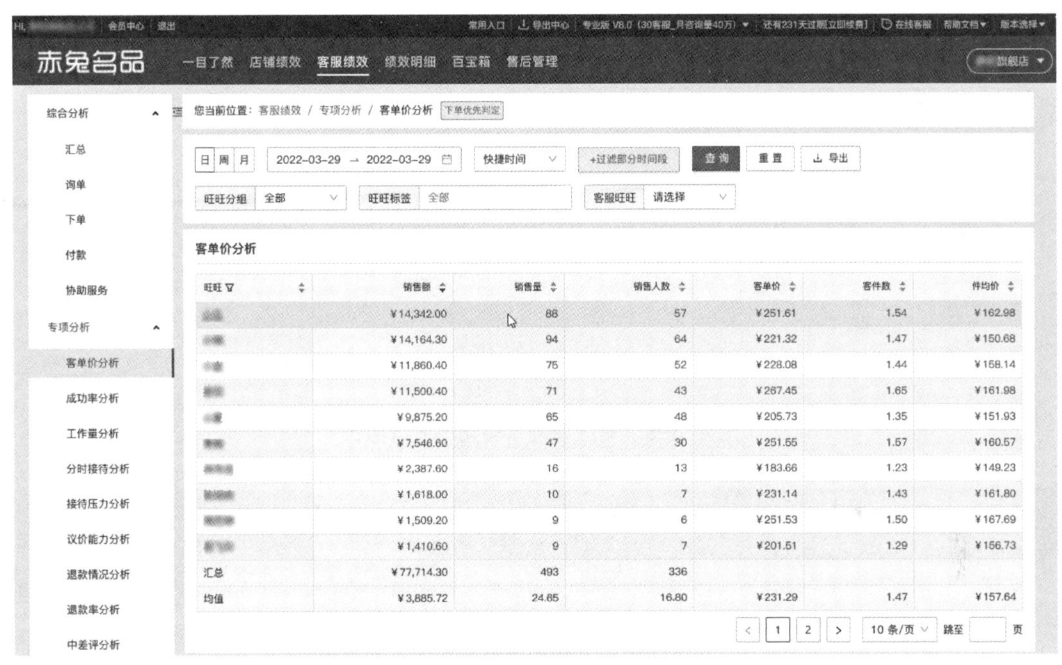

旺旺	销售额	销售量	销售人数	客单价	客件数	件均价
	¥14,342.00	88	57	¥251.61	1.54	¥162.98
	¥14,164.30	94	64	¥221.32	1.47	¥150.68
	¥11,860.40	75	52	¥228.08	1.44	¥158.14
	¥11,500.40	71	43	¥267.45	1.65	¥161.98
	¥9,875.20	65	48	¥205.73	1.35	¥151.93
	¥7,546.60	47	30	¥251.55	1.57	¥160.57
	¥2,387.60	16	13	¥183.66	1.23	¥149.23
	¥1,618.00	10	7	¥231.14	1.43	¥161.80
	¥1,509.20	9	6	¥251.53	1.50	¥167.69
	¥1,410.60	9	7	¥201.51	1.29	¥156.73
汇总	¥77,714.30	493	336			
均值	¥3,885.72	24.65	16.80	¥231.29	1.47	¥157.64

图 4-3-7 某店铺客单价和客件数统计数据

五、客服询单转化率分析

询单转化率是指客户进入店铺后，经过咨询客服后下单成交的客户数与咨询的总客户数的比值。图 4-3-8 所示为某店铺询单转化率统计数据。如果询单转化率偏低，可能是由于客服人员服务的主动性、积极性差，对商品不熟悉，对催付话术与时间点掌握不当。客服管理人员可加强客服人员商品信息的定期培训与考核，加强客服服务意识以及催付话术与注意事项的培训。

六、工作量分析

工作量是指在选定时间内客服人员接待的客户数。如图 4-3-9 所示，该店铺客服人员每天的接待人数较少，可能是因为店铺缺少流量，关注的人太少。商家可以进行多渠道引流，多参加一些促销活动，并针对老客户举行优惠活动，以提升店铺的人气。

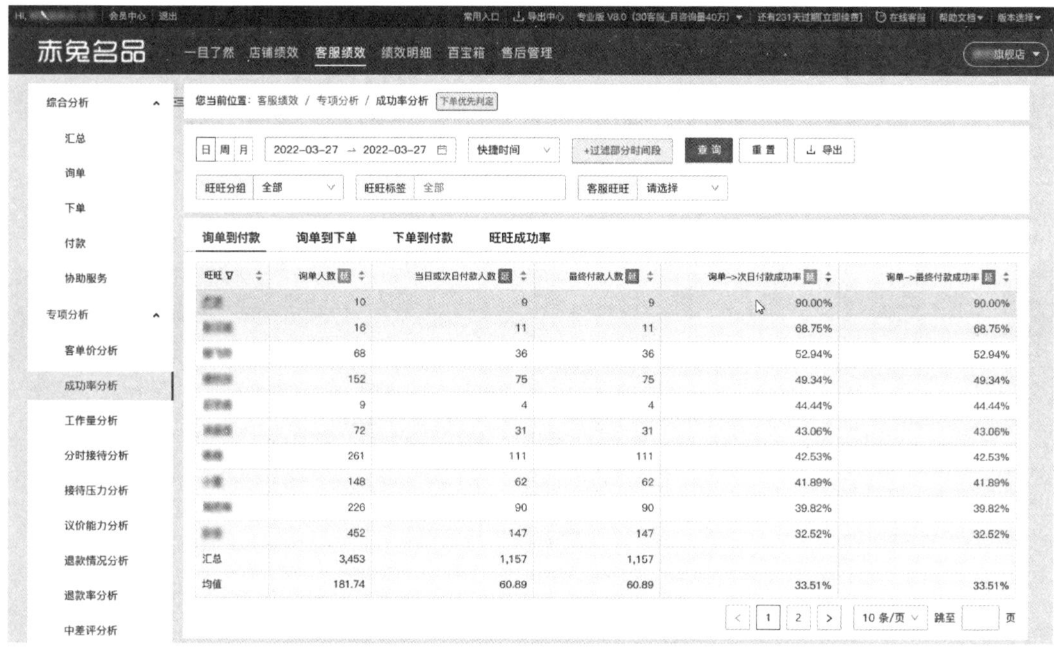

旺旺	询单人数	当日或次日付款人数	最终付款人数	询单->次日付款成功率	询单->最终付款成功率
[illegible]	10	9	9	90.00%	90.00%
[illegible]	16	11	11	68.75%	68.75%
[illegible]	68	36	36	52.94%	52.94%
[illegible]	152	75	75	49.34%	49.34%
[illegible]	9	4	4	44.44%	44.44%
[illegible]	72	31	31	43.06%	43.06%
[illegible]	261	111	111	42.53%	42.53%
[illegible]	148	62	62	41.89%	41.89%
[illegible]	226	90	90	39.82%	39.82%
[illegible]	452	147	147	32.52%	32.52%
汇总	3,453	1,157	1,157		
均值	181.74	60.89	60.89	33.51%	33.51%

图 4-3-8　某店铺询单转化率统计数据

旺旺	咨询人数	接待人数	直接接待人数	转入人数	转出人数	买家发起	客服主动跟进	总消息数	买家消息数	客服消息数	答问比
[illegible]	867	269	244	4	22	250	19	3,510	1,297	2,213	170.62%
[illegible]	632	236	198	4	35	227	9	2,721	1,074	1,647	153.35%
[illegible]	677	218	201	1	16	211	7	3,253	1,169	2,084	178.27%
[illegible]	742	205	168	0	37	189	16	2,555	1,024	1,531	149.51%
[illegible]	463	184	178	1	5	175	9	2,957	1,256	1,701	135.43%
[illegible]	527	179	173	6	0	167	12	2,460	888	1,572	177.03%
[illegible]	640	80	32	48	0	60	20	1,779	733	1,046	142.70%
[illegible]	100	67	6	61	0	65	2	1,232	554	678	122.38%
[illegible]	142	62	40	15	15	62	0	484	237	247	104.22%
[illegible]	886	33	33	0	0	25	8	451	197	254	128.93%
汇总	7,071	1,622	1,351	151	130	1,474	148	23,021	9,083	13,938	
均值	353.55	81.10	67.55	7.55	6.50	73.70	7.40	1,151.05	454.15	696.90	153.45%

图 4-3-9　某店铺客服人员接待客户统计数据

项目五　网店经营数据分析

任务 1　交易数据分析

任务目标

知识目标

1. 掌握交易数据获取的途径
2. 了解影响转化率的因素

能力目标

1. 能使用生意参谋分析店铺交易数据
2. 能运用交易数据分析结果对店铺交易转化率进行优化

交易数据分析是对店铺经营过程中的交易数据进行分析，如下单金额、支付金额、支付买家数、支付转化率、客单价等数据。以淘宝、天猫为例，商家可以通过生意参谋对这些数据进行分析，掌握店铺的交易情况，并有针对性地优化运营策略，提高店铺的销售额和利润。

一、店铺交易概况

在生意参谋“交易分析”页面左侧的导航栏中选择“交易概况”选项，打开“交易概况”页面，可以查看和分析交易总览和交易趋势数据。其中，在交易总览板块，商家可以查看任意天数的访客数、下单买家数、客单价、转化率等数据。同时该板块还显示了从访客进入到下单、支付的交易漏斗，让商家可以清晰直观地看到店铺的支付转化情况，如图 5-1-1 所示。

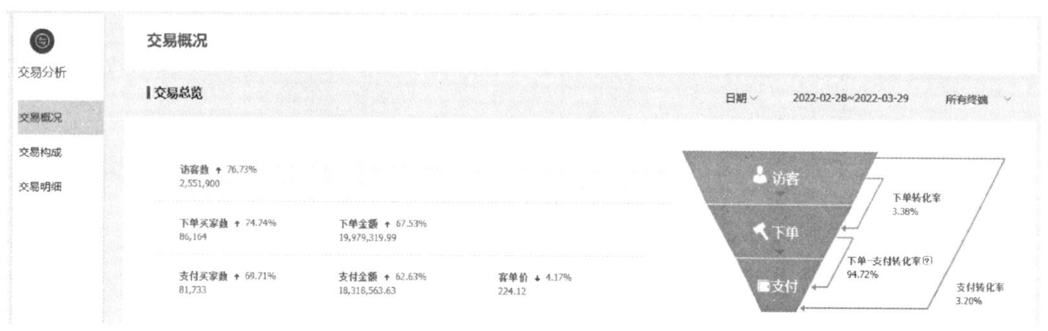

图 5-1-1　某店铺交易概况分析

由图 5-1-1 可知，该店铺的整体交易状况较前 1 天表现不错，访客数、下单金额和支付买家数等数据都有所提高。但需要注意的是，客单价下降了 4.17%，所以商家应重点分析其下降原因，并进行优化。

二、交易构成

生意参谋主要从终端构成、类目构成、品牌构成、价格带构成、资金回流构成 5 个方面对交易构成数据进行分析，帮助商家了解终端、类目、品牌等各个方面的交易构成数据，以便有针对性地进行完善和优化。在生意参谋“交易分析”页面左侧的导航栏中选择“交易构成”选项，打开“交易构成”页面，即可查看交易的终端构成及类目构成。

图 5-1-2、图 5-1-3 所示为某店铺最近 30 天交易的终端构成和类目构成。从图 5-1-2、图 5-1-3 中可知，该店铺的交易基本上来自无线端（移动端）。该店铺主要经营“睡衣 / 家居服套装”类目，占全店交易总额的 94.41%，并且较上一个 7 天支付金额上涨 24.28%。根据以上数据表现，商家应重点关注移动端的运营，以及睡衣 / 家居服套装类目的销售情况。

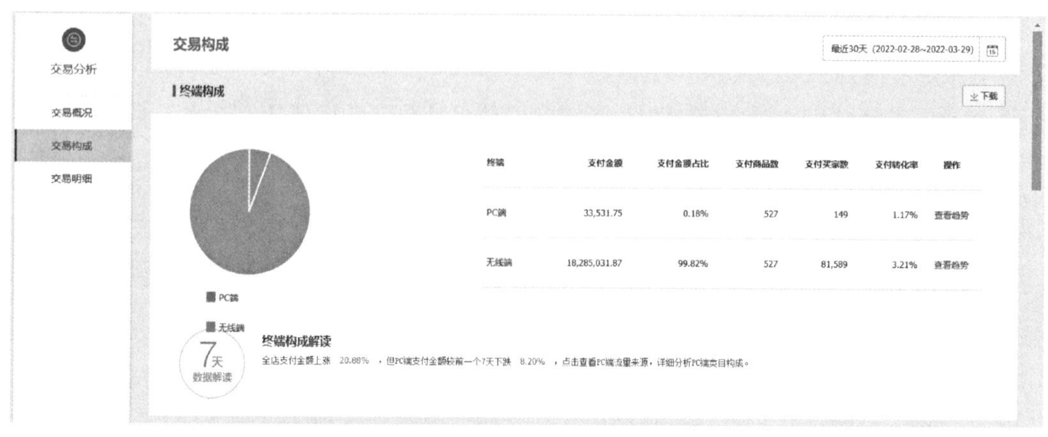

图 5-1-2　某店铺最近 30 天交易的终端构成

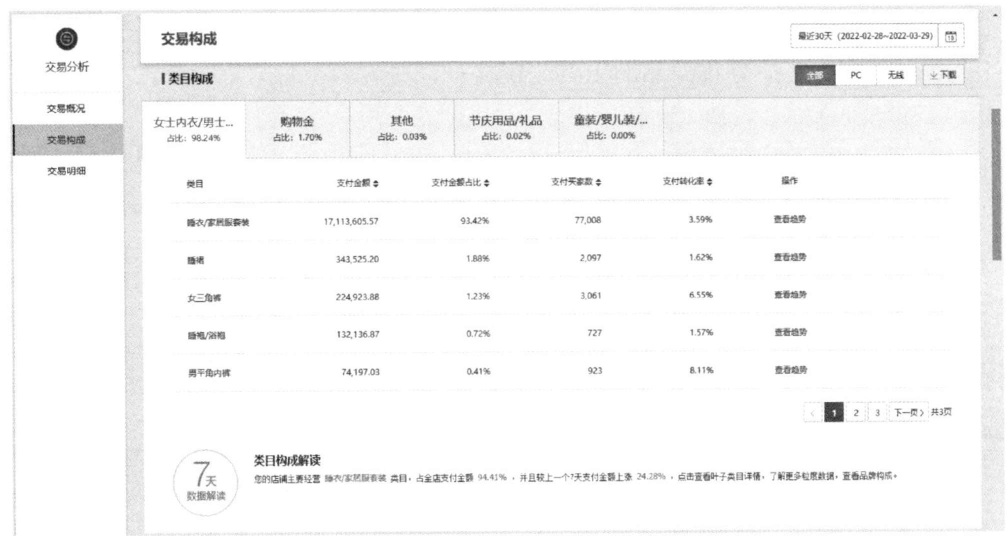

图 5-1-3　某店铺最近 30 天交易的类目构成

图 5-1-4 所示为某店铺最近 30 天交易的价格带构成，从图中可知，该店铺交易中，买家支付金额普遍分布在 300 元以上，商家可以根据此信息比对所经营店铺的价格定位，必要时做出调整。

交易分析　交易概况　交易构成　交易明细

交易构成　最近30天（2022-02-28~2022-03-29）

价格带构成　全部　PC　无线　下载

价格带	支付买家占比	支付买家数	支付金额	支付转化率	操作
0-20元	0.25%	206	5,470.85	90.75%	查看趋势
20-40元	0.00%	0	0.00	0.00%	查看趋势
40-90元	4.91%	4,010	269,673.57	5.46%	查看趋势
90-200元	10.91%	8,917	1,295,065.07	4.14%	查看趋势
200-300元	43.91%	35,892	7,669,593.14	4.52%	查看趋势
300元以上	50.38%	41,176	9,078,760.99	2.47%	查看趋势

7天 数据解读

价格带构成解读

您的店铺主推 300元以上 价格带，支付买家数增加 9,046 个 ，占全店支付买家数 61.39% ，点击查看价格带趋势，了解更多粒度数据，查看资金回流构成。

图 5-1-4　某店铺最近 30 天交易的价格带构成

三、影响转化率的因素

转化率是店铺最终能否盈利的关键所在。如果一个店铺的流量和访客数都很高，但其转化率很低，店铺仍很难实现盈利。影响店铺转化率的因素很多，归纳起来主要有以下几个方面。

1. 关键词

关键词搜索是客户寻找商品的主要途径之一，所以关键词的精准度是影响店铺转化率的一个非常重要因素。搜索关键词与流量的关系就像一个金字塔，如图 5-1-5 所示。客户输入的搜索关键词越长，搜索范围就越小，搜索到的商品就有可能越精准，成交转化率也就越高。通过搜索长尾词关键词进入店铺的访客虽然不多，但这部分访客通常是真正有需求的客户。商家只有把握好这部分客户，才能有效提高店铺的成交转化率。

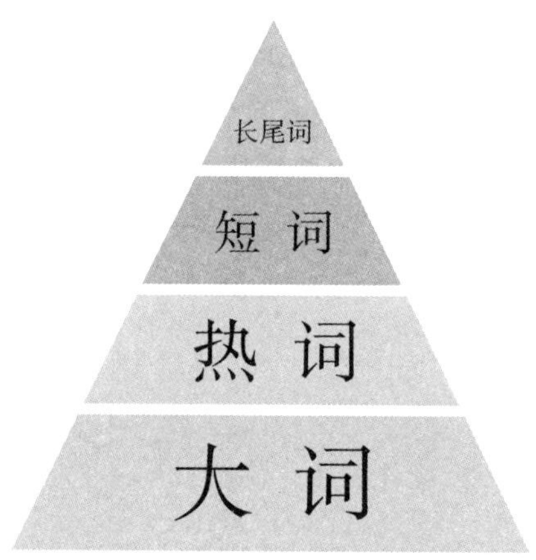

图 5-1-5　搜索关键词与流量的关系

2. 商品主图

商品主图往往是客户进入店铺前看到的第一张商品图片，它的好坏将直接决定客户是否愿意继续浏览商品的详情页面，并最终下单购买商品。在主图中应重点突出主商品及展示商品的核心卖点，禁止出现“牛皮癣”的现象。如图 5-1-6 所示女式运动鞋主图，突出展示该鞋“网面设计、轻盈透气”的特点，让人一目了然。

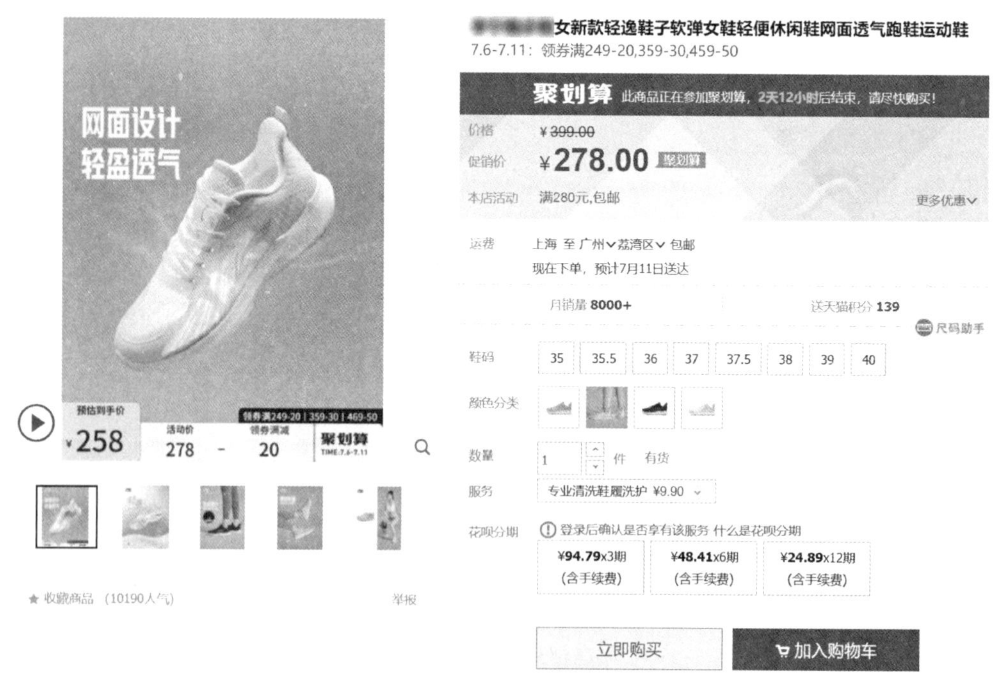

图 5-1-6　卖点突出的商品主图

3. 商品详情页

商品详情页是客户深入了解商品信息的主要页面，对于商品的成交起着至关重要的作用。好的商品详情页都是通过描述商品的优势、卖点来打动客户，实现成交转化的。要提高店铺的成交转化率，商家应做好商品详情页优化。商品详情页的优化应从确定店铺风格、确定商品风格、确定价格定位、挖掘核心卖点、确定设计元素等方面入手。

4. 商品价格

商品价格不仅影响商品的搜索权重，还影响进入店铺的访客最终是否会下单购买。商品价格并非越低越好，而应在分析整个行业的成交价格和成交量的基础上加以确定。在设置商品价格时，可以在淘宝首页中输入商品的关键词，查看大部分客户能接受的同类商品的价格区间，如图 5-1-7 所示。

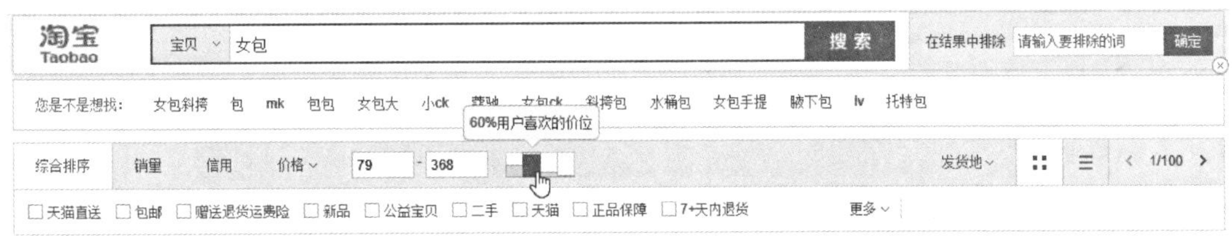

图 5-1-7　查看同类商品受客户喜欢的价格区间

5. 商品销量

通常消费者在购买商品时都会选择销量较高的商品购买，销量好的商品一般是排名比较靠前的商品，而且商品排名越靠前就卖得越好。这是因为消费者有一种从众心理，认为商品销量高，受欢迎的程度高，那么该商品的质量一般不会太差。如果能使客户对销售的商品产生坚定的购买信心，就能提高客户下单购买的概率。

在商品的搜索结果页面一般都会显示商品的销量，单击“销量从高到低”选项，即可按销量从高到低查找商品，如图 5-1-8 所示。

图 5-1-8　按销量从高到低的商品排序

6. 商品评价

商品的评价会直接影响客户的购买决心，对商品的成交转化起着重要的作用。好的商品评价能增加客户购买商品的信心，为还在犹豫中的客户消除购买疑虑；而差的商品评价则会使本身还犹豫不决的客户失去购买商品的信心和欲望。某商品详情页中的商品评价如图 5-1-9 所示。

图 5-1-9　某商品详情页中的商品评价

因此，商家要想方设法引导客户多写评价、多晒图，评论的文字越多越能够打动客户。此外，商家还要重点关注评论中的差评，及时处理引发差评的交易纠纷，以免给商品的销售带来负面影响。

7. 客服服务

客服服务也是商品成交转化过程中的一个重要影响因素。客户在购买商品时往往会存在很多疑虑，客户疑惑的这些问题都需要客服来解答。图 5-1-10 所示为某客户向客服询单的界面。一名优秀的客服人员，不仅能很好地解决客户购买过程中遇到的各种问题，还能引导客户快速下单购买，完成销售转化。因此，提高客服的服务水平和质量，能够有效提高转化率。

图 5-1-10　某客户向客服询单的界面

8. 促销活动

店铺的促销活动也是影响转化率的一个关键因素。商家举办各种各样的促销活动，目的就是吸引客户关注，促进商品销售。促销活动做得好的店铺，其店铺的转化率一般都不低。常见的促销方式有指定促销、组合促销、借力促销、附加值促销、时令促销、限定式促销和纪念式促销等。例如，某销售跑步机的店铺通过买赠等促销活动吸引客户下单购买商品，以提高店铺的成交转化率，如图 5-1-11 所示。

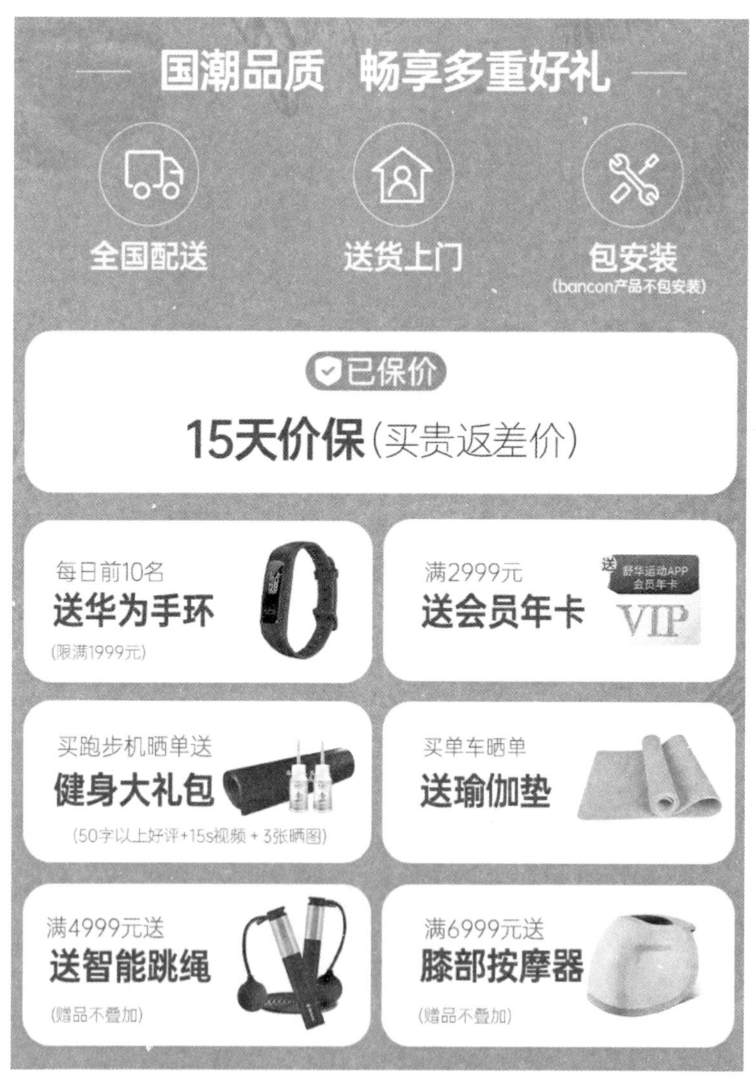

图 5-1-11　某店铺的促销活动

任务实施

使用生意参谋的“交易分析”功能，分析店铺交易数据，具体步骤如下。

步骤 1　打开生意参谋，在页面顶部的导航栏中选择“交易”选项，在“交易分析”

页面左侧导航栏中选择“交易概况”选项，在打开的“交易概况”页面中查看“交易总览”，如图 5-1-12 所示。从图 5-1-12 中可知，该店铺的访客数、下单买家数、支付买家数、下单金额、支付金额等数据都呈上升趋势。商家可以将下单转化率、支付转化率与同行业平均水平进行对比，进一步优化经营策略，积极提高转化率。在下单－支付转化率方面，可由客服主动跟进，促进下单，优化支付转化。

图 5-1-12　交易总览

步骤 2　在“交易分析”页面中选择“交易构成”选项，打开“交易构成”页面，查看店铺交易的终端构成，如图 5-1-13 所示。从图 5-1-13 中可知，该店铺支付金额上涨 20.88%，但 PC 端支付金额较上一个 7 天下跌 8.20%。该店铺当月无线端交易占比达到 99.86%，说明无线端流量是店铺的主要流量，商家应重视对无线端的各方面优化。

图 5-1-13　交易终端构成

步骤 3　查看交易类目构成，如图 5-1-14 所示。从图 5-1-14 中可知，该店铺主要经营“睡衣 / 家居服套装”类目，占全店支付金额的 94.41%，并且较上一个 7 天支付金额上涨 24.28%。

图 5-1-14　交易类目构成

任务 2　库存数据化分析

任务目标

知识目标

1. 了解库存管理的量化控制方法
2. 掌握库存天数及库存周转率的计算方法
3. 掌握提高库存周转率的措施

能力目标

1. 能通过 3 个维度综合管理商品库存
2. 能测算商品补货量

库存对一家店铺的商品销售和资金周转起着至关重要的作用。如果商品销售火爆时库存却不足，会由于补货不及而浪费销售时机。相反，如果库存充裕时销售疲弱，则会造成商品滞销，影响资金正常周转。要将库存保持在一个比较合理的状态，应仔细分析商品的库存数据，并通过分析结果优化库存。

一、库存结构分析

按作用划分，库存大致可以分为有效库存和无效库存两种类型。有效库存即可以出售的商品库存。无效库存包含两种情况，一种是滞销商品、过季商品等对当前销售没有贡献的库存；另一种是因残损、过期、下架等无法继续销售的库存。

要控制好有效库存和无效库存，可以利用“总量－结构－SKU”体系，从宏观到微观层次逐步分解店铺的库存结构。图 5-2-1 所示为某女装店铺的库存构成体系，从总量来看，该店铺的无效库存占据了总量的 25%，有效库存占据了总量的 75%；从结构来看，衣服、裤子、裙子这几类商品占据了绝大部分有效库存量，同时 2022 年有效库存较大；从“价位段－SKU”来看，商品主价位和低价位的有效库存较多。

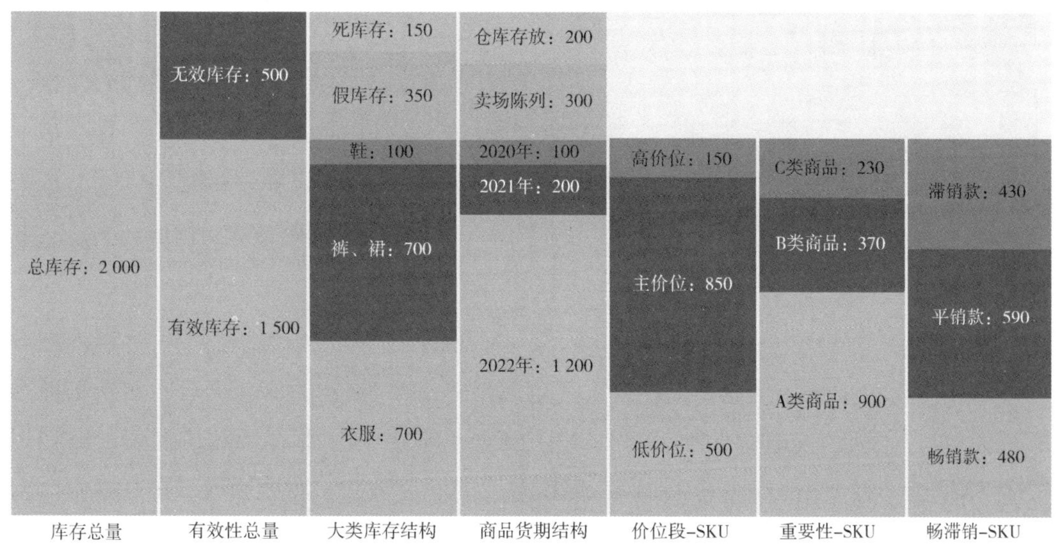

图 5-2-1　某女装店铺的库存构成体系

二、量化库存

简单的库存结构数据虽然可以帮助商家了解库存的基本情况，但并不能用于判断库存是否能够满足销售需求，也无法判断库存数是否安全。因此，还需要借助库存天数和库存周转率来量化库存，以确认库存数据是否足够、合理或安全。

安全库存是指为了应对因物资供应或需求而产生的不确定因素，如突发性的大量订货或供应商延期交货等影响订货需求的情况而准备的缓冲库存。安全库存用于满足商家对商品销售的需求，是商家提前备货的参考依据。在实际操作中，安全库存主要是参考企业的历史数据，结合采购经验和商品的市场动态行情设置，最终确定出合理的库存量。

1. 库存天数

库存天数（Days Of Store，DOS）可以有效衡量库存滚动变化的情况，是衡量库存在可持续销售期的追踪指标。用库存天数来衡量既考虑了销售变动对库存的影响，也可以将“总量－结构－SKU”体系的安全库存标准统一化管理。库存天数的计算公式为：

库存天数＝期末库存数量 ÷（某销售期的销售数量 ÷ 该销售期天数）

图 5-2-2 所示为某店铺某一天的库存天数对比情况，其中柱形图为计算出的对应指标当天的库存天数，折线图为对应指标当天的安全库存天数。通过对比就能量化库存，了解哪些指标的库存天数过低，哪些指标的库存天数过高。

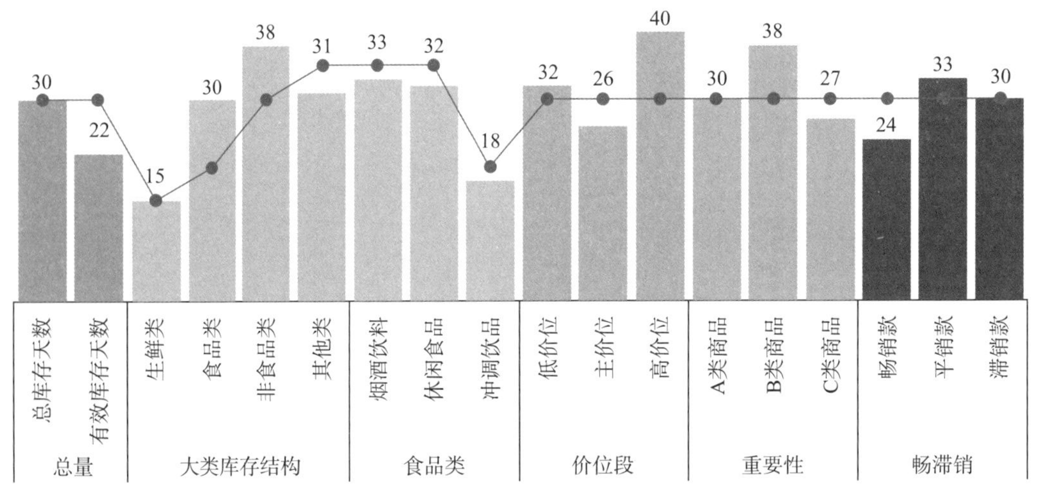

图 5-2-2　库存天数与安全库存天数对比

用库存天数来判断库存安全性时，还可以量化每个 SKU 的库存天数，然后和标准库存天数进行对比。按此理论，就可以利用 Excel 建立 SKU 库存天数监控表，即利用每个 SKU 的库存数据和销售数据计算 SKU 对应的库存天数。然后通过对比标准库存天数，低于标准的及时补货，高于标准的想办法退货或提升销量。

2. 库存周转率

库存周转率反映企业某一时间段内库存控制水平，通常以季度或年来统计和监控。它是一个反映库存周转快慢的指标。通常库存周转率越大表示商品销售越好，库存越少，资产的流动性越好。提高库存周转率可以提高企业的变现能力。

（1）库存周转率的计算

库存周转率的计算公式为：

库存周转率＝该期间出库总金额 ÷ 该期间平均库存金额

＝该期间出库总金额 ÷［（期初库存金额 ＋ 期末库存金额）÷ 2］

考核库存周转率的目的在于从财务的角度计划、预测整个公司的现金流，从而考核整个公司的需求与供应链运作水平。例如，某电商企业 2021 年第一季度的出库总金额为 300 万元，第一季度初的库存价值为 40 万元，该季度末的库存价值为 80 万元，那么其库存周转率为 300÷［（40+80）÷2］=5 次。即该企业用平均 60 万元的现金在 1 个季度里周转了 5 次，获得了 5 次利润。照此计算，如果每季度平均出库总金额不变，每季度末的库存平均值也不变，那么该企业的年库存周转率就变为 300×4÷60=20 次。即相当于该企业一年用 60 万元的现金赚了 20 次利润。

由此可见，库存周转率对企业的库存管理具有十分重要的意义。而企业的利润是由资金→商品→销售→资金的循环流动产生的，循环越快，即周转的频率越高，在等额资金下的利润率就越高。

（2）提高库存周转率的措施

在资金有限的情况下，企业可采取提高商品的销售额，降低每月的库存量；增加每个单品 SKU 的周转次数；选择优质商品，淘汰滞销商品，加快新商品的引进速度；提高订货频次，实行多次少量的订货策略等措施，从而实现利润最大化。

三、管理库存

管理库存时可以借助动销率和广度、宽度、深度等指标对库存进行量化控制。

1. 动销率

动销率指的是在一定时间段内支付的商品数与店铺在线商品数之比。动销率越高，权重越高，店铺不仅会获得更多系统展示的机会，还会增加参加官方活动的通过概率。商品的动销率越高，搜索排名权重就越高，获取更多流量的概率也就越大。动销率非常低的商品要及时下架或删除，避免影响店铺权重。

2. 广度、宽度、深度

广度是指涉及的商品类目；宽度是指商品各类目下的子类目；深度是指商品的 SKU 数量。通过这 3 个维度综合管理库存，如果这 3 个指标合理，商品的库存结构就较为合理。分析 3 个维度，与计划进行对比，找出差异就能确定库存结构哪里出现了问题。

图 5-2-3 所示为某文化玩具类商品的库存结构三维度分析，深灰色的数据表示实际与计划差异较大，负数表示实际大于计划，正数表示实际小于计划。通过这样的方式来监控商品的库存结构，就能轻松对库存进行调整，保证库存结构合理。

四、预测库存

库存天数主要依赖历史销售数据，它代表过去的销售规律。要精确把握销售走势，仅靠历史数据是不行的，还需要找到影响未来销售的因素，如促销活动、季节性原因、节假日等各种特殊事件。通过对未来销售情况的预测，结合历史数据进行判断，即可更加精确地确定库存的数量。

三度分析	项目	体育用品	器材类	钟表类	书写用品	学生用品	纸制品	玩具类	音像制品	通信类	计算机附属体系	合计
广度	计划	有	有	有	有	有	有	有	有	有	有	10
	实际	有	有	有	有	有	有	有	有	有	有	10
	差异	无	无	无	无	无	无	无	无	无	无	0
宽度	计划（种）	130	68	54	119	68	158	86	68	27	104	882
	实际（种）	140	68	67	100	68	144	88	70	27	110	822
	差异	-10	0	-13	19	0	14	-2	-2	0	-6	0
深度	计划（个/SKU）	84.0	48.0	120.0	120.0	60.0	180.0	120.0	180.0	120.0	84.0	111.6
	实际（个/SKU）	80.2	40.3	133.8	138.2	55.0	144.0	90.0	201.2	118.8	83.0	1085
	差异	3.80	7.70	-13.80	-18.20	5.00	36.00	30.00	-21.20	1.20	1.00	31.5

图 5-2-3　某文化玩具类商品的库存结构三维度分析

滚动预测可以根据形势的变化不断地调整需求，这样商家也能有一个较长的备货周期来满足销售需求。滚动预测一般分为周预测和月预测。图 5-2-4 所示为某店铺的 4 周滚动预测表。

每周都对未来 4 周的每个 SKU 做一次预测，根据业务状况不断地修正，以便找到最正确的预测值。例如，在 7 月 16 日对 SKU5 进行预测，可知 SKU5 在 7 月 24 日这一周的需求是 13 940 个。但若在 7 月 23 日进行预测，SKU5 在 7 月 24 日这一周的需求将调整为 11 530 个。又如图中的 SKU3，在 7 月 16 日预测第 31 周的需求为 9 860 个，但由于临时决定在该周开展促销活动，所以在 7 月 23 日预测时，将 SKU3 在第 31 周的需求上调为 11 080 个。

2023/7/16预测	7/17-7/23	7/24-7/30	7/31-8/6	8/7-8/13
	28周	29周	30周	31周
SKU1	13600	16320	10170	11050
SKU2	11730	13400	10030	9010
SKU3	13940	14110	12750	9860
SKU4	12920	14280	15810	15810
SKU5	16830	13940	10880	13260
SKU6	13430	9860	14790	16150
SKU7	8670	16150	8500	14110
SKU8	12240	15980	12790	10370
SKU9	11240	9860	11900	16320
SKU10	13600	15130	16830	15870
合计	128.010	139.060	124.950	131.750

a）

2023/7/23预测	7/24-7/30	7/31-8/6	8/7-8/13	8/14-8/20
	29周	30周	31周	32周
SKU1	16320	10710	11050	12410
SKU2	13430	10030	9010	15810
SKU3	14110	12750	11080	8840
SKU4	14280	15810	15810	12750
SKU5	11530	12480	13260	16150
SKU6	9860	14790	16150	13600
SKU7	16150	8500	14110	16660
SKU8	15980	12750	10370	11050
SKU9	9860	11900	16320	15640
SKU10	15130	16830	15810	15470
合计	136.680	126.550	132.970	138.380

b）

2023/7/30预测	7/31-8/6	8/7-8/13	8/14-8/20	8/21-8/27
	30周	31周	32周	33周
SKU1	10710	11050	12140	11390
SKU2	10030	9010	15810	12410
SKU3	12750	9860	8840	12750
SKU4	15810	15870	12750	10710
SKU5	10880	13260	14290	12920
SKU6	14790	16150	13600	16490
SKU7	8500	14110	16660	15130
SKU8	12750	10370	11050	14790
SKU9	11900	16320	15640	8670
SKU10	16830	15870	15470	10030
合计	124.950	132.750	136.620	125.290

c）

图 5-2-4　某店铺的 4 周滚动预测表

任务实施

知道了补货的数量，商家还是无法做到精准补货，因为同一种商品可能有很多种样式、尺码等。商家需要针对商品不同的属性，挑选出最受客户喜欢的货品进行补充，才能真正做到精准补货。哪个 SKU 需要补货？需要补多少货？这是运营或者采购经常遇到的问题。下面介绍其业务建模，以提高采购的工作效率和补货数量命中率（实际售罄误差在 15% 内为命中）。

一、补货应考虑的因素

补货要考虑现有库存量、未来可能产生的销量、安全库存量和供应链的补货周期，以及在客户下单时现有库存能够支撑等待补货的时间。例如补货周期为 14 天，要提前预留超过 14 天的库存，在剩余 14 天库存时就要给工厂下单补货。

二、补货数量测算

创建模型计算需要补货的商品和数量。以淘宝、天猫店铺为例，数据采集自商家后台的订单报表和宝贝报表。

步骤 1　登录淘宝账号，进入“千牛商家工作台”页面，选择左侧导航栏“交易”中“已卖出的宝贝”选项，单击“批量导出”按钮，如图 5-2-5 所示，导出“订单报表”与“宝贝报表”。

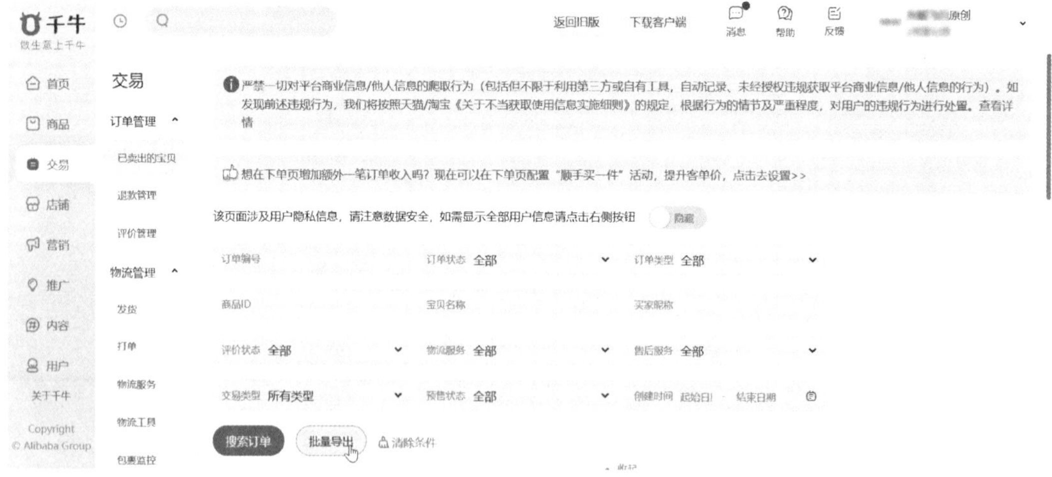

图 5-2-5　批量导出数据

步骤 2　建立一张库存统计表，如图 5-2-6 所示，记录现有库存量和补货周期，库存统计表的“商家编码”对应“宝贝报表”的“商家编码”，补货周期是指补货所需的天数。

步骤 3　在桌面新建 Excel 文档并打开，单击“Power Pivot”栏中“管理”按钮，如图 5-2-7 所示。

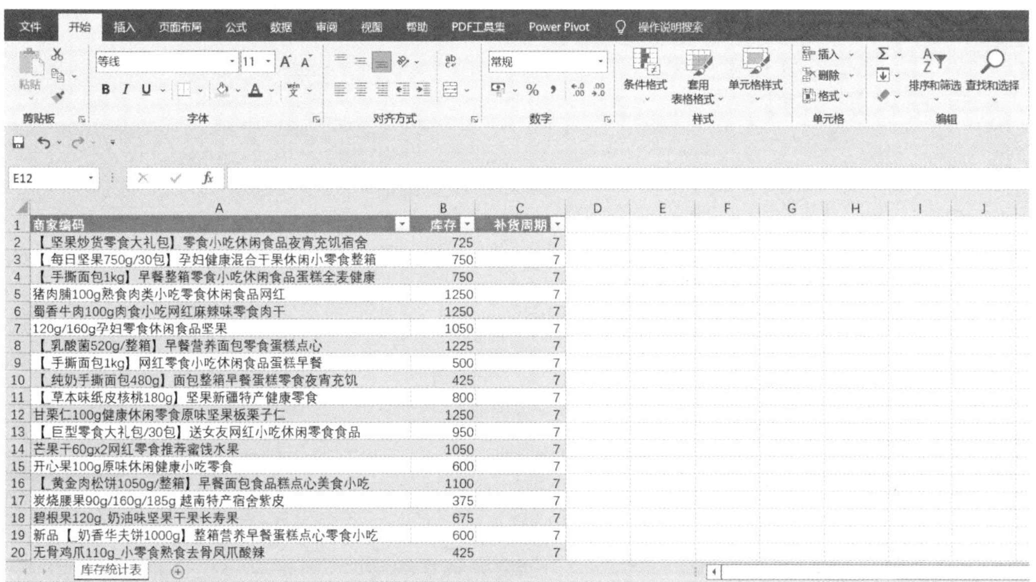

商家编码	库存	补货周期
【_坚果炒货零食大礼包】零食小吃休闲食品夜宵充饥宿舍	725	7
【_每日坚果750g/30包】孕妇健康混合干果休闲小零食整箱	750	7
【_手撕面包1kg】早餐整箱零食小吃休闲食品蛋糕全麦健康	750	7
猪肉脯100g熟食肉类小吃零食休闲食品网红	1250	7
蜀香牛肉100g肉食小吃网红麻辣味零食肉干	1250	7
120g/160g孕妇零食休闲食品坚果	1050	7
【_乳酸菌520g/整箱】早餐营养面包零食蛋糕点心	1225	7
【_手撕面包1kg】网红零食小吃休闲食品蛋糕早餐	500	7
【_纯奶手撕面包480g】面包整箱早餐蛋糕零食夜宵充饥	425	7
【_草本味纸皮核桃180g】坚果新疆特产健康零食	800	7
甘栗仁100g健康休闲零食原味坚果板栗子仁	1250	7
【_巨型零食大礼包/30包】送女友网红小吃休闲零食食品	950	7
芒果干60gx2网红零食推荐蜜饯水果	1050	7
开心果100g原味休闲健康小吃零食	600	7
【_黄金肉松饼1050g/整箱】早餐面包食品糕点心美食小吃	1100	7
炭烧腰果90g/160g/185g 越南特产宿舍紫皮	375	7
碧根果120g_奶油味坚果干果长寿果	675	7
新品【_奶香华夫饼1000g】整箱营养早餐蛋糕点心零食小吃	600	7
无骨鸡爪110g_小零食熟食去骨凤爪酸辣	425	7

图 5-2-6　建立库存统计表

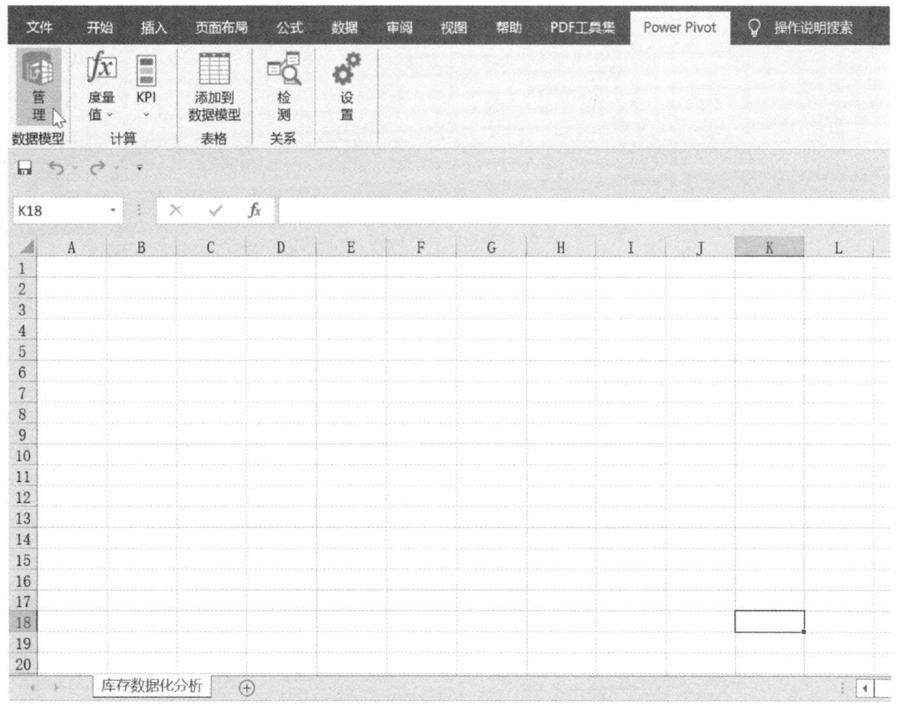

图 5-2-7　单击“Power Pivot”栏中的“管理”按钮

步骤 4　打开“Power Pivot for Excel”页面，单击“文件”栏中“从其他源”按钮，如图 5-2-8 所示。

图 5-2-8　进入 Power Pivot 操作页面

步骤 5　弹出“表导入向导”对话框，选择“文本文件”栏中“Excel 文件”选项，单击“下一步”按钮，如图 5-2-9 所示。

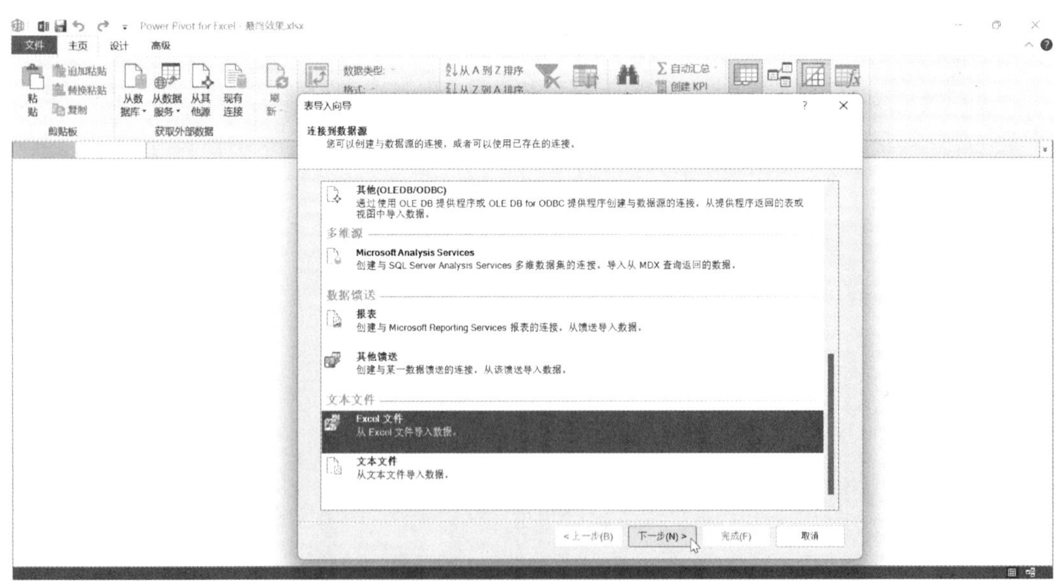

图 5-2-9　导入 Excel 文件页面

步骤 6　先单击“浏览”按钮，选择“宝贝报表 .xlsx”文件，再勾选“使用第一行作为列标题”复选框，单击“下一步”按钮，如图 5-2-10 所示。

步骤 7　单击“完成”按钮，再单击“关闭”按钮，数据即可下载到表格中，修改工作表标签为“宝贝报表”，如图 5-2-11 所示。

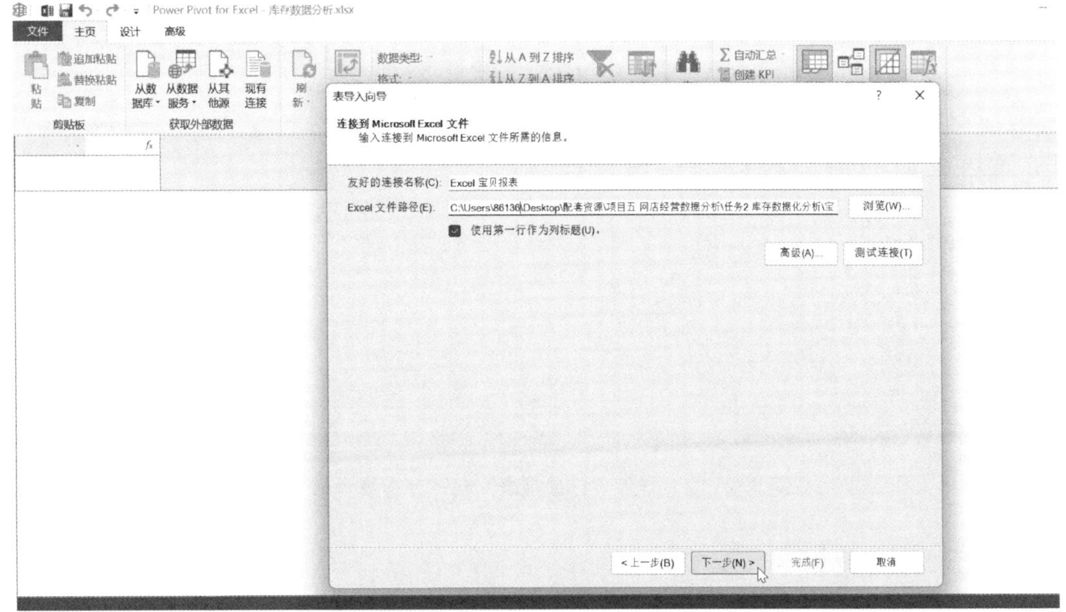

图 5-2-10　导入文件路径页面

	订单编号	标题	价格	购买数量	外部系统编号	商品属性	套餐信息	备注	订单状态	商家编码	添加列
1	3392514271...		99	14517	【坚果炒货零食大礼包】零食小吃休闲食品夜宵...	null	null	null	交易成功	【坚果炒...	
2	2637696711...		70	633	【乳酸菌520g/整箱】早餐营养面包零食蛋糕点心	null	null	null	交易成功	【乳酸菌5...	
3	2637696711...		75	1206	【手撕面包1kg】网红零食小吃休闲食品蛋糕早餐	null	null	null	交易成功	【手撕面...	
4	3378371864...		63.9	1514	开心果100g原味休闲健康小吃零食	null	null	null	交易成功	开心果100...	
5	3379267553...		29.9	0	碧根果120g奶油味坚果干果长寿果	null	null	null	交易成功	碧根果120...	
6	2706998523...		70	1106	新品【奶香华夫饼1000g】整箱营养早餐蛋糕点心...	null	null	null	交易成功	新品【奶...	
7	2708710220...		44.9	1407	无骨鸡爪110g小零食熟食去骨凤爪酸辣	null	null	null	交易成功	无骨鸡爪1...	
8	2704483970...		70	1152	【岩烧乳酪吐司520g】整箱糕点早餐食品蛋糕面...	null	null	null	交易成功	【岩烧乳...	
9	3370367394...		69.9	2554	/炭烧腰果/碧根果/手剥巴旦木/开心果坚果炒货	null	null	null	交易成功	/炭烧腰果/...	
10	2635645513...		149	909	【袋装开心果500g】坚果孕妇零食原色原味干果...	null	null	null	交易成功	【袋装开...	
11	3361776659...		70	1583	【蜀香牛肉100gx2袋】麻辣零食小吃休闲食品熟...	null	null	null	交易成功	【蜀香牛...	
12	3360178583...		26.3	1253	手剥巴旦木120g/160g零食小吃扁桃仁坚果	null	null	null	交易成功	手剥巴旦...	
13	3360178583...		56	1519	【深夜虎皮凤爪200g】卤味鸡爪小零食网红熟食...	null	null	null	交易成功	【深夜虎...	
14	3361864990...		36.3	1353	麻辣小鸡腿160g熟食鸡翅根休闲小零食	null	null	null	交易成功	麻辣小鸡...	

宝贝报表

图 5-2-11　导入“宝贝报表”数据

步骤 8　按照上述步骤 4 至步骤 7 操作方法，添加“订单报表”与“库存统计表”，如图 5-2-12 所示。

步骤 9　选择“宝贝报表”工作表标签，单击“购买数量”列中任意单元格，再单击“文件”栏中“自动汇总”按钮，如图 5-2-13 所示。

步骤 10　得出购买数量的总和后，单击“文件”栏中“关系图视图”按钮，如图 5-2-14 所示。

步骤 11　跳转至“关系图视图”页面，将“订单报表”的“订单编号”字段拖曳到“宝贝报表”的“订单编号”，再将“宝贝报表”的“商家编码”拖曳到“库存统计表”

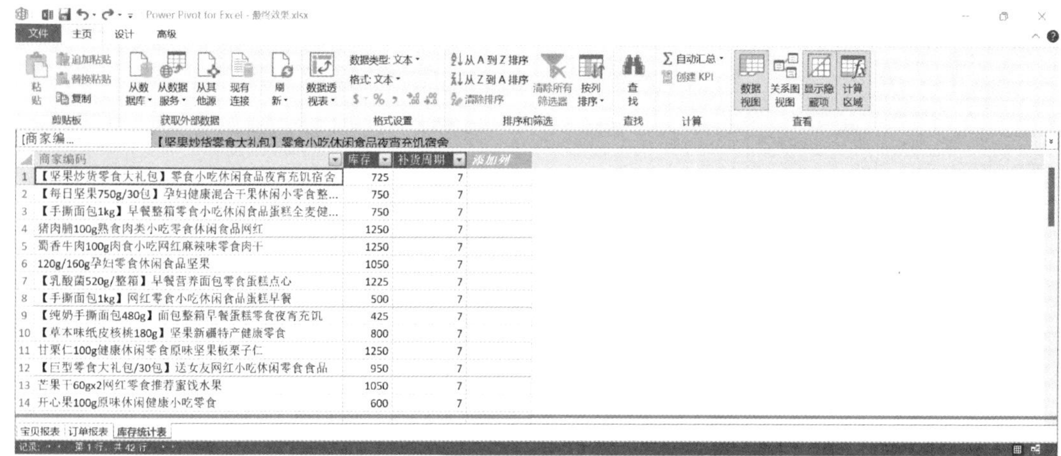

图 5-2-12　导入“订单报表”与“库存统计表”

图 5-2-13　计算购买数量总和

图 5-2-14　单击“关系图视图”按钮

的“商家编码”，如图 5-2-15 所示。

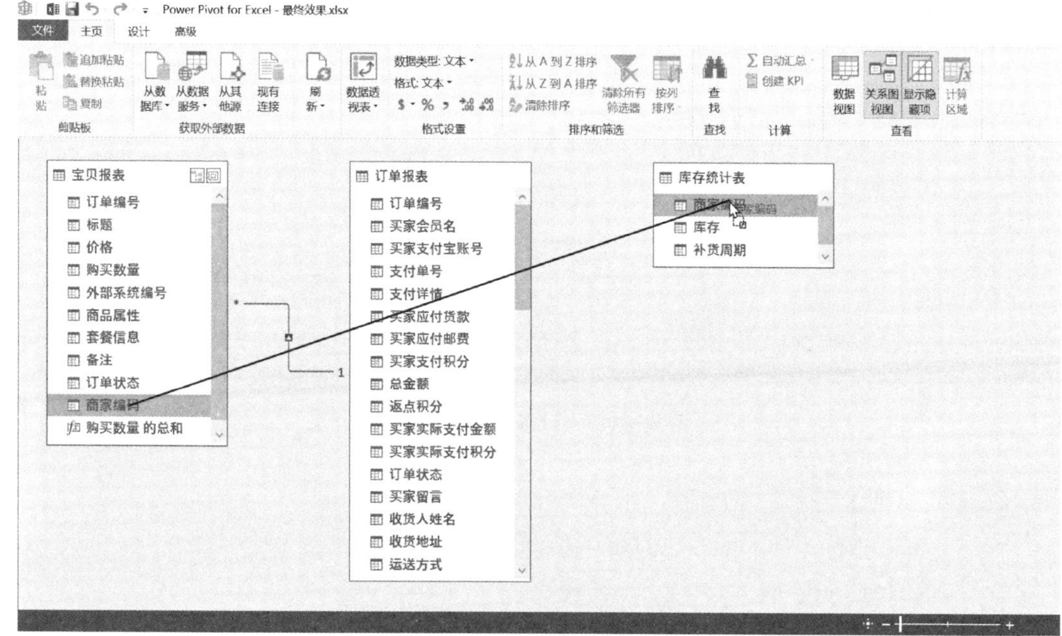

图 5-2-15　创建关系模型

步骤 12　单击“文件”栏中“数据视图”按钮，返回“库存统计表”页面，双击“添加列”单元格，输入“近 N 天销量”，如图 5-2-16 所示。

	商家编码	库存	补货周期	近N天销量	添加列
1	【坚果炒货零食大礼包】零食小吃休闲食品夜宵充饥宿舍	725	7		
2	【每日坚果750g/30包】孕妇健康混合干果休闲小零食整...	750	7		
3	【手撕面包1kg】早餐整箱零食小吃休闲食品蛋糕全麦健...	750	7		
4	猪肉脯100g熟食肉类小吃零食休闲食品网红	1250	7		
5	蜀香牛肉100g肉食小吃网红麻辣味零食肉干	1250	7		
6	120g/160g孕妇零食休闲食品坚果	1050	7		
7	【乳酸菌520g/整箱】早餐营养面包零食蛋糕点心	1225	7		
8	【手撕面包1kg】网红零食小吃休闲食品蛋糕早餐	500	7		
9	【纯奶手撕面包480g】面包整箱早餐蛋糕零食夜宵充饥	425	7		
10	【草木味纸皮核桃180g】坚果新疆特产健康零食	800	7		
11	甘栗仁100g健康休闲零食原味坚果板栗子仁	1250	7		
12	【巨型零食大礼包/30包】送女友网红小吃休闲零食食品	950	7		
13	芒果干60gx2网红零食推荐蜜饯水果	1050	7		
14	开心果100g原味休闲健康小吃零食	600	7		

宝贝报表 订单报表 库存统计表

图 5-2-16　添加“近 N 天销量”列

步骤 13　近 N 天销量是基于补货周期的天数计算的销量，单击“近 N 天销量”列中任意单元格，输入公式“=SUMX(FILTER('宝贝报表','宝贝报表'[商家编码]='库存统计表'[商家编码]&&DATEDIFF(RELATED('订单报表'[订单付款时间]),DATE(2022,1,30),DAY)<='库存统计表'[补货周期]),[购买数量的总和])”，按“Enter”键得出计算结果，如图 5-2-17 所示。

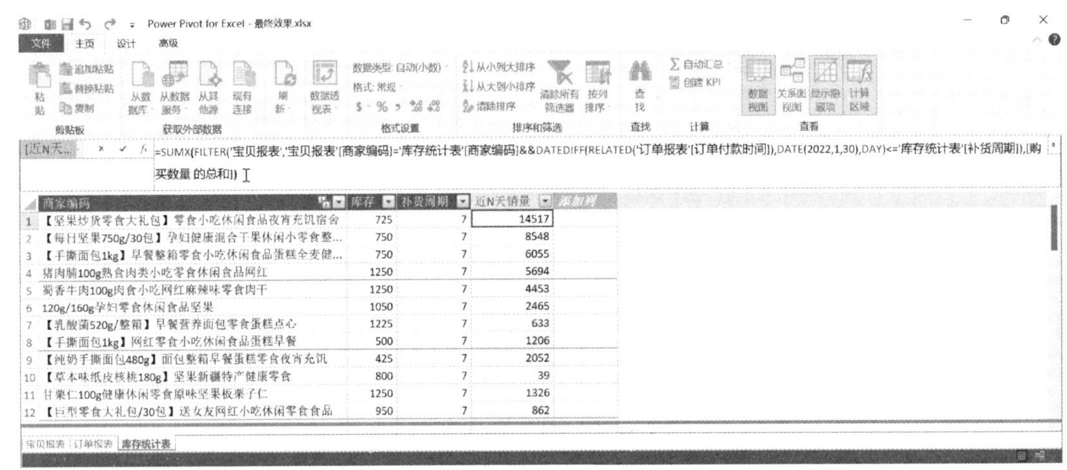

	商家编码	库存	补货周期	近N天销量
1	【坚果炒货零食大礼包】零食小吃休闲食品夜宵充饥宿舍	725	7	14517
2	【每日坚果750g/30包】孕妇健康混合干果休闲小零食整...	750	7	8548
3	【手撕面包1kg】早餐整箱零食小吃休闲食品蛋糕全麦健...	750	7	6055
4	猪肉脯100g熟食肉类小吃零食休闲食品网红	1250	7	5694
5	蜀香牛肉100g肉食小吃网红麻辣味零食肉干	1250	7	4453
6	120g/160g孕妇零食休闲食品坚果	1050	7	2465
7	【乳酸菌520g/整箱】早餐营养面包零食蛋糕点心	1225	7	633
8	【手撕面包1kg】网红零食小吃休闲食品蛋糕早餐	500	7	1206
9	【纯奶手撕面包480g】面包整箱早餐蛋糕零食夜宵充饥	425	7	2052
10	【草本味纸皮核桃180g】坚果新疆特产健康零食	800	7	39
11	甘栗仁100g健康休闲零食原味坚果板栗子仁	1250	7	1326
12	【巨型零食大礼包/30包】送女友网红小吃休闲零食食品	950	7	862

图 5-2-17 计算近 N 天销量

注：① SUMX 函数说明如下。

函数功能：返回为表中每一行计算的表达式之和。

函数语法：SUMX（< 表名 >,< 表达式 >）。

② DATEDIFF 函数说明如下。

函数功能：返回两个日期的单位间隔（可指定单位）。

函数语法：DATEDIFF（起始时间，结束时间，时间单位）。

③ RELATED 函数说明如下。

函数功能：返回与当前表相关的列的值，应用在表间已经创建的关系，从关系表中查找相关数据。

函数语法：RELATED（列名）。

步骤 14 计算现有的库存可以销售几天，在多少天后需要补货。单击“多少天后补货”列中任意单元格，输入公式“=IF(CEILING(DIVIDE([库存],[近 N 天销量]),1)−1<0,0,(CEILING(DIVIDE([库存],[近 N 天销量]),1)−1)*[补货周期])”，按“Enter”键得出计算结果，如图 5-2-18 所示。

注：① CEILING 函数说明如下。

函数功能：将数字向下舍入到最接近的整数，或者基数的最接近倍数。

函数语法：CEILING（数值 , 基数）。

② DIVIDE 函数说明如下。

函数功能：处理除数为零或者为空的情况。

函数语法：DIVIDE（分子 , 分母）。

步骤 15 计算最小补货量。最小补货量是指可以灵活调配的补货量，不一定需要完整的补货周期。单击“最小补货量”列中任意单元格，输入公式“=IF([多少天后补货]=0,[近 N 天销量]−[库存],0)”，按“Enter”键得出计算结果，如图 5-2-19 所示。

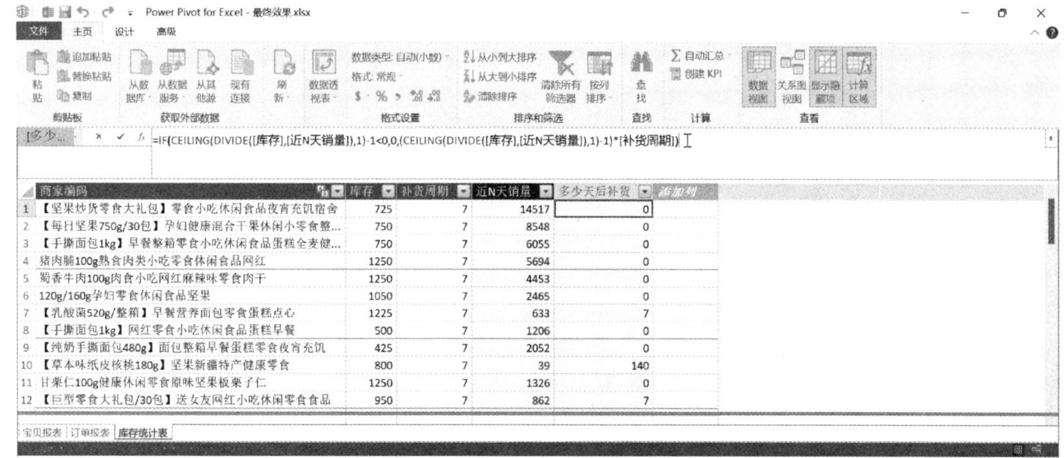

图 5-2-18　计算多少天后需要补货

Power Pivot for Excel - 最终效果.xlsx

=IF([多少天后补货]=0,[近N天销量]-[库存],0)

	商家编码	库存	补货周期	近N天销量	多少天后补货	最小补货量
1	【坚果炒货零食大礼包】零食小吃休闲食品夜宵充饥宿舍	725	7	14517	0	13792
2	【每日坚果750g/30包】孕妇健康混合干果休闲小零食整...	750	7	8548	0	7798
3	【手撕面包1kg】早餐整箱零食小吃休闲食品蛋糕全麦健...	750	7	6055	0	5305
4	猪肉脯100g熟食肉类小吃零食休闲食品网红	1250	7	5694	0	4444
5	蜀香牛肉100g肉食小吃网红麻辣味零食肉干	1250	7	4453	0	3203
6	120g/160g孕妇零食休闲食品坚果	1050	7	2465	0	1415
7	【乳酸菌520g/整箱】早餐营养面包零食蛋糕点心	1225	7	633	7	0
8	【手撕面包1kg】网红零食小吃休闲食品蛋糕早餐	500	7	1206	0	706
9	【纯奶手撕面包480g】面包整箱早餐蛋糕零食夜宵充饥	425	7	2052	0	1627
10	【草本味纸皮核桃180g】坚果新疆特产健康零食	800	7	39	140	0
11	甘栗仁100g健康休闲零食原味坚果板栗子仁	1250	7	1326	0	76
12	【巨型零食大礼包/30包】送女友网红小吃休闲零食食品	950	7	862	7	0

宝贝报表　订单报表　库存统计表

记录：第1行，共42行

图 5-2-19　计算最小补货量

步骤 16　计算库存一周期的备货量，应至少保留一个备货周期的库存。单击“最后一周备货量”列中任意单元格，输入公式“=IF(' 库存统计表 '[多少天后补货]=0,' 库存统计表 '[最小补货量]+' 库存统计表 '[近 N 天销量],0)”，按“Enter”键得出计算结果，如图 5-2-20 所示。

步骤 17　单击“文件”栏中“数据透视表”按钮，弹出快捷菜单栏，选择“数据透视表”选项，如图 5-2-21 所示。

步骤 18　弹出“创建数据透视表”对话框，如图 5-2-22 所示，单击“确定”按钮。

步骤 19　单击“选择要添加到报表的字段”栏下方“库存统计表”按钮，将“商家编码”字段拖曳到“行”中，“库存”“补货周期”“近 N 天销量”“多少天后补货”“最小补货量”“最后一周备货量”字段拖曳到“值”中，如图 5-2-23 所示。

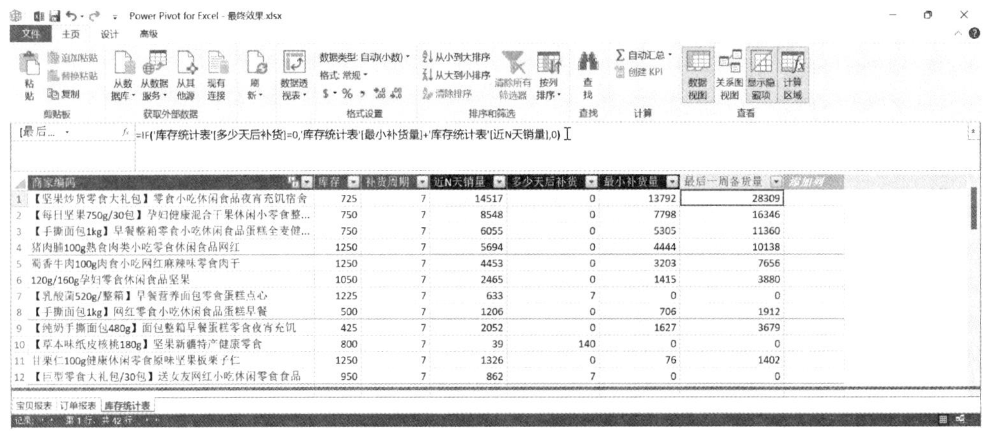

图 5-2-20　计算最后一周备货量

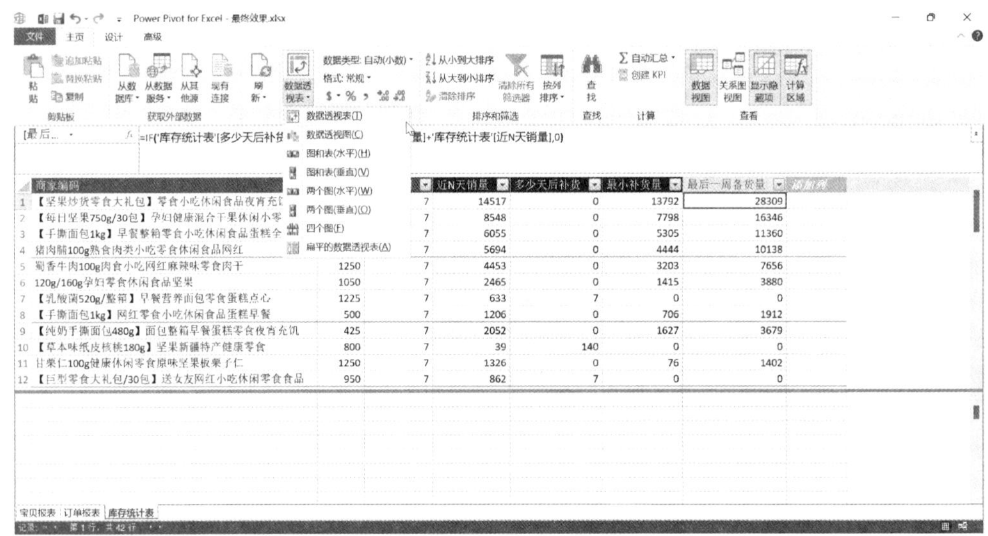

图 5-2-21　选择“数据透视表”选项

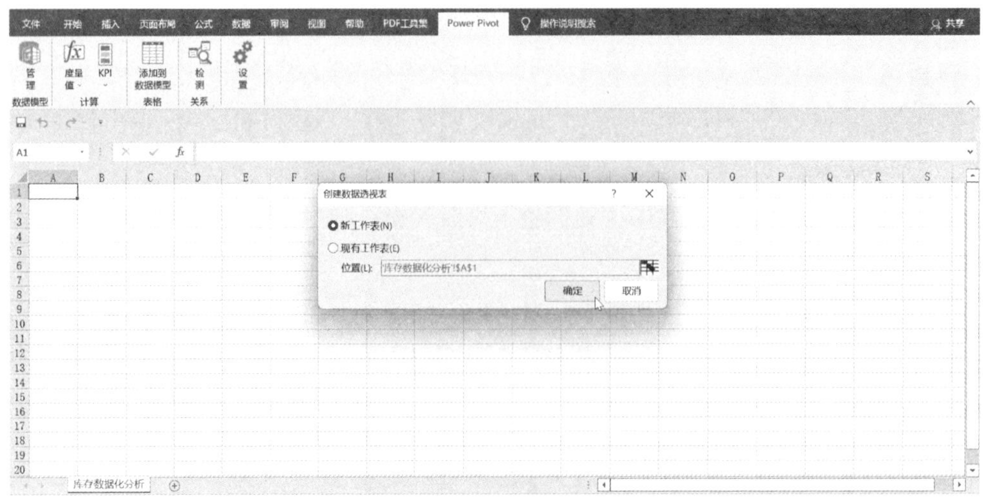

图 5-2-22　创建数据透视表

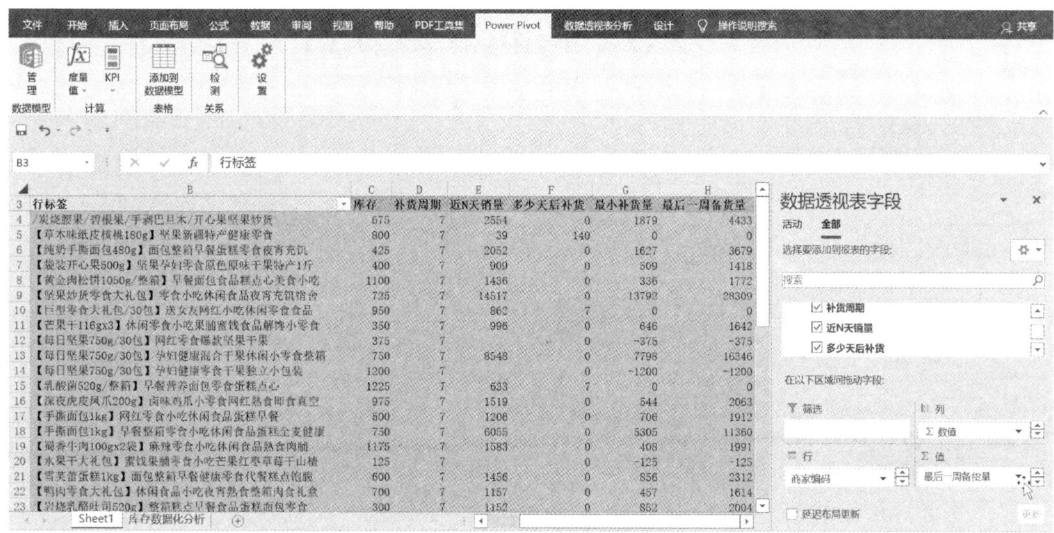

图 5-2-23　设置数据透视表字段

至此一张完整的库存监控表就完成了，从表中可知，如果要备一周（由于数据的补货周期为一周，因此这里为一周，而不是一个周期）的货现在需要进多少货物，如图 5-2-24 所示。

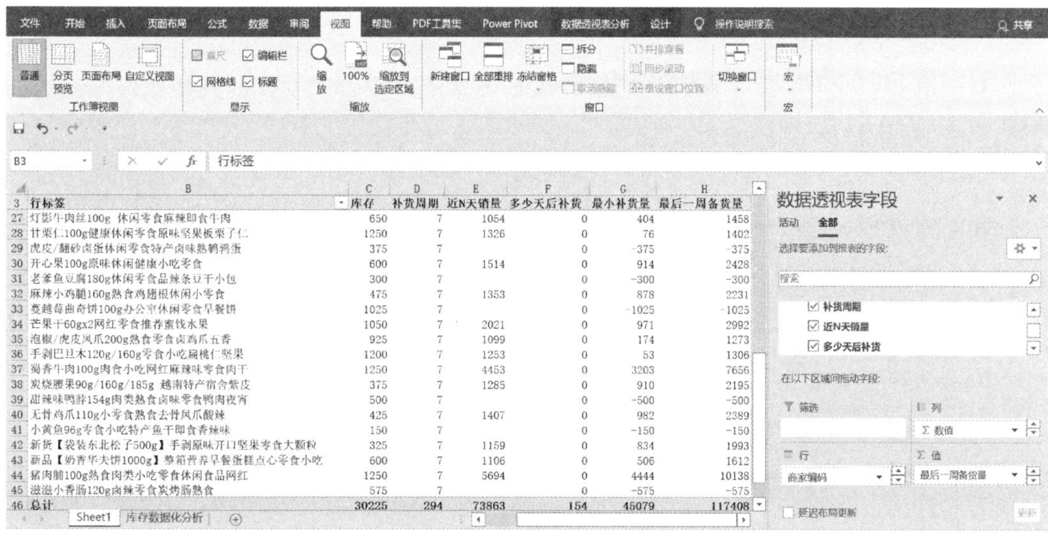

图 5-2-24　完成库存监控表

任务 3　利润数据分析

任务目标

知识目标

1. 掌握利润与利润率的计算方法
2. 了解电商企业的成本构成

能力目标

1. 能进行推广成本分析
2. 能使用相关分析方法预测店铺利润

店铺经营的最终目的是实现店铺利润最大化，在对店铺的经营数据进行分析时，财务数据的分析是必不可少的，其往往关系到店铺经营效益。数据分析人员需要对店铺的成本、费用、利润等财务数据进行准确的预测和分析，全面掌握店铺的财务状况。

一、利润与利润率的定义

对于电商企业而言，利润是指店铺收入与成本的差额，以及其他直接计入损益的利得和损失。利润的计算公式为：

利润 = 成交金额 - 总成本

利润率是指利润值的转化形式，是同一剩余价值量的不同计算方法，包括成本利润率、销售利润率等。成本利润率的计算公式为：

成本利润率 = 利润 ÷ 总成本 ×100%

销售利润率的计算公式为：

销售利润率 = 利润 ÷ 成交金额 ×100%

例如，某主营女装的天猫店铺为了核算店铺 4—6 月的利润，对相关利润数据指标进行了统计，见表 5-3-1。

表 5-3-1　店铺相关利润数据指标

月份	成交量（件）	成交均价（元）	成交额（元）	总成本（元）	利润（元）	利润率
4 月	856	154.70	132 423.20	82 574.00	49 849.20	37.64%
5 月	1 005	156.40	157 182.00	90 630.00	66 552.00	42.34%
6 月	695	134.30	93 338.50	64 448.00	28 890.50	30.95%

电商财务数据的获取渠道通常包括支付宝的货物销售金额、退款金额，电商平台后

台的商品交易数据，运营推广部门的运营推广费用，以及财务部门的各项成本费用数据。

二、电商企业的成本构成

电商企业的成本主要由平台成本、运营成本、商品成本及人员成本等组成。除了做好销售运营相关环节，成本控制也是电商企业盈利的关键。

1. 平台成本

平台成本属于电商运营的基建成本，包括店铺保证金、技术服务年费、实时划扣技术服务费等。下面以淘宝、天猫平台为例介绍平台成本。

（1）店铺保证金

在天猫平台上开店，必须缴纳一定金额的店铺保证金，其金额根据类目的不同而确定，通常在 10 万～15 万元。这部分费用在店铺商家退出平台时会退还商家。

（2）技术服务年费

技术服务年费也是每个店铺必须缴纳的，不同平台的技术服务年费有所区别。天猫商城的商家必须一次性缴纳一定金额的技术服务年费，年费根据类目不同划分等级，符合相关条件能够返还一定比例。淘宝店铺没有这项费用，其开店的主要费用为保证金和付费推广费。

（3）实时划扣技术服务费

实时划扣技术服务费与店铺租赁费相似，平台根据类目不同，向天猫商家销售的商品按一定比例收取服务费。

通常情况下，为了方便财务记账，商家只将技术服务年费计入成本，未将店铺保证金计入成本，而将实时划扣技术服务费计入商品的费用中。

2. 运营成本

运营成本属于电商运营的建设成本，可以划分为硬运营成本和软运营成本两部分。

（1）硬运营成本

硬运营成本是指电商运营中所需要的一次性或固定额度的硬件成本，以及后端软件的成本。例如 CRM 系统、ERP 系统等软件成本，打印机和扫码枪等硬件成本。

（2）软运营成本

软运营成本是指电商运营的推广费用。目前主要有 4 种付费推广模式：①按点击量付费（Cost Per Click，CPC），如直通车；②按展示付费（Cost Per Mille，CPM），如智钻；③按时长付费（Cost Per Time，CPT），如电话营销；④按效果付费（Cost Per Sales，CPS），如淘宝客。

通常情况下，为了方便财务记账，商家将硬运营成本计入固定成本（或办公费用）中，软运营成本计入推广费用。

3. 商品成本

商品成本属于电商企业经营的核心成本，主要包含商品净成本、库存积压成本、仓储物流成本、商品残损成本等。

（1）商品净成本

商品净成本是指采购商品的出厂价，不包含运费、差旅费等。

（2）库存积压成本

库存积压成本通常包括显性成本和隐性成本。库存积压的显性成本主要是指商品过季打折处理损失。库存积压的隐性成本包括仓储的管理与盘库成本、货物运输成本、毁坏成本等。

（3）仓储物流成本

仓储物流成本包括仓储与物流两个部分的成本。仓储成本是指商品存储和商品管理所需的成本，包括仓库租赁费用、仓库管理人员的费用，以及商品的包装费用。物流成本是指采购和销售商品而支付的物流运输费用和差旅费用等。

（4）商品残损成本

商品残损成本是指因商品在运输、存储过程中发生破损而支付的修复、报废等费用。

店铺的经营模式不同，其商品的成本构成也有所不同。例如，代销性质的店铺就没有商品的成本，这种店铺靠销售提成获得利润。

4. 员工工资成本、办公场所成本和办公设备成本

（1）员工工资成本

员工工资成本是指企业各岗位人员的工资成本，通常由运营、客服、行政等人员的基本工资与绩效工资组成。

（2）办公场所成本

办公场所成本包括办公场地租赁费、物管费、水电费等。

（3）办公设备成本

办公设备成本通常包括办公场所必备的硬件设备与软件系统，主要有办公家具、办公网络、计算机与手机、打印机、办公专用软件等。

为了方便财务记账，办公场所成本、办公设备成本都归为办公固定成本，员工工资成本归为变动成本。

三、利润预测与分析

利润预测是指在销售预测的基础上，根据店铺的目标和其他相关因素，对店铺未来应当达到和可望实现的利润水平及其变动趋势做出的预计和估算。利润预测与分析是店铺运营过程中非常关键的一个环节。店铺利润预测分析方法有很多，如线性预测、模拟运算等。

1. 线性预测

线性预测法又称回归分析预测法，是用来确定两个变量之间关系的一种数据建模工具。线性预测法常用于根据已知变量估计和预测因变量的平均值，也就是预测一个变量随另一个变量变化的趋势。

在 Excel 中，可以用 TREND 函数来进行线性预测，该函数可返回线性回归拟合线的相关参数值，即根据已知 x 序列的值和 y 序列的值，构造线性回归直线方程。然后根据构造好的直线方程，计算 x 值序列对应的 y 值序列。其表达式为“TREND(known_y's, known_x's, new_x's, const)”，其中各参数的作用分别如下。

known_y's：表示已知的 y 值。使用函数时，该参数可以是数组，也可以是指定单元格区域。

known_x's：表示已知的 x 值。使用函数时，该参数可以是数组，也可以是指定单元格区域。

new_x's：表示给出的新的 x 值，即需要计算预测值的变量 x。

const：表示一个逻辑值，用来确定是否将指数曲线方程中的常量 b 设为 0。

例如，上半年各月的成交金额、商品成本、推广成本和固定成本的数据都是已经发生的实际数据，将其采集并整理到 Excel 中（打开“利润预测 .xlsx”文件），然后设定下半年各月的成交金额目标。如图 5-3-1 所示，即根据上半年的数据和设定的目标，预测下半年各月的各项成本，最后利用成交金额和成本计算出利润。

F2 =B2-SUM(C2:E2)

月份	成交金额	商品成本	推广成本	固定成本	利润
1月	93, 478. 00	38, 682. 00	17, 762. 00	12, 626. 00	24, 408. 00
2月	125, 556. 00	40786. 00	18, 682. 00	19, 260. 00	46, 828. 00
3月	118, 972. 00	38, 682. 00	14, 646. 00	10, 914. 00	54, 730. 00
4月	61, 914. 00	48, 506. 00	10, 962. 00	12, 626. 00	-10, 180. 00
5月	98, 334. 00	44, 208. 00	17, 102. 00	20, 116. 00	16, 908. 00
6月	110, 474. 00	45, 436. 00	15, 612. 00	17, 120. 00	32, 306. 00
7月	106, 832. 00	42, 109. 86	16, 064. 83	15, 654. 45	33, 002. 86
8月	78, 910. 00	46, 573. 91	14, 088. 31	14, 433. 65	3, 814. 13
9月	77, 696. 00	46, 761. 62	13, 959. 19	14, 298. 17	2, 677. 02
10月	101, 976. 00	44, 322. 18	15, 687. 16	16, 845. 97	25, 120. 69
11月	95, 906. 00	44, 883. 58	15, 428. 56	16, 426. 94	19, 166. 93
12月	93, 478. 00	45, 177. 15	15, 066. 39	15, 713. 79	17, 520. 67

图 5-3-1　利润预测

2. 模拟运算

Excel 中的模拟运算功能可用于分析某个变量在不同值的情况下，目标值会发生怎样的变化。如图 5-3-2 所示，上两行单元格中的数据为店铺实际某个月的成本、成交金额和利润情

况，下方的数据为在不同的推广成本条件下预测利润的变化情况。

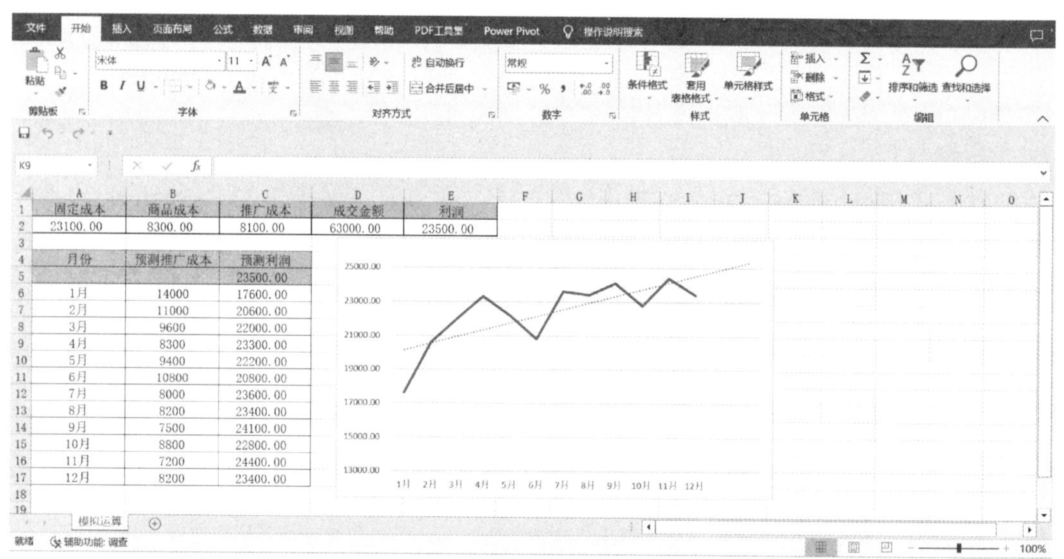

固定成本	商品成本	推广成本	成交金额	利润
23100.00	8300.00	8100.00	63000.00	23500.00

月份	预测推广成本	预测利润
		23500.00
1月	14000	17600.00
2月	11000	20600.00
3月	9600	22000.00
4月	8300	23300.00
5月	9400	22200.00
6月	10800	20800.00
7月	8000	23600.00
8月	8200	23400.00
9月	7500	24100.00
10月	8800	22800.00
11月	7200	24400.00
12月	8200	23400.00

图 5-3-2　模拟运算

任务实施

一、推广成本分析

推广与销量密切相关。商家花费了大量成本进行各种推广后，可以利用数据分析哪些推广手段行之有效，哪些推广手段需要进一步优化或直接摒弃。

以淘宝、天猫为例，在生意参谋中采集淘宝客、直通车和钻石展位等推广方式对应的成本数据和交易金额数据，然后利用这些数据分别计算出利润和成本利润率，最后创建组合图表分析数据，并将成本数据以柱形图显示，成本利润率以折线图显示，具体操作步骤如下。

步骤 1　将从生意参谋中采集到的数据复制到 Excel 中整理，然后计算出不同推广方式对应的利润和成本利润率。

步骤 2　打开“推广成本分析 .xlsx”文件，选中 E2 单元格，根据成本利润率公式计算出结果，并设置单元格格式为百分比。将鼠标放在 E2 单元格的右下角，当鼠标变成“+”形状时双击，下面的单元格即可快速填充公式，如图 5-3-3 所示。

步骤 3　选中 A1:B5 与 E1:E5 单元格，单击“插入”中的“插入组合图”按钮，弹出快捷菜单栏，选择“创建自定义组合图”选项，如图 5-3-4 所示。

步骤 4　弹出“插入图表”对话框，勾选“成本利润率”栏中的“次坐标轴”单选框，如图 5-3-5 所示，单击“确定”按钮。

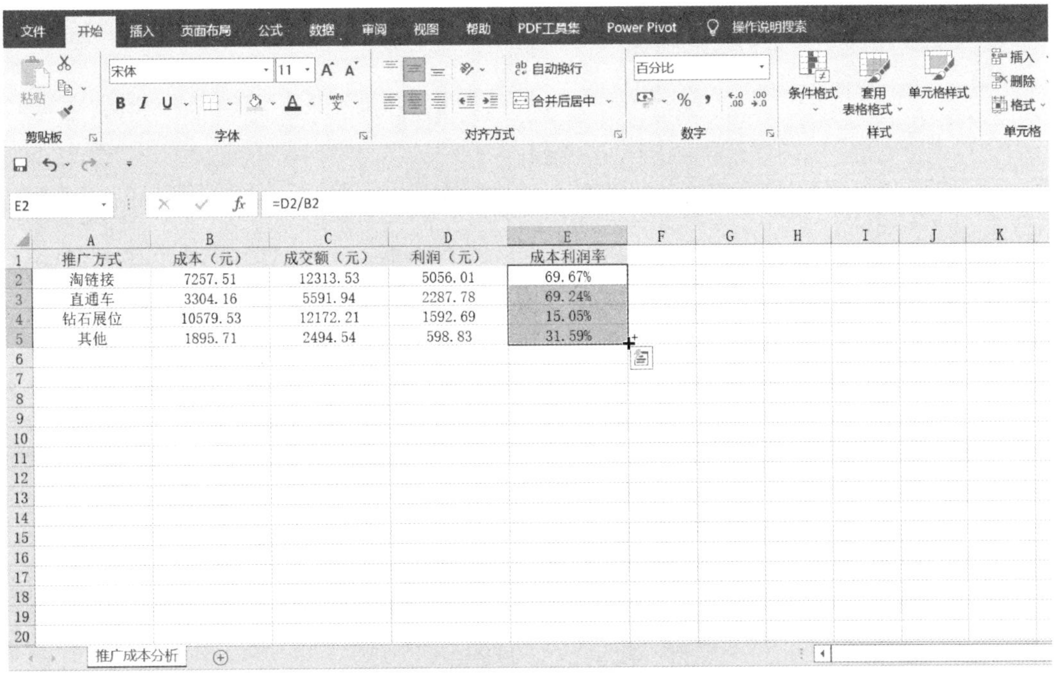

图 5-3-3　输入公式并快速填充公式

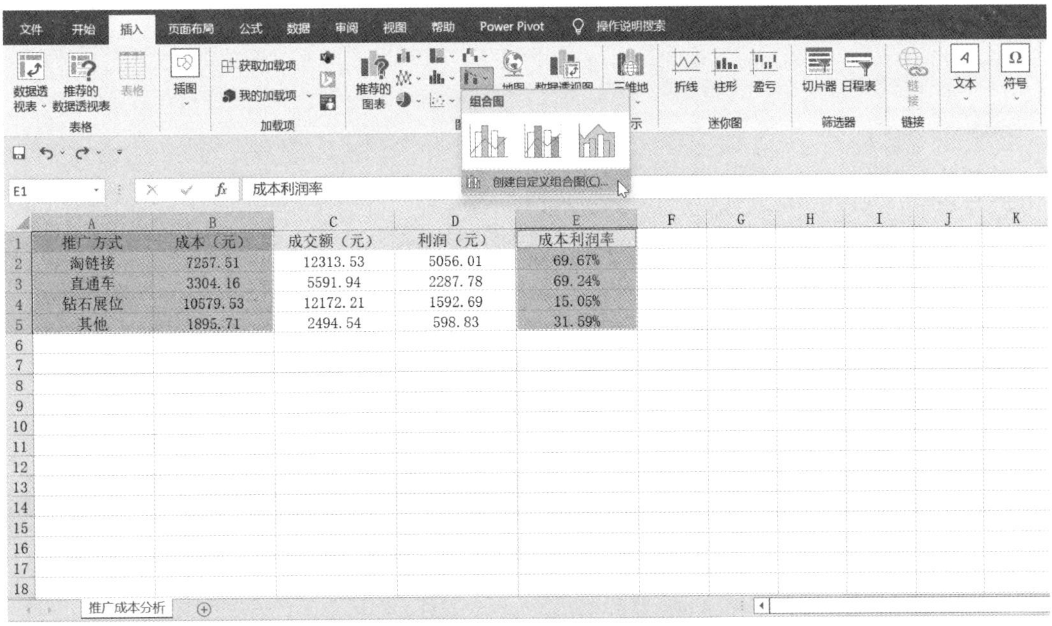

图 5-3-4　插入组合图

步骤 5　选中图表，单击“图表设计”中的“添加图表元素”按钮，弹出快捷菜单栏，选择“数据标签”中的“数据标签外”选项，如图 5-3-6 所示。

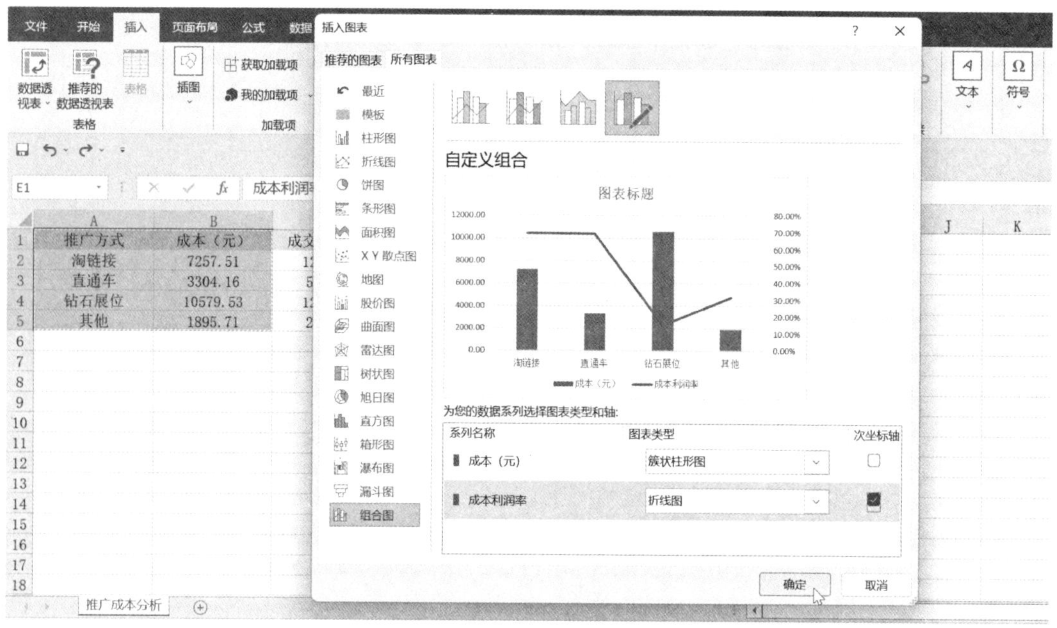

图 5-3-5　设置图表

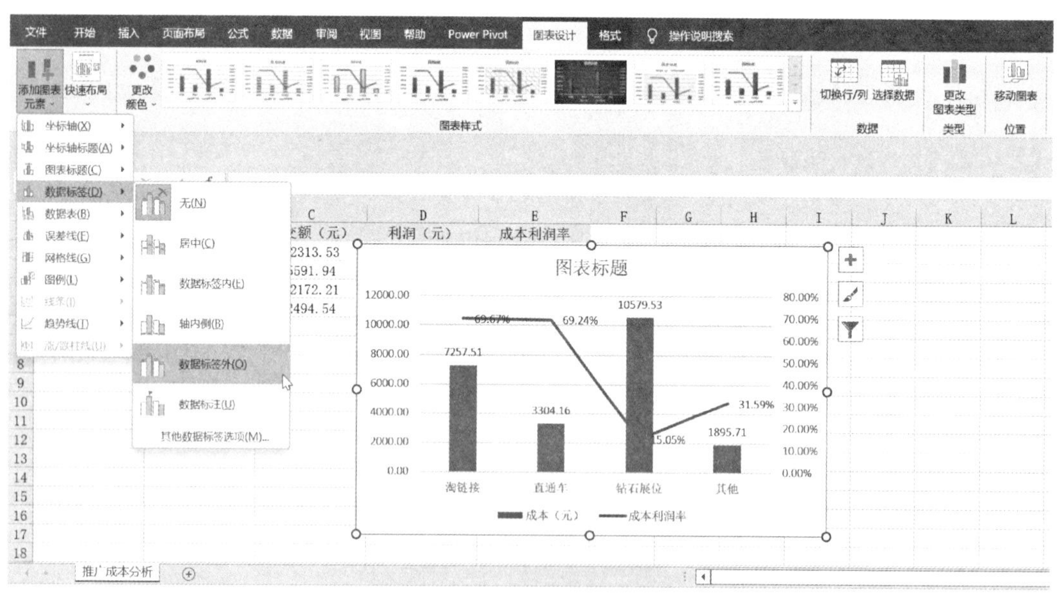

图 5-3-6　设置数据标签

步骤 6　调整图表大小，删除图表标题，如图 5-3-7 所示。从组合图表可知，钻石展位消耗的成本最高，但成本利润率最低，因此需要优化与钻石展位有关的一系列运营操作，如调整展位、优化展图、调整投放时间和地域等，也可以适当减少钻石展位的投入，或放弃钻石展位的投放。而直通车和淘链接，二者都是低成本、高产出，特别是直通车，可以进一步加大投入，吸引更多的流量。

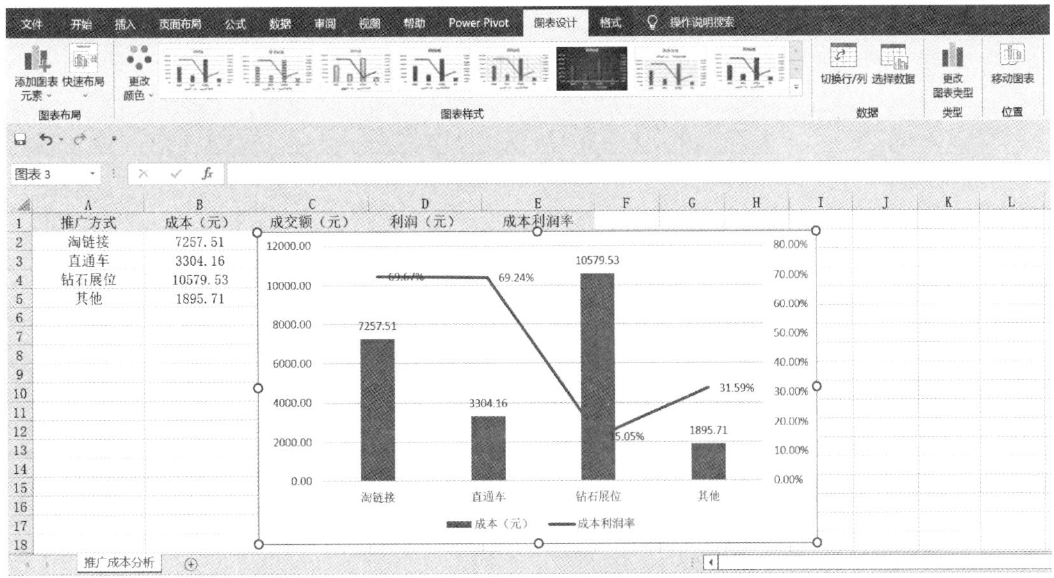

图 5-3-7 调整图表

二、双变量预测利润

模拟运算可以利用两种不同的变量来预测值，其使用方法与单变量的模拟运算相似，只需要增加一个变量即可。下面以实际数据计算出店铺的利润，然后设定未来一年的推广成本金额目标，并设定 4 种不同的商品成本金额，以这两个变量来预测对应的利润数据。具体步骤如下。

步骤 1 首先利用商品成本、推广成本、固定成本和成交金额计算出利润，然后按行指定不同的推广成本，按列指定不同的商品成本，创建模型，如图 5-3-8 所示。

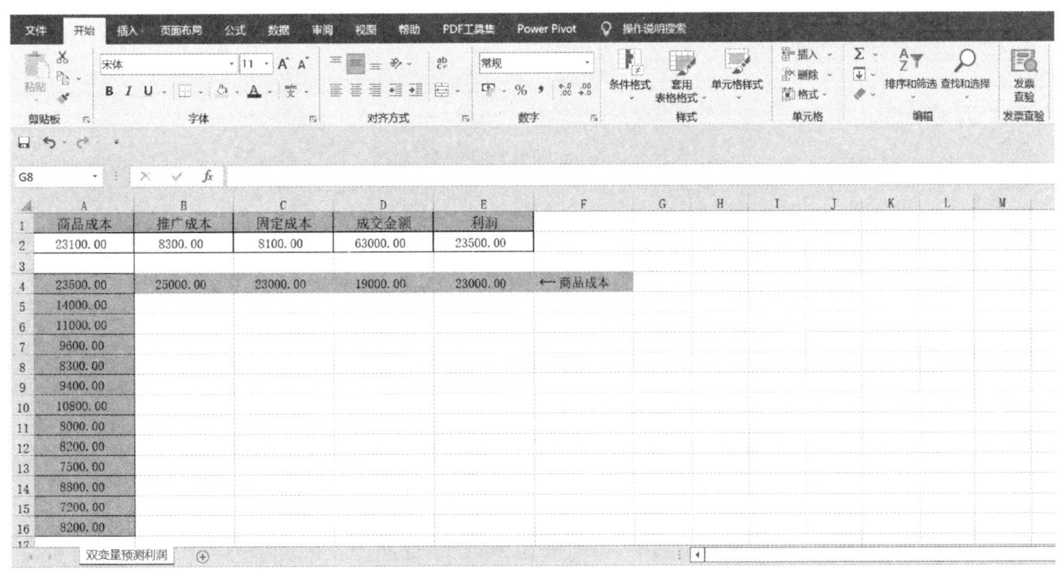

图 5-3-8 创建预测利润模型

步骤 2　选中 A4:E16 单元格，单击“数据”中的“模拟分析”按钮，弹出快捷菜单栏，选择“模拟运算表”选项，如图 5-3-9 所示。

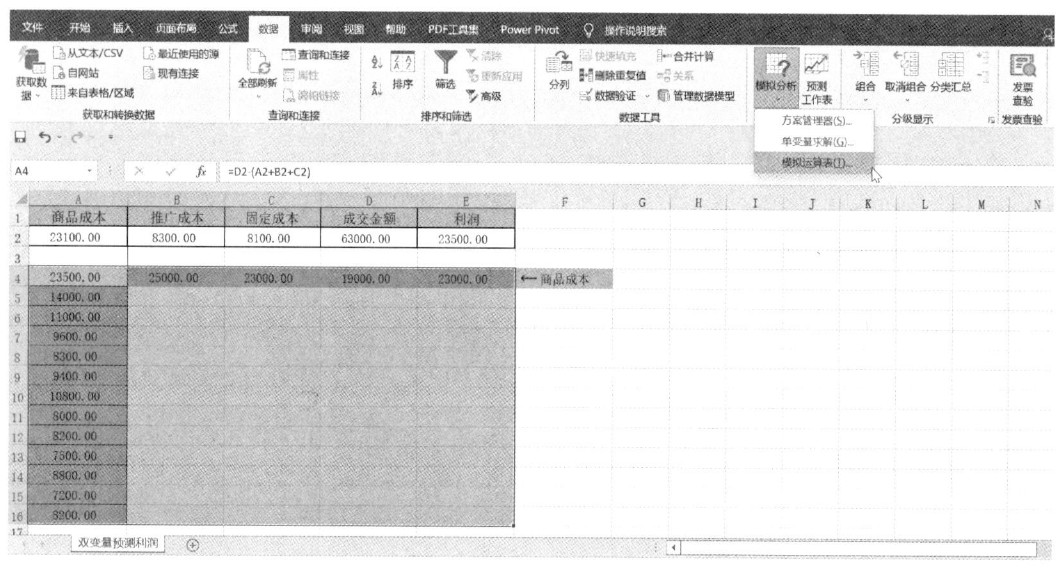

图 5-3-9　选择“模拟运算表”选项

步骤 3　弹出“模拟运算表”对话框，设置“输入引用行的单元格”为 A2 单元格，“输入引用列的单元格”为 B2 单元格，如图 5-3-10 所示，单击“确定”按钮。

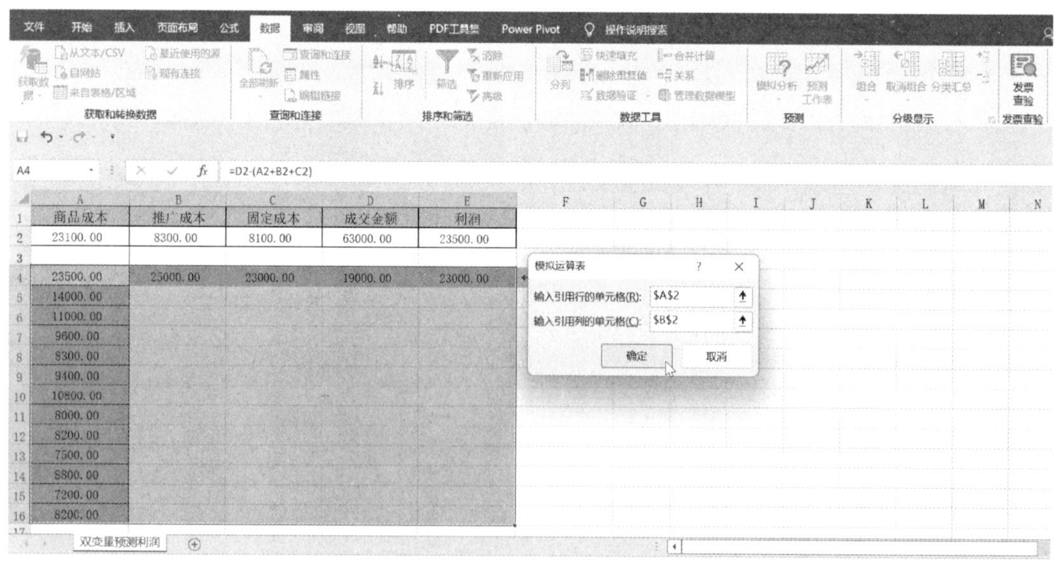

图 5-3-10　设置运算表区域

步骤 4　Excel 将计算不同商品成本和推广成本对应的利润数据，如图 5-3-11 所示。在设定的商品成本普遍增加的情况下，利润将减少，此时需要控制推广成本才能得到预期的利润。

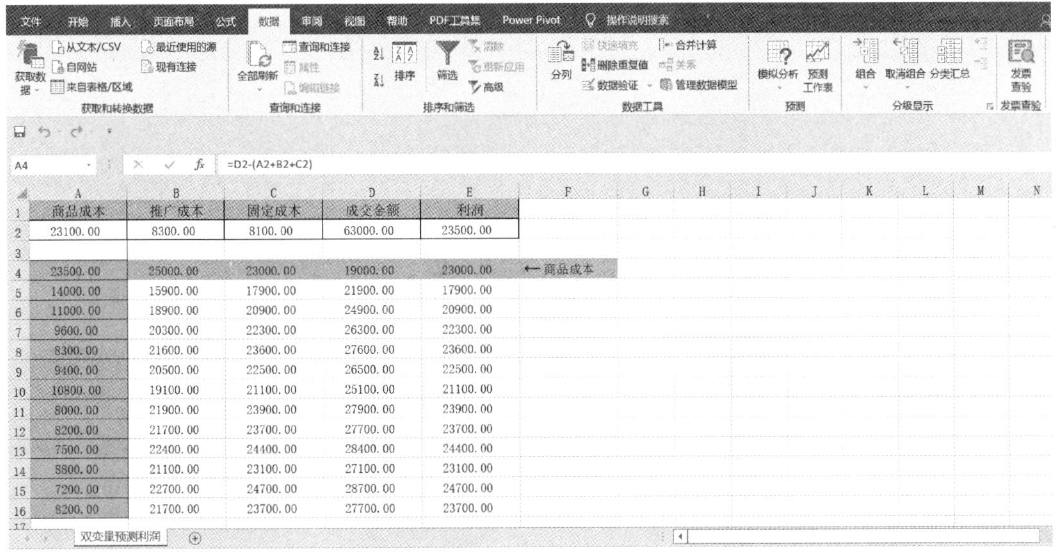

A4 =D2-(A2+B2+C2)

	A	B	C	D	E	F
1	商品成本	推广成本	固定成本	成交金额	利润	
2	23100.00	8300.00	8100.00	63000.00	23500.00	
3						
4	23500.00	25000.00	23000.00	19000.00	23000.00	←商品成本
5	14000.00	15900.00	17900.00	21900.00	17900.00	
6	11000.00	18900.00	20900.00	24900.00	20900.00	
7	9600.00	20300.00	22300.00	26300.00	22300.00	
8	8300.00	21600.00	23600.00	27600.00	23600.00	
9	9400.00	20500.00	22500.00	26500.00	22500.00	
10	10800.00	19100.00	21100.00	25100.00	21100.00	
11	8000.00	21900.00	23900.00	27900.00	23900.00	
12	8200.00	21700.00	23700.00	27700.00	23700.00	
13	7500.00	22400.00	24400.00	28400.00	24400.00	
14	8800.00	21100.00	23100.00	27100.00	23100.00	
15	7200.00	22700.00	24700.00	28700.00	24700.00	
16	8200.00	21700.00	23700.00	27700.00	23700.00	

双变量预测利润

图 5-3-11　计算不同商品成本和推广成本对应的利润数据